キーワード
コレクション

社会心理学

二宮克美＋子安増生=編

安藤清志＋伊藤哲司＋角山　剛＋
唐沢かおり＋澤田匡人＋柴内康文＋菅原健介＋
杉森伸吉＋杉山憲司＋大坊郁夫＋高畠克子＋
竹村和久＋土田昭司＋土肥伊都子＋外山みどり＋
西田　保＋速水敏彦＋堀毛一也＋本間道子＋
松原敏浩＋村本由紀子＋山田一成＋吉田俊和＋
二宮克美＋子安増生=著

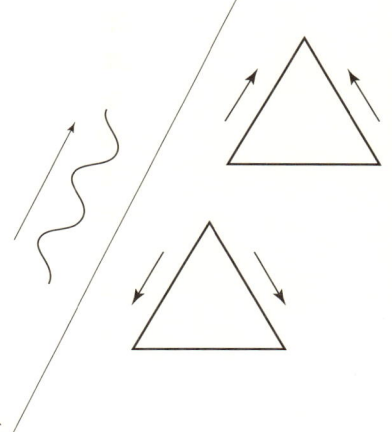

新曜社

まえがき

　本書は，これから社会心理学を学ぼうとする人，人間関係や集団の心理，コミュニケーションなどに関心を持っている人のために，コンパクトで読みやすく分かりやすい本を提供する目的で企画・編集されたものである．
　私たちは，日常の生活の場にたった一人で存在しているわけではない．さまざまな人とかかわり，つながり，やりとりをしながら生活をしている．そうした営みは，個人と社会の接点であり，社会心理学が成立する原点でもある．社会心理学は私たちの身近な問題を扱っている．身の回りに起こる出来事や自分（たち）の考え方や行動の仕方についての理解を促してくれる．社会心理学のキーワードを知ることによって，日ごろの自分の行動を見直すことが可能となる．
　本書は，次の5つの部から構成されている．「I　基本概念」では，社会心理学を理解するために必要な基礎的な概念を解説する．「II　対人関係」では，人と人とのかかわりに関する諸問題を取り上げまとめる．「III　態度」では，さまざまな事柄に対する態度について解説する．「IV　集団」では，人が集まるとどのような心理が働くかについての要点をまとめる．「V　コミュニケーション」では，情報の伝達・受容などのさまざまな側面について触れる．
　本書は，新曜社『キーワードコレクション』シリーズとして，これまでに刊行された子安・二宮（編）『キーワードコレクション　発達心理学』（改訂版2004年3月刊行），二宮・子安（編）『キーワードコレクション　パーソナリティ心理学』（2006年10月刊行），子安・二宮（編）『キーワードコレクション　心理学フロンティア』（2008年6月刊行），二宮・子安（編）『キーワードコレクション　教育心理学』（2009年4月刊行）ならびに，これから刊行予定の子安・二宮（編）『キーワードコレクション　認知心理学』と6部作のシリーズを形作るものである．
　刊行済みの4作は，幸いにも読者からの好評を得てきた．「好評」の秘密は，学問的に確立されたことだけを書いた，いわば無味乾燥な本になることを避け，スタンダードな事項を押さえた上で，著者の個性を存分に発揮して書いていただくという編集方針が広く世に受け入れられたのではないかと自負している．また，初学者向けの一般書でありながら，引用文献と註は学術書並みにきちんと整備するという方針も，本シリーズが幅広く読者に支持された重要な点であったと考えている．

4ページでひとつのキーワードを解説するという基本的な枠組みは，これまでの『キーワードコレクション』シリーズを踏襲した．キーワードは，全体として心理学にとって重要な用語または概念を整理して構成したものであり，各項目はそれぞれ独立にそれ自身完結したものとして書かれている．したがって，読者は本書を最初からページの順番どおりに読むことも，関心のあるキーワードから拾い読みすることもできる．

　また，各キーワードの解説文の中で重要と思われる用語または概念は，ゴシック体（太字）で印刷されている．それは，各キーワードの「サブキーワード」とでもいうべきものであり，キーワードとサブキーワードは，巻末の「事項索引」のところに示され，索引を辞典代わりに利用することもできる．

　6部作をあわせると，キーワードは50語×6で300語となる．4ページでひとつのキーワードであるから，1,200ページにもなる．そのすべてを読破すれば，もはや初学者でなく，エキスパート並みである．6冊を揃えれば，大事典と同じである．

　本書が「読んで面白くて使うのに便利な本」という既刊の『キーワードコレクション』シリーズ同様の評価を受け，広く大勢の読者に愛され，心理学に関心を持つ人や，心理学への関心を深める人が増えることを切に願うものである．

　末筆であるが，本シリーズの生みの親にして育ての親，新曜社社長塩浦暲氏に今回もお世話になった．本書を企画してから約2年の歳月が流れたが，今回も辛抱強く原稿を集めて下さった．ここに記して心より感謝申し上げたい．

　2011年5月

編者　識

キーワードコレクション 社会心理学
目　　次

まえがき ……………………………………………………………… i

I　基本概念

1. 社会的自己　　　　　　　　　　　　　　　2
2. 社会的認知　　　　　　　　　　　　　　　6
3. 社会的動機づけ　　　　　　　　　　　　　10
4. 認知的不協和理論　　　　　　　　　　　　14
5. 帰属理論　　　　　　　　　　　　　　　　18
6. プロスペクト理論　　　　　　　　　　　　22
7. しろうと理論　　　　　　　　　　　　　　26
8. 産業・組織心理学　　　　　　　　　　　　30
9. コミュニティ心理学　　　　　　　　　　　34
10. ライフスキル　　　　　　　　　　　　　　38
11. スポーツ心理学　　　　　　　　　　　　　42
12. 犯罪心理学　　　　　　　　　　　　　　　46

II　対人関係

13. 対人関係　　　　　　　　　　　　　　　　52
14. 対人魅力　　　　　　　　　　　　　　　　56
15. 印象形成　　　　　　　　　　　　　　　　60
16. 自己呈示　　　　　　　　　　　　　　　　64
17. 社会的スキル　　　　　　　　　　　　　　68
18. メンター　　　　　　　　　　　　　　　　72

19.	攻撃性	*76*
20.	シャーデンフロイデ	*80*
21.	恥	*84*
22.	傍観者効果	*88*
23.	社会的迷惑行動	*92*
24.	関係の崩壊	*96*

Ⅲ　態度

25.	態度尺度	*102*
26.	態度変容	*106*
27.	説得	*110*
28.	服従	*114*
29.	政治的態度	*118*
30.	迷信	*122*
31.	スティグマ	*126*
32.	仮想的有能感	*130*
33.	シャイネス	*134*
34.	ジェンダー・バイアス	*138*

Ⅳ　集団

35.	群集	*144*
36.	集団規範	*148*
37.	集団構造	*152*
38.	グループ・ダイナミックス	*156*
39.	リーダーシップ	*160*
40.	社会的手抜き	*164*
41.	意思決定	*168*
42.	ワーク・モチベーション	*172*

43. パーソナルスペース　　　　　　　　　　　　　　176

V　コミュニケーション

44. 流行　　　　　　　　　　　　　　　　　　182
45. 広告　　　　　　　　　　　　　　　　　　186
46. マス・コミュニケーション　　　　　　　　　190
47. プラグマティックな言語使用　　　　　　　　194
48. ノンバーバル・コミュニケーション　　　　　198
49. 化粧行動　　　　　　　　　　　　　　　　202
50. 表現行動　　　　　　　　　　　　　　　　206

人名索引　　　　　　　　　　　　　　　　　　　211
事項索引　　　　　　　　　　　　　　　　　　　220
編者・執筆者紹介　　　　　　　　　　　　　　　228

I 基本概念

I-1 社会的自己

social self

　自己（self）研究は，近年の社会心理学の中で，最も注目を集めている研究領域のひとつである．最近の心理学研究論文の1/7が，何らかのかたちで「自己」にかかわりをもつとする指摘もある[1]．そうした研究成果は，互いにオーバーラップしており，分類枠を構築することすら困難とする指摘もある．

　歴史的にみれば，心理学的な自己研究のルーツは，「心理学の父」と称されるジェームズ（James, W.: 1842-1910）に遡ることができる．ジェームズは，注意や思考の流れも自己の一部とみなし，自己を絶え間なく変化する意識状態として把握することが重要であると論じ，今日の「自己過程」の基盤となる考え方を提唱した．さらにジェームズは，知る自己（self as knower）としての「I」と，知られる自己（self as known）としての「Me」を区別したうえで，「Me」の内容を，「物質的自己」（身体など），「精神的自己」（意識状態など），「社会的自己」（他者からの評価に関する認識など）の3側面に分けた．このうち，自己が社会的に構成されるという**社会的自己**の考え方は，クーリー（Cooley, C. H.）[2]の「鏡映自己」の考え方や，ミード（Mead, G. H.）[3]の「象徴的相互作用論」に引き継がれていった．ミードは，他者の観点を取得することによる自己形成を，「役割取得」として重視し，他者の多様な態度を組織化・一般化した「一般化された他者」の期待を取得することによって，自我を十全に発達させることができるとした．ミードは，こうした他者の態度を受け入れることによって成立した自我の側面を「Me（客我）」と名づけ，一方で，そうした他者の態度に対し反応する「I（主我）」が

1) Sedikides, C. & Skowronski, J. J. (2003) Evolution of the symbolic self: Issues and prospects. In M. R. Leary & J. P. Tangney (Eds.), *Handbook of self and identity* (Pp.594-609), New York; London: Guilford Press.

2) Cooley, C. H. (1902) *Human nature and social order.* New York: Scribner.

3) Mead, G. H. (1934) *Mind, Self and Society.* Chicago: The University of Chicago Press. 〔稲葉三千男・滝沢正樹・中野収（訳）(1973) 精神・自我・社会　青木書店〕

存在することも指摘し，両者の相互作用によって自我形成が行われると考えた．

認知主義の興隆とともに，自己研究でも，多様な状況的文脈の中で，自己をどのように理解・評価し表現してゆくかという「過程としての自己」が重視されるようになっていった．中村[4]は，いちはやくこうした自己過程に注目し，自己過程の四位相説を提唱している．これは，自己過程を，(1)自己の姿への注目（自己意識・自己注目），(2)自己の姿の把握（自己概念），(3)自己の姿の評価（自己評価），(4)自己の姿の表出（自己表現）の4位相として把握することが重要とする指摘である．さらに中村[5]は(1)と(2)を「自己認知」過程としてまとめ，三位相説として精緻化している．同様に，リアリー（Leary, M. R.）ら[6]も，(1)注意過程（自分自身に自動的・意図的に注意を向ける過程），(2)認知過程（自分自身について意識的に考える過程），(3)実行過程（現在や未来の自分について考え，自分自身をコントロールする過程）の3過程の存在を提唱しており，今日の自己研究の全貌を理解する基本的な枠組みとみなされている．

このうち，第一の注意過程に関しては，デュバル（Duval, S.）とウィックランド（Wicklund, R. A.）[7]による客体的自覚理論の研究がよく知られている．デュバルらは，自己の注意が内面に向けられた状態を客体的自覚（OSA: objective self awareness）状態と呼び，そのような状態が生起すると，自己のもつ行動基準や価値規範との落差が意識され，基準や規範に達していないという嫌悪的な動因につながり，それを低減するための動機づけが生じること，基準に達していたり上回ったりしていた場合でも，基準の上昇により同様の落差が生じるようになると指摘した．

また，自己の内面に注意が向くと，「自分はどのような人間か」という内省的思考が行われるようになる．第二の認知過程に関する研究では，社会的認知研究を中心に，そこに生じる情報処理過程を「自己認知」，処理の基盤となる個々の情報を「自己知識」，処理の結果として構成される自己に関する知識体系を「自己スキーマ」，より総体的に把握された

4) 中村陽吉（1990）「自己過程」の社会心理学 東京大学出版会

5) 中村陽吉（2006）新心理学的社会心理学：社会心理学の100年 ブレーン出版

6) Leary, M. R. & Tangney, J. P.（2003）The self as an organizing construct in the behavioral and social sciences. In M. R. Leary, & J. P. Tangney（Eds.）, *Handbook of self and identity*（Pp.3-14）, New York; London: Guilford Press.

7) Duval, S. & Wicklund, R. A.（1972）*A theory of objective self-awareness*. New York: Academic Press.

比較的安定した自己知識体系を「自己概念」と呼んで区別する。「自己スキーマ」という概念の提唱者でもあるマーカス（Markus, H.）[8] は，自己スキーマに，(1) 関連する情報処理を容易にする，(2) 関連する行動検索の手がかりとなる，(3) 関連する行動を予測させる，(4) 矛盾する情報を排除する，という働きがあると論じている．後の研究で，自己スキーマは他者認知の枠組みとしても機能することも明らかにされ，さらに，自己に関連づけて記銘を行わせると後の検索がなされやすいという「自己関連効果」[9] や，自分で作り出した情報のほうが記憶されやすい「自己生成効果」[10] など，自己スキーマにより情報処理が促進的に行われることを示す知見も数多く報告されている．

　自己認知は，さまざまな自己の姿を明らかにするだけでなく，そうした自分がポジティブなものか，ネガティブなものかという認知的評価過程を生起させる．なぜこうした評価過程が生起するかについては諸説があるが，最近では自分に関する評価を知ることが適応にとって有用であるとする**進化心理学**的考え方が主流となっている[1]．そうした評価の典型的な指標として**自尊感情**（self-esteem）を考えることができる．自尊感情の定義はさまざまだが，バウマイスター（Baumeister, R. F.）[11] は，「自己評価に関する肯定的な側面」として包括できることを指摘している．こうした考え方の背景には，自己を「安定的統合的実体」として把握する傾向が存在するが，自己過程へ関心が移行するにつれ，自尊感情についても，社会的状況や関係性の文脈の中で把握する必要性があるという主張が展開されるようになった．たとえば，リアリーらは，自尊感情を「他者に対する自分の関係価値をモニターした結果を表す進化的適応システム」[12] と考える「ソシオメータ論」を展開している．日常生活では他者から高い価値を与えられていることが，サポート供与や再生産につながる資質として重要で，そうした関係価値をモニターする装置として自尊感情を位置づけることができるとする指摘である．

　第三の自己の実行過程は，「数あるオプションの中から特定の行動を選択し，無関連の情報をフィルターにかけ，反応

8) Markus, H. (1977) Self-schmata and processing information about the self. *Journal of Personality and Social Psychology*, 35, 63-78.

9) Rogers, T. B., Kuiper, N. A., & Kirker, W. S. (1977) Self-reference and the encoding of personal information. *Journal of Personality and Social Psychology*, 35, 677-688.

10) Greenwald, A. G. & Banaji, M. R. (1989) The self as a memory system: Powerful, but ordinary. *Journal of Personality and Social Psychology*, 57, 41-54.

11) Baumeister, R. F. (1998) The self. In D. Gilbert, S. T. Fiske, & G. Lindzey (Eds.), *The handbook of social psychology* (Pp.680-740), New York: Oxford Univ. Press.

12) Leary, M. R. & MacDonald, G. (2003) Individual differences in self-esteem: A review and theoretical integration. In M. R. Leary & J. P. Tangney (Eds.), *Handbook of self and identity* (Pp.401-418), New York; London: Guilford Press.

を選択し，実行に移す過程」[13]とされる．バウマイスター[11]は，一定の社会集団に拘束されない流動性の高い現代社会では，個人の責任で重要な選択や意思決定を行わねばならず，そのために実行機能が重視されるようになってきたと指摘している．

　自己の実行機能の中心をなす過程は，**自己制御**（self regulation）もしくは**自己統制**（self control）と呼ばれる．自己制御過程についても，カーバー（Carver, C. S.）とシャイアー（Scheier, M. F.）[14]による「TOTEシステム」[15]をはじめ，最近多くのモデルが展開されている．たとえば，ヒギンズ（Higgins, E. T.）ら[16]は，自己制御過程に，理想による制御過程と，義務による制御過程が存在すると主張している．前者は「こうありたい」という理想による動機づけ，後者は「こうあらねばならない」という義務による動機づけを生む．ヒギンズらは，これらの動機づけの強さが，理想自己と現実自己の不一致，義務自己と現実自己の不一致によって測定されるとする自己不一致理論を展開しており，前者の不一致の大きさは，希望や願望の達成に関連し，その未達成は失望や落胆に関連する感情を生起させるのに対し，後者の不一致の大きさは義務感や責任感に関連し，その未達成は不安・緊張感などの動揺関連感情を生起させると論じている．また，ミシェル（Mischel, W.）とモルフ（Morf, C. C.）[17]も，自己制御過程に，感情ベースで自動的・衝動的な処理を行う「ホット」な過程（goシステム）と，論理ベースで慎重な努力を有する「クール」な過程（knowシステム）があることを指摘し，これら2つのシステムのバランスが生物学的要因と発達的要因との相互作用により規定され，個人の自己制御能力，すなわち「クール」な過程が「ホット」な過程を統制する程度の個人差が形成されるとする考え方を主張している．

〔堀毛一也〕

13) Baumeister, R. F. & Vohs, K. D. (2003) Self-regulation and the exective function of the self. In M. R. Leary & J. P. Tangney (Eds.), *Handbook of self and identity* (Pp.197-217), New York; London: Guilford Press.

14) Carver, C. S. & Scheier, M. F. (1998) *On the self-regulation of behavior*. Cambridge: Cambridge Univ. Press.

15) TOTEは，Test-Operate-Test-Exit

16) Higgins, E. T. (1997) Beyond pleasure and pain. *American Psychologist*, 52, 1280-1300.

17) Mischel, W. & Morf, C. C. (2003) The self as a psycho-social dynamic processing system: A meta-perspective on a century of self in psychology. In M. R. Leary & J. P. Tangney (Eds.), *Handbook of self and identity* (Pp.15-43), New York; London: Guilford Press.

【参考文献】
安藤清志・押見輝男（1998）自己の社会心理　誠信書房
榎本博明・岡田努・下斗米淳（監修）（2008）自己心理学①～⑥　金子書房

I-2 社会的認知

social cognition

　社会的認知とは，文字通り，社会的対象についての認知，つまり人間（他者，自己），集団，社会的事象などに対する認知を指す．この種の研究は古くから数多く行われてきたが，初期には対人認知，社会的知覚という用語が使われることが多かった．社会的認知という言葉が使われるようになったのは，認知心理学の発展に伴って，人間の情報処理の過程そのものが研究対象となるようになってからである．

　フィスク（Fiske, S. T.）とテイラー（Taylor, S. E.）[1]は，社会的認知に関する研究史を5つの時期に分け，それぞれの時期の研究が異なった人間像を想定していると述べている．第1期は，**認知的一貫性理論**の研究が盛んだった1950年代から1960年代であり，そこでは自分のもつ認知の間に矛盾のない一貫した関係を維持しようとする人間（consistency seeker）が想定されていた．続いて1960年代後半から1970年代には，**帰属過程**の研究が盛んになった．これが第2期であるが，帰属研究で想定された人間像は，さまざまな出来事の原因を推論しようとする，しろうとの科学者（naïve scientist）としての人間であった．帰属に関する研究の過程で，人間は現実には必ずしも科学者のような体系だった推論を行うわけではなく，しばしば手間を省いた簡便な自動的判断を行うことが明らかになった．それが第3期の**認知的バイアス**や**ヒューリスティック**（heuristic）の研究で，時期的には1980年代にあたる．そこでは認知的な労力を省く倹約家としての人間（cognitive miser）が想定されている．しかし，われわれは常に手間を省いた直観的な判断を行うわけではなく，重要な場面では注意深く入念な認知判断を行う．1990

[1] Fiske, S. T. & Taylor, S. E. (2008) *Social cognition: From brains to culture.* New York: McGraw-Hill.

年代にあたる第4期には，状況に応じて，**自動的過程**と**統制的過程**の両過程を使い分ける人間（motivated tactician）が仮定され，いわゆる**二過程理論**（dual-process theories）に基づく研究が盛んになった．2000年以降の第5期では，自動的な過程に関心が集まり，本人も気づかないような刺激による**概念の活性化**が，感情や行動に及ぼす影響が研究されている．ここで想定される人間像は，活性化された行為者（activated actor）と呼ばれている．

社会的認知の研究領域としては，対人認知（他者認知），自己認知，原因帰属や社会的推論などがあるが，それらの研究では，いくつかの研究上の焦点といえるものがある．そのひとつは，認知者のもつ**既有知識**が社会的対象の情報処理に与える影響であり，また近年では**認知の自動性**の問題が注目を集めている．以下，この2点を中心に研究を概観する．

社会的認知においては，直接的に認知対象から得られる情報だけでなく，認知者がすでにもっている知識，概念，カテゴリーなどが大きな影響をもち，新たに得られる情報と既有知識との間の相互作用が認知内容を決定する．既有知識は，注意，符号化，記憶，判断などさまざまな段階で，入力情報の処理に影響を及ぼす．たとえば，事前の知識や予期に一致した情報は符号化されやすく，入力情報が事前の予期と一致しない場合には，情報を歪めたり，不一致をうまく説明するための解釈が生じたりする場合もある．

人が長期記憶内に貯蔵している知識は，新たな入力情報の処理に影響を及ぼすという意味から，**スキーマ**（schema）と呼ばれることが多い．スキーマは認知全般で使われる用語であるが，社会的対象に対しては，(1) 人スキーマ：人間の性格や目標についての全般的知識，(2) 自己スキーマ：自己に関する知識の集成，(3) 役割スキーマ：特定の集団，役割の人々に対する知識，(4) 出来事スキーマ：社会的事象の時間的経過についての知識，の4種類があるとされている[2]．

この中で (3) の役割スキーマと関連する**ステレオタイプ**の問題は，社会問題としての重要性とも相まって，大きな関心を集めてきた．ステレオタイプとは，人種，性別，職業な

2) Taylor, S. E. & Crocker, J.（1981）Schematic bases of social information processing. In E. T. Higgins et al.（Eds.）, *Social cognition: The Ontario symposium* Vol.1（Pp.89-134）, Hillsdale, NJ.: Erlbaum.

どのような特定の集団やカテゴリーに対して，人々がもつ固定化されたイメージを指す．それは集団レベルの認知だけでなく，そのカテゴリーに属する個々のメンバーに対しても一律に当てはめられてしまうことが多く，対人認知を歪める場合がある．たとえばコーエン（Cohen, C. E.）[3]は，女性が自宅で夫と食事をしているビデオを参加者に見せたが，その際，ある参加者には女性の職業を「司書」と告げ，別の参加者には「ウェイトレス」と告げたところ，同じビデオを見たにもかかわらず，告げられた職業のステレオタイプに一致した情報をより多く記憶していることが示された．

ステレオタイプの内容については，フィスクら[4]が，集団間の敵対関係や差別の問題を扱う中で，**両価的ステレオタイプ**（ambivalent stereotype）という考え方を提案している．他人を判断する際の基本次元として，有能さと温かさという2つの次元が考えられるが，諸集団を両次元上で評価させると，有能な人々は冷たく，能力の低い人々は温かく感じられるというように，評価が逆方向であることが多いという．その意味で相補的，両価的なのであるが，自分の所属していない**外集団**に対しても，否定的な評価ばかりではなく，側面によっては肯定的な評価をする傾向が見られる．

ところで，司書に対する認知に司書ステレオタイプが影響を与える場合のように，評価対象と関連する既有知識が作用することは常識的にも理解しやすいが，人がもつ概念や知識の一部が，たまたま何らかのかたちで活性化されると，それが無関連な対象に対する認知や評価にも影響を与えることがある．ヒギンズ（Higgins, E. T.）らの研究[5]では，実験参加者に先行課題の中で単語を記憶させた後に，勇敢とも無謀とも解釈できるような男性の行動記述を読ませたところ，参加者たちは先行課題で記憶した単語の種類によって，同じ男性に対して異なった印象を形成することが明らかになった．具体的には，先行課題で接触した単語がポジティブな性格特性語であった場合の方が，ネガティブな特性語であった場合よりも，主人公に対する印象は好意的なものになった．ただし，これは先行する単語が行動記述と関連した次元のものである

3) Cohen, C. E. (1981) Person categories and social perception: Testing some boundaries of the processing effects of prior knowledge. *Journal of Personality and Social Psychology*, 40, 441-452.

4) Fiske, S. T., Cuddy, A. J. C., Glick, P. & Xu, J. (2002) A model of (often mixed) stereotype content: Competence and warmth respectively follow form perceived status and competition. *Journal of Personality and Social Psychology*, 82, 878-902.

5) Higgins, E. T., Rholes, W. S., & Jones, C. R. (1977) Category accessibility and impression formation. *Journal of Experimental Social Psychology*, 13, 141-154.

場合に限定されていた．

　バージ（Bargh, J. A.）とピエトロモナコ（Pietromonaco, P.）[6]は，さらに一歩進めて，先行する刺激を閾下で呈示する実験を行っている．彼らは，スクリーン上にきわめて短時間単語を呈示したが，その中には，0％，20％，80％の割合で敵意と関連する語が含まれていた．実験参加者には単語は読めず，単なる閃光としか見えないので，これは**閾下呈示**といえる．参加者はその後，別の課題として，ある人物の多義的な内容の行動記述を読まされ，刺激人物の印象評定を求められたが，先行課題で閾下呈示された語の中に敵意語が多く含まれていた条件ほど，印象評定が否定的になる傾向が見出された．

　これらの実験は，先行課題での刺激が後続の判断に影響を及ぼすという，**プライミング**（priming）効果に関する実験である．それと同時に，先行する作業の中で特定の特性概念が活性化し，アクセスしやすくなったことの影響，つまり**コンストラクト・アクセシビリティ**（construct accessibility）の高まりが後続の判断に及ぼす効果の実験ということもできる．人間が長期記憶の中に保持している膨大な量の知識のうち，ある時点でアクセスしやすい状態になっているものは限られている．先行作業や外部からの刺激によって一時的なアクセシビリティが高まった概念や知識は，本人が意識しなくても後続の認知や行動に影響を及ぼす．

　社会的認知研究は，当初，意識的，統制的な過程を想定して出発したが，研究が進むにつれ，本人も自覚しないような自動的な過程が重要な役割を果たすことが知られるようになった．プライミング効果も，多くは無自覚な過程であり，特に閾下プライミングでは，実験参加者は刺激の存在自体にも気づかないのに効果が現れている．そのほか，ステレオタイプの自動的活性化の問題なども幅広く研究されており，自動性研究はきわめて活発である．　　　　　〔外山みどり〕

6) Bargh, J. A. & Pietromonaco, P. (1982) Automatic information processing and social perception: The influence of trait information presented outside of conscious awareness on impression formation. *Journal of Personality and Social Psychology*, 43, 437-449.

【参考文献】
村田光二（編）(2010) 社会と感情　現代の認知心理学6　北大路書房
岡隆（編）(2004) 社会的認知研究のパースペクティブ　北大路書房

I-3 社会的動機づけ

social motivation

社会的動機づけという概念の起源は空腹，渇きなどの生理的欲求に対置されるもの，あるいはそれから派生したものとしての人間関係や社会生活を通じて充足される社会的欲求にあろう．マレー（Murray, H. A.）[1]はパーソナリティにおける欲求の構造を屈従，達成，親和，攻撃，顕示の欲求などに分類，整理している．そのような見地からすれば「社会的動機づけには人と親密な関係を形成し，維持したいという親和動機づけや社会的に認められたいなどの承認動機づけ，あるいは自分にとって意味ある集団に属していたいという所属欲求，ある課題を卓越した基準で達成しようという達成動機づけなど，社会や集団，対人関係に関わる幅広い欲求が含まれる．」となろう[2]．

このような社会的動機づけの見方に対してやや狭義の見方がある．それは対人関係場面の動機づけに限定した使い方で，個人的達成をめざす，いわゆる**達成動機づけ**のようなものは含まない．それゆえ，社会的動機づけは他者が個人のさまざまな欲求を満足させる価値を持っている動機づけで，他者から守られたい，助けられたい，賞賛されたいなど諸々の人間関係を充足させる動機づけを含んだものと考えられる[3]．

過去の動機づけ研究においては達成動機づけを中心に展開されてきたのに対して，近年になって人間関係に関する多面的な動機づけが特に注目され始め，それを総称して社会的動機づけと称しているのが最近の心理学界の一般的傾向といえよう．

そして，人間関係に関連した動機づけの中核的な源は，**親和欲求**にあると考えられる．親和欲求はもともと，安全性の

---

1) Murray, H. A. (Ed.) (1938) *Exploration in personality: A clinical and experimental study of fifty men of college age.* New York: Oxford University Press.

2) 中谷素之（編著）(2007) 学ぶ意欲を育てる人間関係づくり：動機づけの教育心理学（p.60）金子書房
なお，古くは欲求という言葉がよく用いられていたが，最近は動機という言葉の方が多く使われ，ほぼ同義と考えてよい．

3) このような見方は次の文献に書かれた丹羽洋子の考え方を参考にしている．
速水敏彦ほか（1995）動機づけの発達心理学　有斐閣

なさや恐れから生じているものと定義された．すなわち，拒否や分離の恐れにより喚起されるものと考えられた．したがって，不安な時間を過ごす場合や，他人に評価される場面で親和欲求が高まることが例証されたりした．しかし，その後，積極的に人間関係を求める面も親和欲求に加えられるようになった．親和欲求には拒否の恐れ（fear of rejection）と親和への希求（hope of affiliation）の2つが含まれるという考え[4]や，回避親和（avoidance affiliation，－Aff）と接近親和（approach affiliation，＋Aff）とに分ける測定法が生まれた[5]．後者の研究では回避親和の高い人が低い人よりも競争的集団では生産性が高く，協同的集団では生産性が低いことが見出された．さらに接近親和動機は欠乏欲求的[6]なものでなく，親密な関係が充足されることで動機が低減するものではない，むしろ，成長欲求的なもので，関係性の充足がさらに接近親和動機づけを刺激し高めるとした[7]．したがって，高い接近親和動機づけをもつ人はリラックスしており，自発的で他人との行動にオープンであり，純粋に他者に関心を持つだろうとしている．

ところで，みんなとうまくやっていきたいという親和動機と，卓越した基準で物事を成し遂げたいという達成動機は，以前は独立であったり背反するようなものとしてみなされる傾向も強かったが，最近ではその2つの動機が相互依存的な関係にあると考える人たちが多くなっている．ユボネン（Juvonen, J.）とウェンツェル（Wentzel, K. R.）[8]は，子どもというものは学校で学業達成をめざすだけでなく，対人関係をつくりあげ，社会的アイデンティティや所属感を形成しようと努力する存在であるとしている．そして子どもたちは学業達成の目標と同様に**社会的目標**の達成を意識するので，両者に相互影響関係が生じるという．学校適応の背後にある社会的目標や動機とは所属や関係性の欲求，社会的承認の欲求，賞賛を求める欲求，自己高揚や自己証明を求める欲求，向社会的な，社会的責任のある結果を達成する目標などを含むものである．したがって，彼らは社会的動機づけという概念を社会的目標を遂行する人間関係に関連する，あらゆる動機づ

4) Shipley, T. E. & Veroff, J. (1952) A projective measure of need for affiliation. *Journal of Experimental Psychology*, 43, 349-356.

5) DeCharms, R. C. (1957) Affiliation motivation and productivity in small groups. *Journal of Abnormal and Social Psychology*, 55, 222-226.

6) 欠乏欲求，成長欲求というのはマズロー（Maslow, A.）の言葉である．前者は満たされない場合に生じ，充足されるとそれは消滅する．後者は完全に満たされるということはなく，半永久的により高い目標に向けられていくものであり，自己実現の欲求がそれにあたる．「IV-42 ワーク・モチベーション」も参照．

7) Boyatzis, R. E. (1973) Affiliation motivation. In D. C. McClelland & R. S. Steele（Eds.），*Human motivation: A book readings*（Pp.252-276），Morristown, NJ: General Learning Press.

8) Juvonen, J. & Wentzel, K. R. (1996) *Social Motivation: Understanding children's school adjustment*. New York:

けを想定して使用している．そして多くの研究から，社会的動機づけの促進が達成動機づけにプラスに作用し，学業達成の向上につながることが明らかにされている．たとえば，クラスの規範や役割への期待を守るという社会的責任目標に対して高い動機づけを示す子どもは，教師に受容されることで承認され，その教師との好ましい人間関係が高い学業達成にも反映されると考えられる．また，**自己決定理論**（self-determination theory）[9]においても，社会的動機づけが達成に影響を及ぼすことが示唆されている．すなわち自律的動機づけの形成には自律性支援だけでなく，関係性（relatedness）を支援することが必要であると指摘されている．具体的には教室場面では，教師や友人と子どもがよい人間関係を形成できるような働きかけを行うことである．つまり，それは社会的動機づけの促進が，自律的動機づけにつながることを意味していよう．

『社会的動機づけ』と題する書物の中でワイナー（Weiner, B.）[10]は，特定の他者に対する社会的動機づけは，その他者の社会的行動や事象に関する**原因帰属**（causal attribution）のあり方に規定されるという理論を提案している．たとえばあるスティグマ（stigma; ある属性をもつ人に対して差別することの社会的含意があること）とその人への反応について次のように考えている．人の意思により統制可能であるとみなされるスティグマに対しては本人の責任に帰属されるので，周囲はそれを非難しやすい．一方，人の意思により統制不可能なものであると考えられるスティグマに対しては本人に責任はないと考えられ，むしろ援助の手が差し伸べられる．したがって，そこで扱われている社会的動機づけとは主に援助行動を引き起こしたり，非難行動を引き起こす動機づけと考えられる．

社会的動機づけのモデルとして注目すべきは図3-1のようなものである[11]．これは社会的動機にも親和動機でみたように接近と回避の2つがあることを基礎にしている．そして社会的環境に刺激され，特性的な接近および回避動機とその状況で成立する短期的な接近および回避目標が作用して社会

Cambridge University Press.

9) Deci, E. L. & Ryan, R. M. (Eds.) (2002) *Handbook of self-determination research.* Rochester: The University of Rochester Press.

10) Weiner, B. (2006) *Social motivation, justice, and the moral emotions: An attributional approach.* Mahwah: Lawrence Erlbaum Associates. 〔速水敏彦・唐沢かおり（監訳）(2007) 社会的動機づけの心理学：他人を裁く心と道徳的感情　北大路書房〕

11) Shelly, L. G. & Elliot, T. B. (2008) Making connections and avoiding loneliness: Approach and avoidance social motives and goals. In A. J. Elliot (Ed.), *Handbook of approach and avoidance motivation* (Pp.203-216), New York: Psychology Press.

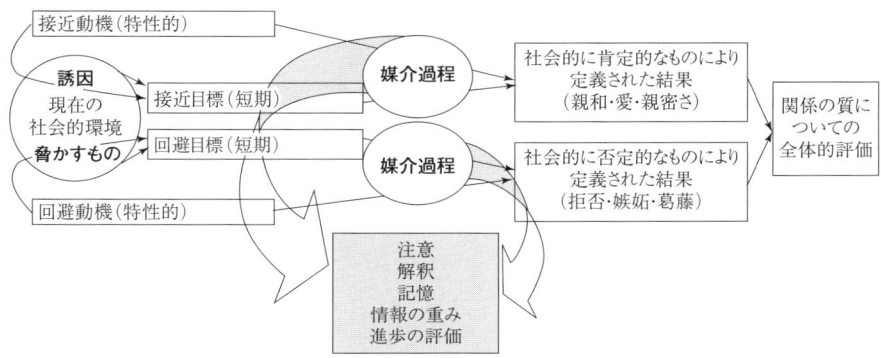

図3-1 社会的動機づけと社会的目標の接近・回避モデル (Shelly & Elliot, 2008)[11]

的動機づけが生じ，親和，愛，親密といった社会的に好ましい結果や逆に拒否，嫉妬，葛藤といった社会的に好ましくない結果がもたらされる．そして社会的動機，目標，結果を媒介するものとして注意，記憶，あいまいな社会情報の相互作用，社会的情報の重みなどがあげられる．たとえば接近動機の高い人はより報酬的な刺激により注意し，回避動機の高い人はより恐怖的な刺激により注意するので，それがそれぞれの動機づけの強さに反映されることになる．

　もうひとつ注目すべき立場として，社会的動機づけを社会的行動の背景にあるすべての動機づけと捉え，意識的なものだけでなく**無意識**的なものも含めて考える人たちがいる[12]．この場合，社会的行動とは仕事の動機づけも，偏見，社会的排除や追放，自己調整過程の動機づけもすべて含まれる．そして社会的相互作用に関わる動機づけの他にも，人類の進化にとって大切な自己保護の動機づけ，つまり生き続けることや死の知識に対処する動機づけ，さらには認知的不協和理論[13]に基づく認知的一貫性を求めようとする動機づけ，肯定的自己概念を維持する動機づけなども社会的動機づけと考えている．　　　　　　　　　　　　　　　　　〔速水敏彦〕

12) Forgas, J. P., Williams, K. D., & Laham, S. M. (Eds.) (2005) *Social motivation: Conscious and unconscious processes.* Cambridge: Cambridge University Press.

13)「Ⅰ-4 認知的不協和理論」参照．

【参考文献】
中谷素之（編著）(2007) 学ぶ意欲を育てる人間関係づくり　金子書房
ワイナー, B.／速水敏彦・唐沢かおり（監訳）(2007) 社会的動機づけの心理学：他者を裁く心と道徳的感情　北大路書房

I-4
認知的不協和理論

cognitive dissonance theory

1950年代～60年代にかけて，社会心理学の領域では，**認知的斉合性理論**（cognitive consistency theory）と呼ばれるいくつかのモデルが提唱された．

代表的なものに，三者関係の認知的均衡を扱ったハイダー（Heider, F.）の**バランス理論**[1]，2者間のコミュニケーション行動と態度変化を扱ったニューカム（Newcomb, T. M.）の**A-B-Xモデル**[2]，態度の変化を数量的に予測しようとしたオスグッド（Osgood, C. E.）とタンネンバウム（Tannenbaum, P. H.）の**適合性理論**[3]などがある．これらの中で，態度変容研究に最も大きな影響を及ぼしたのが，以下に述べる認知的不協和理論である．

態度が自らの行為を決定していくのは当然であるが，行為がそれにふさわしい態度を作り出すこともあり得る．たとえば，入学前には気が進まなかった大学に対して，自分で入学を決めて通い出すと，大学に対する態度が好意的になりやすい．興味のない作家だったが，友人に勧められて話題の新作を読んでみたら，その作家のファンになってしまったりすることは，経験的にもうなずけるであろう．この事実を理論化したものが，フェスティンガー（Festinger, L.）の**認知的不協和理論**[4]である．

その骨子は，「関連ある2つの認知要素において，1つの逆の面が，他の認知要素から導かれるならば，これら2つの認知要素は不協和の関係にある」というものである．ここでいう認知要素とは，自分を取り巻く環境や自分の行動に関する個々の知識・意見または信念を意味している．不協和は，心理的に不快な状態なので，人は，行動や環境に関する認知

1) Heider, F. (1958) *The psychology of interpersonal relations.* New York: John Wiley.〔大橋正夫（訳）(1978) 対人関係の心理学　誠信書房〕

2) Newcomb, T. M., Turner, R. H., & Converse, P. E. (1965) *Social Psychology: The study of human interaction.* New York: Holt, Rinehart, & Winston.〔古畑和孝（訳）(1973) 社会心理学：人間の相互作用の研究　岩波書店〕

3) Osgood, C. E. & Tannenbaum, P. H. (1955) The principle of congruity in the prediction of attitude change. *Psychological Review,* **62**, 42-55.

4) Festinger, L. (1957) *A theory of cognitive dissonance.* Stanford: Stanford University Press.

要素を変更したり，協和をもたらすような新しい認知要素を付加するなどして不協和を低減しようとする．しかし，自分がすでにとってしまった行為に対する認知を変更することは難しく，それを正当化する他の理由がない場合には，態度の方を変容させやすい．先の例でいえば，「予想していたよりいい大学だ」「この作家の作品はおもしろい」といった方向へ態度を変容させることになる．

では，不協和がどのような状況で起きやすく，それはどのような方法で低減されるのかを，いくつかの実験例で述べてみる．最初に，**選択決定後の不協和喚起とその低減方法について**，ブレーム（Brehm, J. W.）とコーエン（Cohen, A. R.）の実験[5]を紹介する．実験者は，子どもたちに玩具メーカーから依頼されたとして，いくつかの玩具に対する好意度を評定させた．1週間後，実験者は調査に参加してくれた謝礼として，子どもたちに玩具を1つ選ぶように伝えた．その後，もう一度，前に評定したいくつかの玩具に対する好意度を評定させた．操作された変数は2つである．第一の変数は，4つの玩具から選ぶか，2つの玩具から選ぶかである．第二の変数は，選択できる玩具の質的な類似性である．結果は，選ぶべき玩具の数が多いほど不協和は大きくなり，1つだけ選択された玩具の魅力は高まった．逆に，選択しなかった玩具の魅力は低下した．玩具の質的類似性に関しては，選ぶことができる玩具と残りの質的類似性が低いほど不協和は大きくなり，それを低減するために，1つだけ選択された玩具の魅力は高まることが実証された．

次に，人は努力を費やして入った集団の価値を高めて不協和を低減するという，アロンソン（Aronson, E.）とミルズ（Mills, J.）が行った実験[6]を紹介する．この実験では，3つの条件が設けられた．性の心理学について討議する集団に参加するために，女子学生は，入会審査の厳しい資格条件，穏やかな条件，審査なし条件に振り分けられた．その後，実験参加者たちは，自分たちが加入したと信じた集団の中で行われているという討議の録音テープを聞かされた．テープの内容は，下等動物の生殖行為に関する，たいくつでつまらない

5) Brehm, J. W. & Cohen, A. R. (1959) Re-evaluation of choice alternatives as a function of their number and qualitative similarity. *Journal of Abnormal and Social Psychology*, 58, 373-378.

6) Aronson, E. & Mills, J. (1959) The effect of severity of inhibition on liking for a group. *Journal of Abnormal and Social Psychology*, 58, 177-181.

ものであった．参加者たちは，テープを聞いた後，討議内容と集団成員に対する評定を行った．男性実験者の前で性に関する事柄の朗読を行った入会審査が厳しい条件の参加者は，他の2つの条件より，討議内容や集団成員に対して好意的に評定することによって，より大きな認知的不協和を低減しようとした．すなわち，集団の成員となるために，強い困惑を経験させられた参加者たちにとって，入会する集団の持つネガティブな側面に関する認識は不協和をもたらすことになるので，討議内容や集団成員をポジティブに評定することにより，不協和の低減を試みようとした．

　フェスティンガーとカールスミス（Carlsmith, J.）は，**不十分な正当化**がもたらす不協和の低減を，有名な「1ドル vs. 20ドル実験」で検証した[7]．実験参加者たちは，たいくつでつまらない作業課題に1時間従事した．その後で，実験者から，実験の本当（実は偽り）の目的は，事前に作業がおもしろいと聞かされた場合と何も聞かされなかった場合では，作業課題の成績に違いがあるかどうかを検証することであると伝えられた．あなたは何も言われずに従事した参加者であり，次の参加者は「おもしろい」と言われる条件の参加者であると告げられた．さらに，それを伝える役割のサクラが来ないので，かわりに，次の参加者に「作業課題はおもしろい」と言うように依頼された．その謝礼として，1ドルもらう条件と，20ドルもらう条件が作成された．依頼を承諾した後に，別の実験者の面接によって，「作業課題はどのくらいおもしろかった」かを評定させられた．自らは「たいくつでつまらない」と感じている作業課題を「おもしろい」と他者に伝えることを承諾した場合，どのような不協和が喚起されるのだろうか．20ドルの報酬をもらう条件や何も依頼されない統制条件の参加者と比べて，1ドルしか報酬をもらわなかった参加者は，自分の行動を正当化できるほど報酬をもらわないので，大きな不協和を喚起される．それを低減するために，実際に作業はおもしろかった，と態度変化を起こすことになる．

　この結果に対し，ベム（Bem, D. J.）は，自己知覚理論[8]

7) Festinger, L. & Carlsmith, J.（1959）Cognitive concequences of forced compliance. *Journal of Abnormal and Social Psychology*, 58, 203-210.

8) Bem, D. J.（1967）Self-perception: An alternative interpretation of cognitive dissonance phenomena. *Psychological Review*, 74, 183-200.

9) Hull, C. L.（1943）*Principles of behavior*. New York: Appleton-Century.
〔能見義博・岡本栄一（訳）（1960）行動の原理　誠信書房〕

の立場から疑問を呈した．**自己知覚理論**では，不協和実験の参加者は，不協和を低減するために「おもしろい」という好意的な評定をしているわけではなく，自分の行動（おもしろいと言った）から，自分の態度（本当におもしろい）を推測したに過ぎないと解釈される．自己知覚と他者知覚は同等の機能を持っているので，不十分な正当化実験を再現したテープを聞かせた実験参加者は，テープ中の参加者の行動と態度を，他者知覚であっても自己知覚と同じように推測できるとした．実験の結果は，不協和実験と類似した結果が得られ，自己知覚理論は支持されたとしている．

また，認知的不協和理論研究の多くが認知体系内部の均衡だけを問題としているが，その動機づけ的性格を強調し，ハル（Hull, C. L.）[9]やスペンス（Spence, K. W.）[10]らの**一般的動因理論**の中に不協和理論を位置づけようとした研究もある．コットレル（Cottrell, N. B.）とワック（Wack, D. L.）[11]，パラック（Pallack, M. S.）とピットマン（Pittman, T. S.）[12]，ウォーターマン（Waterman, C. K.）[13]らは，実験的に不協和を喚起し，不協和低減とは無関連な課題を実験参加者に遂行させると，単純課題には促進，複雑課題には抑制といった動因理論からの予測と同様の結果が得られることを実証している．

このほか，デシ（Deci, E. L.）は，認知的不協和は，**内発的動機づけ**（intrinsic motivation）における不適合の部分集合に過ぎないことを指摘している．彼の内発的動機づけ理論では，不適合に遭遇することはチャレンジの提供であり，そのチャレンジに対処することにより，自分は有能であり，自己決定的であることを確認できることになる．つまり，チャレンジに対処することは，不協和を低減することと同義である．この系譜の研究から，学習場面における**認知的コンフリクト**が子どもの知的好奇心[14]を高め，学習への取り組みを内発的に動機づけるという考え方が流布した． 〔吉田俊和〕

【参考文献】
デシ, E. L.／安藤延男・石田梅男（訳）（1980）内発的動機づけ　誠信書房
フェスティンガー, L.／末永俊郎（監訳）（1965）認知的不協和の理論　誠信書房

10) Spence, K. W., Farber, I. E., & MacFann, H. H. (1956) The relation of anxiety (drive) level to performance in competitional and non-competitional paired-associates learning. *Journal of Experimental Psychology*, 52, 296-305.

11) Cottrell, N. B. & Wack, D. L. (1967) The energizing effect of cognitive dissonance upon dominant and subordinate responses. *Journal of Personality and Social Psychology*, 6, 132-138.

12) Pallak, M. S. & Pittman, T. S. (1972) General motivational effects of dissonance arousal. *Journal of Personality and Social Psychology*, 21, 348-358.

13) Waterman, C. K. (1969) The facilitating and interfering effects of cognitive dissonance on simple and complex paired associates learning tasks. *Journal of Experimental Social Psychology*, 5, 31-42.

14) 波多野誼余夫・稲垣佳世子（1973）知的好奇心　中公新書

I-5 帰属理論
attribution theory

社会生活において，人々は身の回りに起こる出来事の原因を推測したり，他人の内面を推し量ったりする．**帰属過程**（attribution process）は，その種の推論過程の中心を成し，第一義的には，人間の行動を含む諸事象に関する原因の推論を指す．これは**原因の帰属**（causal attribution）と呼ばれる．さらに推論は因果関係に留まらず，人や事物の特性に対しても適用される．たとえば老人に席を譲った行動から親切な性格を推論するような場合で，これを**傾性の帰属**（dispositional attribution）または特性推論と呼ぶ．

帰属理論は，ハイダー（Heider, F.）[1]の**素朴心理学**に端を発し，その後，多方面に発展した．帰属研究の領域としては，因果推論，他者の特性推論，自己に関する帰属，達成結果に対する帰属，責任の帰属など多様な側面がある．

まず原因帰属に関する理論としては，ケリー（Kelley, H. H.）の**分散分析モデル**[2]がある．これは，原因の候補のうち，どれが結果と共変するかを手がかりとした推論のモデルである．ケリーは特に「ある対象に対する人の反応」を取り上げ，反応の原因を推論する方式を考察した．たとえば，人Aが犬Xを怖いと思った場合，原因の候補としては，犬X，人A，そして人と犬が出会った状況という3通りを考える．その際，手がかりとして利用されるのは，他の人々は犬Xを怖がるか（**合意性**），人Aは他の犬も怖がるか（**弁別性**），人Aが犬Xに出会うときはいつでも怖がるか（**一貫性**）の3種類の情報であり，合意性，弁別性，一貫性のすべてが高いとき，つまり他の人々も犬Xを怖がり，人Aは他の犬Y，Zは怖がらないが，犬Xに出会うといつも怖がるという場合，

1) Heider, F. (1958) *The psychology of interpersonal relations*. New York: John Wiley. 〔大橋正夫（訳）(1978) 対人関係の心理学　誠信書房〕

2) Kelley, H. H. (1967) Attribution theory in social psychology. In D. Levine (Ed), *Nebraska Symposium on motivation*. Vol.15 (Pp.192-240), Lincoln: Nebraska University Press.

原因は対象（犬X）の性質に帰属される．

　ケリーはその後，上記のような情報収集が不可能な場合に対して**因果スキーマモデル**を提唱した[3]．ここでの因果スキーマ（causal schema）とは，因果関係の形式に関する抽象化された知識を指す．因果スキーマには多くの種類があるが，その中で最も適用事例が多い**複数十分原因**のスキーマは，ある結果を生じる原因が複数あり，そのうちひとつが作用すれば，他の原因の有無にかかわらず結果が生じるという事例に適用される．たとえば小学生が読書をしていることの原因として，本の内容に対する興味と，感想文の宿題が出ているなどという外的原因の双方が考えられる．もし本に興味があれば，宿題がなくても子どもは本を読むであろうし，もし宿題が出ていれば，興味はなくても読書するであろう．

　複数十分原因スキーマが想定される場合，一方の原因が存在していることがわかると，他方の原因の役割が割り引かれ，低く評価される傾向がある．これは**割引原理**（discounting principle）と呼ばれる．宿題が出ている場合の読書では，内発的興味は高くないと判断されがちである．

　ジョーンズ（Jones, E. E.）とデイヴィス（Davis, K. E.）の**対応推論理論**[4]は，他者の行動から，その人の性格や態度などの内的傾性・特性を推論する過程を理論化したものである．**対応推論**（correspondent inference）とは，「行動とその背後にある特性が，同様の用語で記述されるような」推論であり，支配的な行動が支配的な性格の反映であると推論するような場合を指す．この理論では，行動が意図的であるか否かの判定を介して，内的特性の推論が生じると仮定される．行動は複数の選択肢からの選択の結果と考えられ，選ばれた選択肢と選ばれなかった選択肢の比較から推論が行われる．選ばれた選択肢のみに含まれ，選ばれなかった選択肢には含まれない**非共通結果**（noncommon effects）が推論の手がかりとなり，その数が少ないほど推論は確信を伴ったものとなる．また，その非共通結果が一般に望まれないものである場合の方が，推論の確信度は高くなるとされている．

　帰属の推論は自己に対しても適用される．ベム（Bem, D.

[3] Kelley, H. H. (1972) Causal schemata and the attribution process. In E. E. Jones, D. E. Kanouse, H. H. Kelley, R. E. Nisbett, S. Valins, & B. Weiner (Eds.), *Attribution: Perceiving the causes of behavior* (Pp.151-174), Morristown, NJ: General Learning Press.

[4] Jones, E. E. & Davis, K. E. (1965) From acts to dispositions: The attribution process in person perception. In L. Berkowitz (Ed.), *Advances in experimental social psychology*, vol.2 (Pp.219-266), New York: Academic Press.

J.)[5]の**自己知覚理論**（self-perception theory）は，自己知覚と他者知覚との機能的な同等性を主張する．つまり本人しかわからない内的手がかりは意外に少なく，自己についても他者の場合と同じように，外に現れた行動と行動の起こった状況の観察から，内面を推論するというのである．たとえば，自分が「実験がおもしろかった」と言った場合，高額の謝礼があれば，自分の言動は報酬に誘発されたものと推測するが，謝礼が少ないときには，自分は本当におもしろいと思っていたのだろうと推論すると予測される．自己帰属理論は，過度の正当化（overjustification）現象などにも適用が可能で，多くの実証的研究を生み出した．

シャクター（Schachter, S.）の**情動二要因理論**[6]では，情動を経験するために，生理的喚起と認知的要因の2つが必要とされている．自分が感じている生理的喚起の原因を正しく認知する場合はよいが，真の原因でないものを原因であると誤認する場合は**誤帰属**（misattribution）が生じる．誤帰属には，薬品などによって生じた生理的喚起を誤って情動に転嫁してしまう場合や，逆に情動によって生じた生理的喚起を，無関連な状況要因に誤帰属するケースなどさまざまな種類がある．また，1980年代後半になって，情動以外の認知判断などに関しても，誤帰属と考えられる現象が存在することが指摘され，その範囲が拡大した．たとえば，同じ刺激を繰り返し見聞きすると，その刺激に対する好意度が増すという**単純接触効果**（mere exposure effect）は，接触経験に伴う既知感や知覚的な処理の容易さを，対象に対する好意に誤帰属したためだと解釈することができる．

学業やスポーツなど**達成関連の場面での成功・失敗**に関する帰属については，ワイナー（Weiner, B.）[7]の理論が知られている．ワイナーは，能力，努力，課題の難しさなどの成功・失敗の原因を，内的－外的，安定－不安定，統制可能－不可能という3次元によって整理した．さらに，原因帰属の結果によって，誇りや恥などの感情，将来の成功期待のような認知的側面，そしてどの程度粘り強く課題に取り組むかなどの行動的特徴が影響を受けることを明らかにした．

5) Bem, D. J. (1972) Self-perception theory. In L. Berkowitz (Ed.), *Advances in experimental social psychology*, Vol.6 (Pp.1-62), New York: Academic Press.

6) Schachter, S. (1964) The interaction of cognitive and physiological determinants of emotional state. In L. Berkowitz (Ed.), *Advances in experimental social psychology*, Vol.1 (Pp.49-82), New York: Academic Press.

7) Weiner, B. (1979) A theory of motivation for some classroom experiences. *Journal of Educational Psychology*, 71, 3-25.

1980年代以降，社会的認知研究の進展に伴い，いくつかの新しい帰属の理論が提出された．それらは自動的－統制的過程，認知的資源などの観点を取り入れ，段階的な推論を提唱している．**トローペの2段階モデル**[8]では，他者の行動を観察したとき，まずそれがどのような種類の行動であるかという意味の同定が行われ，その後，その人がどのような特性の人かという推論が行われると仮定している．たとえばある人の表情を見たとき，それが怒りの表情だと判定するのが同定の段階で，続いて，その人が性格的に怒りっぽい人だと判断するのが特性推論の段階である．この2段階には，その人の過去の行動に関する情報と，周囲の状況に関する情報の2種類が関与する．特に周囲の状況に関する情報は，2つの段階で作用の方向が異なり，怒りを誘発する状況では，表情が怒りと同定される傾向は強まるが，その人が怒りっぽい性格だという推論は抑制される傾向がある．

　ギルバートの3段階モデル[9]では，(1) 行動のカテゴリー化，(2) 行動に対応する特性推論，(3) 推論の修正という3段階を仮定している．たとえば候補者の演説を聴いて「増税反対の内容だ」とカテゴリー化し，その後ただちに「この人は増税反対の態度を持っている」と推論する．その後で状況を考慮し，「選挙の前だから有権者を意識した発言かもしれない」などと，前の段階の推論を修正する，というのである．ここで，第1，第2段階は自動的で認知資源を要しない段階，最後の修正の段階だけが熟慮的，統制的過程だと仮定されている．そのため，認知資源が不足している場合には，最後の修正段階は省略されてしまい，それが態度帰属などで広範に見られる**対応バイアス**（過度の対応推論）として現れることになる．このモデルでは，従来の帰属理論で仮定されてきた順序とは逆に，まず特性の推論がなされ，その後に原因が吟味されるという過程を提唱している点が特徴的である．

〔外山みどり〕

8) Trope, Y. (1986) Identification and inferential processes in dispositional attribution. *Psychological Review*, 93, 239-257.

9) Gilbert, D. T. (1989) Thinking lightly about others: Automatic components of the social inference process. In J. S. Uleman & J. A. Bargh (Eds.), *Unintended thought* (Pp.189-211), New York: Guilford Press.

【参考文献】
蘭千壽・外山みどり（編）(1991) 帰属過程の心理学　ナカニシヤ出版
山本眞理子ほか（編）(2001) 社会的認知ハンドブック　北大路書房

I-6 プロスペクト理論

prospect theory

プロスペクト理論は，カーネマン（Kahneman, D.）とトゥベルスキー（Tversky, A.）[1,2]によって提唱された意思決定（decision making）の理論である．意思決定の記述的理論は，**行動意思決定論**（behavioral decision theory）と呼ばれているが，プロスペクト理論も行動意思決定論の中の代表的な理論であり，現在では，社会心理学（social psychology）や認知心理学（cognitive psychology）のみならず，行動経済学（behavioral economics），行動ファイナンス（behavioral finance），神経経済学（neuro economics）あるいはマーケティング（marketing）においても広く適用されている[3]．

プロスペクト理論の「プロスペクト（prospect）」は，ある選択肢を採択した場合の諸結果とそれに対応する確率の組み合わせであり，確率分布のわかっているリスク下の意思決定では「ギャンブル」と同じである．リスク下の意思決定では，いくつかのプロスペクトの中から望ましいプロスペクトを選択することになる．リスク下の意思決定では，生起する結果の集合 $X = \{x_1, ..., x_j, ..., x_m\}$ を考えて，X 上の確率分布 $p_1 = [p_{11}, p_{12}, ..., p_{1m}]$, $p_2 = [p_{21}, p_{22}, ..., p_{2m}]$, ..., $p_l = [p_{l1}, p_{l2}, ..., p_{lm}]$ のどれを選ぶかという問題に置き換えることができるが，このとき，ひとつのプロスペクトは，$(x_1, p_{11}; ...; x_j, p_{lj}; ...; x_m, p_{mj})$ のように表現される[3]．

プロスペクト理論では，意思決定過程は，意思決定におけるプロスペクトを認識し，意思決定の枠組みを決める編集段階（editing phase）と，その問題認識にしたがって選択肢の評価を行う評価段階（evaluation phase）とに分かれる．前者の段階は，状況によって変化しやすく，ちょっとした言語

1) Kahneman, D. & Tversky, A.（1979）Prospect theory: An analysis of decision under risk. *Econometrica*, 47, 263-291.
カーネマンは，2002年度のノーベル経済学賞を受賞している．

2) Tversky, A. & Kahneman, D.（1992）Advances in prospect theory: Cumulative representation of uncertainty. *Journal of Risk and Uncertainty*, 5, 297-323.

3) 竹村和久（2009）行動意思決定論：経済行動の心理学　日本評論社

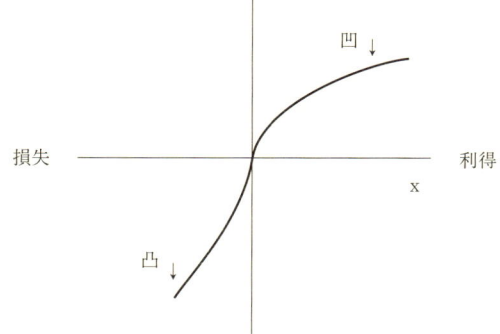

図6-1 プロスペクト理論の価値関数（Kahneman & Tversky, 1979[1]）をもとに作成）

的表現の相違などによっても変化するが，後者の段階では，ほとんど状況に依存しない評価と意思決定がなされることになる．

　編集段階は，選択肢を認知的に再構成する段階であり，同じ意思決定問題であっても，視点の変化や言語的表現の相違などによって心的構成のされ方が異なってしまうことがある．編集過程では，(1) 結果を利得と損失のいずれかに分けるコーディング，(2) 同じ利得を結合して単純化する操作である結合化，(3) 確実な利得部分と危険な利得部分とを分離する操作である分離化，(4) 共通する要素は無視して把握する相殺化，(5) 結果やその確率を丸めて単純化してしまう操作である単純化，(6) 優越する選択肢を検出するような操作である優越性の検出の心的操作がなされる．

　編集段階において各プロスペクトが構成され，それらを基にして評価段階では最も評価値の高いプロスペクトが選ばれる．評価段階では，価値関数（value function）と確率への加重関数（weighting function）によって，評価されることが仮定される．

　図6-1に示されているように，価値関数は，利得の領域では凹関数（下に凹な関数）であるのでリスク回避的になり，損失の領域であれば凸関数（下に凸な関数）であるのでリスク志向的になることがわかる[3]．さらに，利得の領域より損

失の領域の方が価値関数の傾きが一般に大きくなっており，損失が利得よりも大きな影響を持つことを意味している．このことは，人々が利得より損失に敏感に反応することを示している。また，プロスペクト理論では，確率加重関数をπとして，客観的確率をpとすると，(1) $\pi(p) + \pi(1-p) \leq 1$という非単位和の性質を持ち，(2) 確率が非常に低い状況では確率を過大評価し$\pi(p) > p$という関係が成立し，(3) $\pi(pq)/\pi(p) \leq \pi(pqr)/\pi(pr)$という非比例性を示し，(4) 端点付近での非連続性を示す．このことは，人々のリスク認知（risk perception）が，非常に低い確率を過大評価したり，確実性を過大評価するなど実際のリスクと異なっていることを示している．

プロスペクト理論では，意思決定問題の編集の仕方によって価値関数の原点である参照点（reference point）が容易に平行移動することを仮定している．参照点の平行移動により，同じ意思決定問題でも，利得の領域で選択肢を把握するとリスク回避的になり，損失の領域で選択肢を把握するとリスク志向的になる．つまり，損をすると認識している状況ではリスクをとりやすく，得をすると認識している状況ではリスクを避けることになる．この性質から，賭けに負け続けている人のほうが「次は勝てる」と思って賭け続けるという，いわゆる**ギャンブラーの誤謬**（gambler's fallacy）を説明することができる．

プロスペクト理論は，当初はリスク下の意思決定を表現するモデルであったが，カーネマンらの1992年の論文では，曖昧性とリスクを含む不確実性の下での意思決定を表現するモデルに拡張され，**累積プロスペクト理論**（cumulative prospect theory）と呼ばれている[2]．

累積プロスペクト理論では，加法性を満たす確率測度を一般化した非加法的な集合関数を考え，そのもとでの意思決定を考えている．すなわち，非空な自然の状態の集合Θの部分集合からなる集合体から閉区間$[0, 1]$への集合関数$W: 2^\Theta \rightarrow [0, 1]$を考え，この測度は，有界性の条件（$W(\phi) = 0$, $W(\Theta) = 1$）と単調性の条件（Θの部分集合A_1

がA_jの部分集合であるとき，すなわち，$A_i \subseteq A_j$ならば$W(A_i) \leq W(A_j)$という関係）を満たすという仮定のみを置き，加法性を仮定しない．この累積プロスペクト理論でも一種の最大化を考えるが，この最大化基準は，期待効用理論のような伝統的な意思決定論のように確率測度に関するルベーグ積分の観点から捉えることができない，ショケ（Choquet, G.）によって考案された積分（ショケ積分）による期待効用を求めている．ショケ積分はルベーグ積分の一般化としてとらえることができるが，非加法的確率に関するランク依存型の効用を求める際に用いられる．また，ショケ積分はファジィ測定に関する総合評価においても用いられることが多く，適用範囲が広い．

プロスペクト理論は，社会心理学の領域では，定性的な理論として紹介されることが多いが，本来は，非加法的確率に関するショケ積分を利用した数理的意思決定論である．プロスペクト理論は，非線形効用理論（nonlinear utility theory）の中のひとつの理論であるとも考えられており，最近でもその数理的展開をした研究が進んでいる．また，近年では，意思決定の神経科学的基盤を明らかにしようとする神経経済学（neuroeconomics）の研究において，機能的核磁気共鳴画像法（fMRI: functional magnetic resonance imaging）などを用いて，プロスペクト理論の価値関数や確率加重関数の計算に対応する脳部位の同定研究が進められている[3]．たとえば，利得・損失状況ごとの脳機能画像の検討から，扁桃体（amygdala）を中心とする感情ベースの意思決定がプロスペクト理論に仮定される選好逆転に関与していることなどがわかっている．

このようにプロスペクト理論は，心理学のみならず，社会科学，自然科学においても用いられる適用範囲の広い理論である．

〔竹村和久〕

【参考文献】
竹村和久（2009）行動意思決定論：経済行動の心理学　日本評論社

I-7 しろうと理論

lay theory

　日本でもっともよく知られている性格に関する「理論」は，「血液型性格判断」であろう．A型は几帳面，B型は変わり者，O型はおおらか，AB型は二重人格……といった話を，これまで一度も聞いたことがないという人は，ほとんどいないに違いない．それを信用するしないは別として，この話題にどこかでは触れることになり，やむをえず周りに合わせて，あるいは自ら積極的に，血液型と性格の関連について話したことがあるという人も少なくないだろう．

　昭和初期の1927年（昭和2年）に教育学者・古川竹二が『心理學研究』に掲載した論文「血液型による氣質の研究」がこの「理論」の発端とされ，作家・能見正比古が高度経済成長期の1971年に出版した『血液型でわかる相性』が，今に続く血液型性格判断説が流布するきっかけとなった．1970年代から1980年代にかけてこの話題は雑誌などでも頻繁に取り上げられるようになり，徐々に日本社会に浸透していった．バブル経済崩壊後の1990年代以降は取り上げられる頻度が減ったものの，現在もこの「理論」は根強く残っている．今後もこれは，そう簡単に消えてなくなるものではないだろう．

　血液型と性格などとの関連があるということをまともに論じた学者は，もっとも初期に前述の論文を書いた古川竹二以外には見あたらない．データをあげてその関連を論じているのは，ほとんど学者以外の人である．血液型と性格という2者に関連がないということを証明することはきわめて困難なことであるが，性格はその人の置かれた状況の中で立ち上がってくるものだとする性格の状況論の立場をとるならばなお

さら，血液型の違いによって性格傾向が異なるとはおよそ考えられない．

にもかかわらず血液型性格判断は，日本社会で広く人々に受け入れられてきた．これは，**しろうと理論**（lay theory）の典型的な例と言える．確固たる根拠があるわけではないにもかかわらず，実証的な研究を積み重ねる学者ではなく，一般の人々，いわゆる「しろうと」が抱いているとされる，それなりに体系立っているようにみえるものの捉え方や枠組みである．血液型性格判断で言われる性格を表す言葉（たとえば「几帳面なところがある」）は，結局のところ誰にでも多かれ少なかれ当てはまるところがあり，しかしそれが自分や特定の他者に向けられたときに，「当たっている」という実感を与えてしまうことが知られており，**バーナム効果**（Barnum effect）[1]ないしは**フリーサイズ効果**（free-size effect）と呼ばれる．

血液型の話は，「血統」「血縁」といった血に由来するものであり，その構造が単純にして巧みであり（A要因とB要因の有無の組み合わせでAB型，A型，B型，O型の4タイプに分けられる），また「A」や「O」の文字の形あるいはその発音から得られる性格に関わるイメージがある（尖った「A」と丸い「O」，さらに「おー」という発音は「おおまか」「大ざっぱ」を連想させる）といったことがあり，きわめてもっともらしい話ができやすい．これを筆者は，血液型性格判断説の物語性と呼んでいる．さらに血液型には多数派と少数派が存在している（日本人の場合，A型，O型，B型，AB型の順に，おおむね4：3：2：1の割合）ことも働いて，特定の血液型（少数派のB型やAB型）にネガティブなイメージが張りつきやすいという社会的な側面も持つ．

しろうと理論といえども看過できないのは，これが実際に力を有することがあるためである．血液型と性格の関連を本気で信じている人がいることは周知のとおりである．なおかつ，この関連が本当にあると考える人たちが，保育園の縦割り保育のクラス分けに使ったり，アルバイトの採用の参考にしたり，会社の中での人事に活用したりといった例がある．

1) ホラ話のうまい興行師バーナム（Barnum, P. T.: 1810-1891）にちなんでこう呼ばれる．

そのようなあり方は，血液型ステレオタイプ（blood-type stereotype）を助長し，ある種の偏見や差別につながらないとも限らない．

しろうと理論は，もちろん血液型性格判断に限ったものではない．私たちは，その道の専門家でなくとも，たとえば景気と株価がどのように関係して動くのかについて，世論調査が政党支持率に与える影響について，子どものしつけの必要性について，日本人のコミュニケーションと外国人のコミュニケーションの違いについて，自分なりの考えを有していることが多いだろう．そしてその自分なりの「理論」は，単に個人が勝手に思い込んでいるということを超えて，いわゆる「俗説」として人々の間で緩やかに共有されていることがあるのである．

このしろうと理論について体系的に論じたのは，ファーナム（Furnham, A. F.）である[2]．ファーナムは，しろうと理論を，いわゆる科学的理論と対比させ，表7-1のようにまとめている．たとえば，科学的理論が，整合性があり首尾一貫しているのに対し，しろうと理論は整合性が乏しく，首尾一貫もしていない．つまり，相互に矛盾した信念などを含んでいることがある．また科学的理論が，反証する証拠も探すものである（つまり反証可能性に開かれている）のに対して，しろうと理論は，自説を確証する証拠を探しがちで，自説を支持しない現象や事柄には注目していないことがある．さらには前者が，要因間の関係についての推論に慎重であるのに対し，後者は，原因と結果が混同され，無理に原因を推論しがちである．

しろうと理論では，論理が飛躍していたり，都合のいい証拠だけに注目していたりすることがしばしばである．血液型性格判断の例で見たように，それが正しいとも言い難いことも少なくない．にもかかわらず，実際の私たちの思考や行動に影響を及ぼしていることがある．しかし，そのすべてが「間違っている」と言うこともできない．理詰めではない「理論」であるが，それが一種の**ヒューリスティック**（heuristic）として有効に働くこともあるからである．

2) Furnham, A. (1988) *Lay theories: Everyday understanding of problems in the social sciences*. Oxford, UK: Pergamon Press.〔細江達郎（監訳）／田名場忍・田名場美雪（訳）(1992) しろうと理論：日常性の社会心理学　北大路書房〕

表7-1 しろうと理論と科学的理論の対比[3]

しろうと理論	科学的理論
暗示的で定式化されていない。	明示的で定式化されている。
整合性が乏しく，首尾一貫していない。	整合性があり，首尾一貫している。
帰納主義的で，確証する証拠を探す。	演繹主義的で，反証する証拠も探す。
原因と結果が混同され，無理に原因を推論しがちである。	複数の要因間の関係について慎重に推論をする。
内容志向的である。	過程志向的である。
人の行動を説明する際に，外的・状況的な要因を過小評価しがちである。	人の行動を説明する際に，状況の作用や拘束性を重視する。
特定現象に関する情報に基づいて説明を作り上げる。	一般に通用する説明を目指す。
正確で信頼性のあるデータに欠けた「弱い理論」である。	立場の異なる多くの人による観察に基づいた「強い理論」である。

ヒューリスティックとは，何らかの問題解決のための意志決定の際に，暗黙のうちに用いている経験的で発見的な方法・方略のことである．わかりやすい例として，迷路の解法がある．一般的に迷路は，左右いずれかの壁伝いに進んでいければ，必ず出口にたどり着ける．いわば「理詰め」の方略（アルゴリズム algorithm）である．しかし，多くの場合それは時間がかかり，効率的とは必ずしも言えない．そこで経験的な勘を働かせて，分岐点でいずれかを選ぶという方略がとられる．そうしているうちに袋小路に入り込んでしまうこともあるが，試行錯誤ののちに，案外早く出口にたどり着けることもある．

たとえば景気と株価の変動についてのしろうと理論が，経済学者から見たときに問題のあることが明らかであったとしても，一種のヒューリスティックとして株主にとっては実際に役立つということもあるだろう．学者といえども，自らの経験を踏まえた理論構築を，どこかではしているものだとも考えられる．そういう意味で，科学的な理論も，その多くはしろうと理論に起源のひとつがあると言うべきかもしれない．　　　　　　　　　　　　　　　　　　〔伊藤哲司〕

3) Furnham (1988) をもとに筆者が作成．

【参考文献】

ファーンハム，A. F.／細江達郎（監訳）／田名場忍・田名場美雪（訳）(1992) しろうと理論：日常性の社会心理学　北大路書房

I-8
産業・組織心理学

industrial and organizational psychology

　産業・組織心理学は心理学の応用的な分野であり，心理学の諸原理を，組織における人々の行動や，経済活動・仕事生活に応用し実践することを目的として発展してきた．その名称が示すように，この領域は大きく産業と組織という2つの側面に焦点が当てられる．心理学の応用という点では両者は重複しており，明確に分けることは難しい．

　歴史的には産業心理学の誕生の方が古い．そこでは主に，組織成員を適切に用いることを通じて，生産性や組織効率を改善することに主眼がおかれる．たとえば，従業員の選抜と適性配置，訓練，人事考課や業績評価，職務設計，作業安全などは，この領域での主要なテーマである．

　これに対して，組織に関心をおく立場からは，組織における人間関係への関心をもとに，組織成員の態度や行動を理解し，仕事意欲の改善や働きがいを通じての生活の充実といった面に焦点が当てられてきた．たとえば，仕事動機づけ，リーダーシップ，職務ストレス，仕事満足，欲求充足の問題などは，この領域での重要なテーマとなっている．

　では，そもそもなぜこの2つの領域が生まれ，そして結びついてきたのだろうか．

　産業心理学は，20世紀初頭のミュンスターベルク（Münsterberg, H.: 1863-1916）の研究に始まる[1]．彼は，最適な人材（best possible man），最良の仕事方法（best possible work），最高の効果発揮（best possible effect）という3つの枠組みを示し，従業員の選抜や配置の問題，作業安全に関する問題など，現在につながる多くの研究を創始した．産業分野に心理学の応用を広めたことから，彼は産業心理学の父と呼ばれ

1）心理学の父とされるヴント（Wundt, W.）の下，ドイツのライプチヒ大学で学位を得た．渡米後ハーバード大学教授となり，後にアメリカ心理学会会長も務めた．

る．

　産業心理学が大きな発展を遂げる中で忘れてならないのは，テイラー（Taylor, F. W.: 1856-1915）によって提唱された**科学的管理法**（scientific management）である．テイラーは，組織の効率性は，不正直さや怠け癖といった労働者個人の問題ではなく，経営管理の問題として捉えるべきであると考え，無理，無駄，ムラを省いた管理の標準方式の確立をめざした[2]．この管理方式においては，仕事遂行のための最適な方法，職務に適した人材選抜，仕事遂行を可能にする十分な訓練，成績に応じた報酬が中心におかれた．

　これらの問題は，現代に至るまで産業心理学の重要なテーマとなっている．たとえば，成績に応じた報酬制度は，現在の歩合給システムであり，また成果対応型という点では成果主義制度の源流ともいえる．テイラーは自らが提唱した管理方式を科学的管理法としてまとめた．テイラーの管理思想は，**テイラー主義**（Taylorism）と呼ばれ，大量生産を可能にする管理方式をはじめとして，当時の産業界に大きな影響を与えた[3]．

　テイラー主義の根底には，人は経済的な報酬が最大になるように合理的に行動する存在であるという，合理的経済人としての人間観があった．しかし，経済の発展とともに人々の暮らしが豊かになり，また組織が発展して仕事が複雑化してくると，経済的報酬だけではなく，仕事のおもしろさや仲間との良好な関係なども，人を仕事に向かわせる刺激として注目されるようになってきた．ウェスタン・エレクトリック社ホーソン工場において，1924 年から 8 年にわたり行われた**ホーソン研究**（Hawthorne study）は，テイラー流の人間観に異議を唱え，人々がもつ社会的欲求の存在に注意を向けるきっかけとなった．

　ホーソン研究において行われた一連の実験[4]では，部屋の照明など物理的環境の変化は生産性に直接的な影響をもたず，むしろ仲間から認められることや，仲間とうまくやっていくことの方が生産性に強い影響をもつことが明らかにされた．また，職場には制度上の役割に基づく集団（**公式集団**

2) テイラーの管理方式は，時間分析および動作研究と呼ばれる方法であり，両者をあわせて作業研究（work study）と呼ぶ．

3) テイラーが 1911 年に著した *Principles of scientific management* は，翌 1912 年には『学理的事業管理法』（星野行則（訳）崇文館書店）として邦訳が出版されている．

4) 1924 年研究開始当時は，照明の変化と生産性との関係が調べられた．1927 年からの実験的研究は，ハーヴァード大学の心理学者メイヨー（Mayo, G. E.）を中心に 1932 年まで続いた．

formal group）の他に，人間関係や仲間意識でつながる集団（**非公式集団** informal group）が存在し，後者の集団のもつ規範が従業員の行動を強く規定していることも明らかにされた．

こうしてホーソン研究は，人間関係という社会心理学的な視点に立つ人間観に着目するきっかけをつくった．ここからは，リーダーシップやモラール（士気），集団規範，動機づけ，グループダイナミックスへの関心といった，多くの社会心理学的研究が生まれた．

戦争が心理学の研究に及ぼす影響も見逃すことはできない．二度にわたる世界大戦は，産業心理学の分野にも多大な影響を及ぼした．たとえば，短期間での兵士の選抜や適正な配置という要請から，集団知能検査をはじめとする各種の簡便な心理検査法が開発された．また，高度化した兵器を間違いなく操作する必要性から**人間工学**[5]が発展した．これらは戦後産業界でも積極的に活用され，心理学が実践面でも有用な貢献をしうることの証明ともなった．

第二次世界大戦後急速に到来した工業化社会は，生産性の飛躍的な増大をもたらしたが，自動化が進む中で仕事が細分化され，従業員が単調感や人間性疎外感に悩まされるなど，心理学的な問題も多く生み出した．こうした問題に対処するため，ホーソン研究を契機とする社会心理学的接近の有効性に関心が集まった．そして，生産効率や適性といった従来の産業心理学的問題だけでなく，仕事満足感や欲求の構造，職務態度など，組織における人間行動にも目が向けられるようになった．それはいわば，組織とそこに働く個人との関わりに着目するものであり，個人が仕事を通じてどのように成長し，欲求を充足していくのかといった，**組織行動**（organizational behavior）への関心の高まりを生んだ．また，仕事の単調感や疎外感は心身にさまざまなかたちでストレスをもたらすが，こうした事態に対処するため医学や臨床心理学も活用されるようになった．現在では産業カウンセリングも重要な実践課題となっている．

このように，研究が組織における人間行動にまで広く及んでいく中で，アメリカ心理学会（APA）はそれまでの研究部

5）端的に言うなら，人を機械に合わせようとするのではなく，機械を人に合わせて，人の立場から安全快適に制御できるようにすることを目的とする，学際的な研究領域．労働や生活上の安全性，快適性，利便性などに対して大きく貢献している．

門名称であった「産業心理学（industrial psychology）」を，1973年に「産業・組織心理学（industrial and organizational psychology）」に変更し，現在に至っている[6]．

わが国では，1910年代には早くもミュンスターベルクやテイラーの翻訳が出版されるなど，科学的管理法への関心も早く，産業心理学分野の研究もこの時代にはすでにスタートしている．また，第二次世界大戦時には陸・海軍で心理学者が研究に従事し，戦後は国の行政のさまざまな分野で産業心理学の応用と実践が進んだ．さらに，経済の成長発展に伴って消費者行動における心理学的研究も発展した．1985年には**産業・組織心理学会**（Japanese Association of Industrial and Organizational Psychology: JAIOP）が発足し，人事，組織行動，消費者行動，作業の4部門にわたって研究活動と実践を行っている．

IT化の進展と経済のグローバル化は，組織に働く人々の行動にも大きな影響をもたらしている．非正社員の増加など雇用形態の変化に伴い，組織への忠誠心や組織との一体感も変化してきた．また，仕事負荷の高まりからストレスも増大し，心身に不調を訴える人々も急増している．こうした問題の解決に向けて，産業・組織心理学への期待も高まっており，実践の機会も増えている．

たとえば，採用選考や訓練，業績評価などの伝統的なテーマに加え，近年は，雇用形態の変化が組織にもたらす影響，キャリア発達，組織におけるいじめやハラスメント[7]などの研究も進んでいる．仕事動機づけ，リーダーシップ，組織コミットメント，職務満足，ストレス対処行動なども重要なテーマである．マスメディアやIT技術の発達に伴う消費者行動の変化と拡大についても，さまざまな視点から研究が進められている．また，産業災害や事故防止対策，人間工学や安全工学を活用したヒューマンエラーの防止など，作業安全に関わる領域でも産業・組織心理学の重要性は高まっている．〔角山　剛〕

[6] 現在の部門名はSociety for Industrial and Organizational Psychology（SIOP）である．

[7] セクシュアル・ハラスメント（セクハラ）やパワー・ハラスメント（パワハラ）などがある．前者は受け手に苦痛や不快感を与える性的な言動や行為であり，男性から女性に対して仕掛けられることが圧倒的に多い．後者は，権限をもつ上位者が下位者に対して行う嫌がらせやいじめを意味する．

【参考文献】
産業・組織心理学会（編）（2009）産業・組織心理学ハンドブック　丸善

I-9
コミュニティ心理学
community psychology

コミュニティ心理学は，米国で1965年に臨床心理学から誕生した比較的若い心理学である．かの有名な故ケネディ大統領は，1963年に「精神障害者と精神遅滞者に関する一般教書」を発表し，これを受けて州立病院や施設で長期間収容されてきた精神障害者に対して，コミュニティでの生活を支えるための施策が打ち出された．さらに，「1オンスの予防は1ポンドの治療に勝る」という標語が，予防の概念としてコミュニティ心理学の実践・研究の中で重要な位置を占めてきた．一方，わが国にコミュニティ心理学が導入されたのは1975年で，米国に遅れること10年の隔たりがあるものの，米国と同じく精神医療の現場でコミュニティ心理学的アプローチが開始され，その後学校や産業コミュニティでの展開もさることながら，地域における**子育て・介護支援，犯罪・暴力被害者支援，NPO・NGOによる支援，自助グループ支援**など，コミュニティにおける諸活動が着実に根付いてきたと言える．

さて，ここでは1つの仮想事例を通して，コミュニティ心理学的関わりをどのように進めるかを，具体的に説明したい．

【事例】
　Aさんは40歳代前半の有能なサラリーマンである．Aさんはここ2～3ヶ月，仕事が忙しくて1ヶ月の超過勤務が80時間を越えてしまい，日々のストレスと緊張のため，不眠・食欲不振・気力減退・希死念慮などが出現し，会社に出勤できなくなった．医者の診断ではもちろんうつ病で，抗う

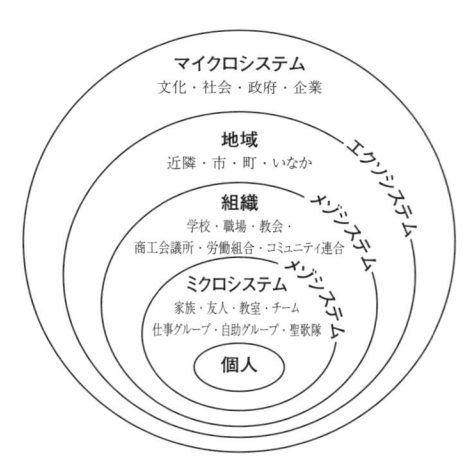

図9-1　ブロンフェンブレナーの図解生態学モデル（出典：Dalton et al., 2006, p.18 [2]）を改変）

マクロシステム　文化・社会・政府・企業
地域　近隣・市・町・いなか
組織　学校・職場・教会・商工会議所・労働組合・コミュニティ連合
ミクロシステム　家族・友人・教室・チーム・仕事グループ・自助グループ・聖歌隊
個人
エクソシステム
メゾシステム

つ剤が投薬され，心理療法や認知行動療法が開始されて，元通りとは言わないまでも，7, 8割は回復した．

このAさんの事例をもとに，その後の関わりについて，コミュニティ心理学の理念をあげながら，具体的にどのように展開させるかを以下に示す．

生態学的アプローチによる「人と環境の適合」

コミュニティ心理学の実践・研究を一言で表現するとしたら，**個人と環境の適合**があげられる．そして，この理念を実現するためには，図9-1に示すようなブロンフェンブレナー（Bronfenbrenner, U.）[1]の図解生態学モデルが不可欠である．個人を取り巻く環境を，**ミクロ・メゾ・エクソ・マイクロシステム**の入れ籠状に捉えて，働きかけや介入を行うのである．上記の事例では，Aさん個人の回復のために，医師の薬物療法および心理臨床家（コミュニティ臨床家も含む）のカウンセリングや心理療法など，ミクロシステムへの働きかけによりかなり精神的回復が進んだとしても，**環境調整**などがなされなければ，「個人と環境の適合」とは言えず，今後に再発のリスクを内包することになる．まず，家族に対しては，うつ病に関する**心理教育プログラム**を行う必要があり，日常を共にする家族だからこそ，間違った病気への理解や関わり方が，病気の悪化や再発につながりかねない．よく言われるように，回復途上にある人に「頑張れ」と励ますことは，むしろ本人を追い詰めることであり，回復から遠のくことにもなりかねない．また，Aさんが元の職場に戻るとしたら，その前に職場に対する環境調整として，適切な勤務体制や残業体制を準備し，元の職場の上司や同僚たちに，病気への理解や病気の人への接し方などを教示することで，これらの準備がAさんの職場復帰を成功させるための必要不可欠な関わりである．極端な言い方をすれば，家族や職場への働きかけが未調整なままに，職場復帰すると早晩再発し，元の木阿弥になる危険性は高いと言える．このように，個人および生活の場である家庭や職場の環境調整（もちろん人間関係の調整も含めて）をすることこそ，メゾシステムにおける「個人と環境との適合」に他ならない．

1) Bronfenbrenner, U. (1979) *The ecology of human development: Experiments by nature and design.* Cambridge, Mass.: Harvard University Press.〔磯貝芳郎・福富護（訳）(1996) 人間発達の生態学：発達心理学への挑戦　川島書店〕

2) Dalton, J. H., Elias, M. J., & Wandersman, A. (2007) *Community psychology: Linking individuals and communities* (2nd ed.). Belmont: Thomson/Wadsworth.

予防から変革へ

コミュニティ心理学では，故ケネディ大統領の1オンスの例で明らかなように，病気になったときの治療等と病気にならないような予防等を**費用対効果**でみると，圧倒的に治療費や社会生活の中断による経済的損失等が莫大になる．ボヤのうちに消せば火事にならないのと同じように，コミュニティ心理学では病気や困った事態に陥らないために，予防する手立てを重視してきた．Aさんが再発しないような，またAさんのような病人を再び出さないような**予防的手立て**とは，病気のきっかけになった過剰勤務体制の軽減を含めた労働環境の改善であり，同僚や上司などとの**人間関係能力**や**コミュニケーション・スキル**を，**SST**（social skills training，社会生活技能訓練）や**CBT**（cognitive behavior therapy，認知行動療法）などを通して改善することであり，これらが社員教育プログラムの一環として実行されるシステムの構築である．また，企業のトップは，社員やその家族に対する責任あるマネジメント体制や働きやすい企業風土を作る権力・資力・行動力をもっているので，それらを有効に活用して企業の生産力や企業イメージの向上につなげ，結果として企業や社会の変革に影響を及ぼすことができるのである．

協働から変革へ

コミュニティ心理学では，専門家や非専門家との協働が世の中を変えられると主張する．ここで言う協働（コラボレーション）とは，異なる分野の専門家や非専門家，ボランティアや当事者などと，さまざまなことを議論したり試行錯誤したりしながら，協力して働くことである．このプロセスで明らかになることは，ある課題に関与している人々が，その解決法などを確認しながら，組織やコミュニティのために働くことであり，このようなコラボレーションを通して社会の変革は起こるだろうと，コミュニティ臨床家は考える．もし，Aさんの会社で**EAP**（employee assistance program，被雇用者支援プログラム）の導入が行われると，EAPの専門家や産業医と会社の人事課や労務課の人々とのコラボレーションが成立し，社員全体に対する**メンタルヘルス向上**への心理教

育とAさん個人の回復の道筋が示され，会社全体のパワーを取り戻すこと（エンパワメント，後述）に繋がる可能性がある．このような専門家とのコラボレーション以外にも，非専門家・ボランティア・当事者とのコラボレーションが，局面の打開に大いに役立つこともしばしば見られる[3]．

エンパワメントから変革へ

コミュニティ心理学では，**エンパワメント**（empowerment）とは，個人・組織・コミュニティの3つのレベルに対してエンパワメントすることを指す．ところで，エンパワメントは文字通り外から力を付与するという意味で使われるが，コミュニティ心理学では，問題や病気の発生している状態を，もともと持てる力が環境的な圧力（貧困，自然災害，事件など）によって**失われた状態**（dispowerment）とみなして，環境的な阻害要因などを除去して，力の発揮できる状態に戻すことを言う．Aさんの場合，すでに述べたように個人（ミクロ）レベルでは，薬物療法や心理療法でエンパワメントされており，組織（メゾ）レベルでは，会社内でのSSTやCBTを基にした社員教育プログラムによって，社内の情報や人間関係の風通しが良くなり，社員のやる気や仕事の成果などが向上し，**組織レベルでもエンパワメントされる**．そして，**コミュニティ（マクロ）レベル**では，過労やうつなどの精神障害を防止する法的な整備がなされ，さらに**労働者派遣法改正**などによる**労働者の仕事と健康を守る施策**なども推進され，行政・司法・立法などの国家レベルでの抜本的改善がなされ，コミュニティ・レベルでのエンパワメントと言える．

[3] たとえば，過労によるうつの当事者グループだったり，ワーカホリックス（仕事中毒者）のグループだったりして，これらのグループ活動が回復へつながることも多い．なお，これらの自助グループ（self-help group）について，コミュニティ臨床家は話し合いのできる「安心・安全の場づくり」までは支援できるが，直接グループには参加できず，運営や中身はあくまでも当事者に任されている．これらのグループでは，自分たちの感情や行動やコミュニケーション・パターンなどを共感的に理解し合い，各人が持つ力（power）や強み（strength）を，相互に話し合ったり気づきあったりしながら，仲間と共に回復の方向性を模索し，それが結果的に社会への意識や考え方の変革に寄与することになるのである．

〔高畠克子〕

【参考文献】

ブロンフェンブレンナー，U.／磯貝芳郎・福富護（訳）（1996）人間発達の生態学：発達心理学への挑戦　川島書店

植村勝彦・高畠克子・箕口雅博・原裕視・久田満（編集）（2006）よくわかるコミュニティ心理学　ミネルヴァ書房

高畠克子（2011）コミュニティ・アプローチ　臨床心理学をまなぶ　5巻　東京大学出版会

I-10 ライフスキル

life skill

科学技術の進歩に伴い，人々の生活が豊かになってきた．その反面，ひきこもり，いじめ，家庭内暴力，目標の喪失，人間関係の希薄化，対人関係トラブル，薬物乱用など，深刻な社会問題が生じている．また，ストレス社会，少子・高齢化，グローバリゼーション，地球環境などの問題に向けて，今後の新たな対応が必要とされている．このような現代社会の中でより人間らしく生きていくためには，日常生活で遭遇するさまざまな問題に対して適切かつ柔軟に対処していく能力，すなわち**ライフスキル**が求められている．

ライフスキルの定義は関連文献において散見されるが，**世界保健機関（WHO）**精神保健部局による「日常生活で生じるさまざまな問題や要求に対して，建設的かつ効果的に対処するために必要な能力」[1]という定義が一般的によく知られている．日常生活一般における心理的あるいは社会的な問題に対処するための生き方に関するスキル（技能）であり，ある特定の領域だけでなく，さまざまな領域での問題解決に応用可能な「一般的心理社会能力」[2]であるとも考えられている．

ライフスキルには，個人的スキル，対人的スキル，**社会的スキル**[3]など数多くのスキルが含まれている．たとえば，先述したWHO精神保健部局には，ライフスキル教育の中核となるスキルとして，意志決定，問題解決，創造的思考，批判的思考，効果的コミュニケーション，対人関係スキル，自己認識，共感性，情動への対処，ストレスへの対処などがあげられている[1]．そして，これらのスキルは生得的なものではなく，練習や経験を積み重ねることによって学習可能であると考えられている．

1) World Health Organization (1994) *Life skills education in schools*. Geneve: World Health Organization, Division of Mental Health.〔川畑徹朗・西岡伸紀・高石昌弘・石川哲也（監訳）(1997) WHOライフスキル教育プログラム 大修館書店〕

2) 川畑徹朗（1999）思春期を生きる力の育成：ライフスキル教育がめざすもの 公衆衛生 63, 456-461.

3) 対人関係を円滑にするために必要な技能であり，社会心理学や教育心理学などの領域で多くの研究が行われている．また，社会的スキルトレーニング（SST）が開発され実践されている．「II-17 社会的スキル」参照．

ライフスキルに関する教育や研究は，さまざまな領域で行われてきた．たとえば，薬物乱用防止，思春期妊娠防止，知的能力の向上，いじめ防止，エイズ防止，暴力防止，自己信頼と自尊心の向上などがあげられている[1]．また，未成年の飲酒や喫煙などの**健康阻害行動**，不登校や暴力行為などの**問題行動**，人間関係における**不適応行動**などの視点からも，それらを防止するためのプログラムが作成され実施されている．方法論としては，ペアや小グループでの活動，ブレインストーミング，ロールプレイ，ディベートなどが多く取り入れられているようである．具体的な研究例としては，ライフスキル教育による**喫煙防止効果**を検討したものがあげられる[4]．それらの内容は，オリエンテーション，喫煙の俗説と現実，自己イメージと自己改善，意思決定，タバコ広告の技術，不安の対処，コミュニケーションスキル，社会的スキル，自己主張などであった．そして，これらのトレーニングを受けた生徒は，統制群と比較して新たに喫煙者となる割合が低く，タバコに関する知識が深まり，社会的不安が低下したと報告されている．このように，ライフスキルは，身体的・精神的・社会的健康を獲得し，人生を豊かに生きていく上で重要な役割を果たすことが期待されている[5]．

　健康阻害行動や不適応行動などとは別に，スポーツ活動を通してライフスキルを高めようとする試みが，最近の**スポーツ心理学**（sport psychology）の研究で注目されている．スポーツには，人間の存在基盤である身体的な触れ合いがあること，心と身体の相互関係が理解されやすいこと，心の交流が可能であること，対人および集団場面を含む活動が多く存在していることなどの特徴があり，ライフスキルを学習するよい機会が提供されている．青少年の自己管理能力，対人関係の希薄化，コミュニケーション能力の未熟さが指摘されている昨今において，困難な出来事への適切な対処，良好な人間関係の構築などをめざしたライフスキルの研究成果は，大きな期待と役割を担っている．

　スポーツを通してライフスキルを獲得させようとする教育プログラムは，アメリカの研究者を中心として開発され実施

4) Botvin, G. J., Eng, A., & Williams, C. L. (1980) Preventing the onset of cigarette smoking through life skills training. *Preventive Medicine*, 9, 135-143.
この研究では，281人の中高校生を対象に，12週間に及ぶ10セッションのライフスキルトレーニングプログラムが実施された．

5) ライフスキルの定義と研究動向，ライフスキル教育の意義やプログラムなどについては，以下を参照されたい．
川畑徹朗（2009）青少年の危険行動防止とライフスキル教育　学校保健研究 51, 3-8.
島井哲志（2009）心の健康増進とライフスキル教育　学校保健研究 51, 9-12.

されている．代表的なものとしては，（1）**GOAL**（the Going for the Goal）**プログラム**[6]，（2）**ファーストティー**（The First Tee）[7]，（3）**プレイ・イット・スマート**（Play It Smart）**プログラム**[8]，（4）**チャンプス／ライフスキル**（CHAMPS / Life Skills）**プログラム**[9]があげられる．

　これらの中で，最近特に注目されているのがアメリカ国内50州および世界5ヵ国にネットワークを持つファーストティーである．ゴルフゲームを通して，人格発達を促進させ人生を豊かにする価値観を高める学習環境や教育プログラムを提供することにより，若い人たちの人生にインパクトを与えることを使命としている．また，ゴルフ指導およびライフスキル教育の中核となる9つの価値（正直，誠実，スポーツマンシップ，尊敬，自信，責任，忍耐，礼儀，判断）を設定し，それらを学習する教育的な機会を提供している．ファーストティーの効果は，中高校生を対象に通常のゴルフ指導と練習に加えて目標設定を中心としたライフスキル教育プログラムを実施した研究で明らかにされている．この研究では，リーダーシップの発揮，目標設定，目標達成への**有能感**が高まるとともに，他者の幸福に対する関心が高まり，効果的なコミュニケーションの重要性が理解され，責任を持って行動できるようになったと示されている[10]．また，同じく中高校生を対象として，ファーストティー・プログラムに地域の奉仕活動を加味した研究では，社会的関心，**社会的責任**，目標設定の知識などの向上がみられ，地域の奉仕活動を通して共感性や社会的責任などの**向社会的行動**が強化されたと報告されている[11]．

　ところで，ある特定の活動を通して獲得された心理社会的スキルは，その活動に限定した場面や環境だけでなく，日常生活のさまざまな場面や生涯の発達においても有効に活用できることが重要である．飲酒や喫煙防止などの介入プログラムによって獲得された問題解決や意思決定などのスキルは，日常生活の他の場面にも適用されることが求められている．これらは，**般化**（generalization）あるいは**転移**（transfer）の問題である．獲得されたスキルが日常生活場面へ自動的に

[6] バージニア州のライフスキルセンターで開発された教育プログラム．「ポジティブな人生目標の設定」「目標達成の過程重視」「獲得したスキルの転移」など，7つのライフスキルの獲得と子どもたちの社会的および人間的発達をめざす．

[7] 1997年に世界ゴルフ財団（World Golf Foundation）によって開始された．子どもにゴルフを普及させる活動の一環として開発されたもので，通常のゴルフプログラムにライフスキル教育が組み込まれている．

[8] 1998年に全米フットボール財団（National Football Foundation）が立ち上げたもので，学校を中心に行われる教育プログラムである．アメリカンフットボールを通して，高校生競技者の学業，競技，就職，人間的成長などを援助している．

[9] 全米大学体育協会財団（NCAA Foundation）の援助により開発された教育プログラム．学業の向上，競技力の向上，個人的発達，キャリア開発，地域奉仕活動などに関わりを持たせ，大学生競技者の生活の向上をめざしている．

般化されるのであれば好都合であるが、必ずしもそうとは限らない。ライフスキルの研究では、般化を促進するプログラムを意図的に導入する必要性も指摘されており、たとえば、授業の終了時に、「この授業で学習したことが日常生活のどのようなところで役立てられる可能性があるのか」を考えさせる方法などが試され、般化の可能性が論じられている[12]。特に時間的な制約のある学校教育においては、般化を効率よく促進させる方略が求められていると言える。また、これとは逆に、家庭内でできるようになった家族とのコミュニケーションが、学校での先生や友達関係においても可能になるという例のように、日常生活場面で獲得したスキルが、ある特定の場面においても有効に機能するという般化も考えられる。しかしながら、これらの般化が生じるメカニズムについては、現在のところ明確にされていないようである。今後は、このような視点に基づく理論的・実践的な研究の蓄積が期待されるところである。

ライフスキルに関するこれまでの研究は、さまざまな活動やプログラムを経験することによって、問題行動や不適応行動が減少し、ライフスキルが獲得されることを示している。しかしながら、ライフスキルは経験さえすれば自然に身につくとは限らない。そこでは、指導者による意図的な介入が必要であり、綿密に作成された**ライフスキル教育プログラム**を、指導者が適切に実施することが求められている。また、どのような活動やどのような経験の仕方がライフスキルの獲得に関与しているのか、ある特定場面の心理社会的スキルがライフスキルへと般化するにはどのような条件が必要なのかなどについては、現在のところ十分に明らかにされているとは言い難い。これらのメカニズムや因果関係を、量的および質的な分析を併用しながら根気よく検討していくことによって、さらに有効なライフスキル教育プログラムの作成やより実践的な方法論の構築が可能になると思われる。〔西田　保〕

10) Danish, S. J., Fazio, R. J., Nellen, V. C., & Owens, S. S. (2002) Teaching life skills through sport: Community-based program to enhance adolescent development. In J. L. Van Raalte & B. W. Brewer (Eds.), *Exploring sport and exercise psychology* (Pp.269-288), American Psychological Association.

11) Brunelle, J., Danish, S. J., & Forneris, T. (2007) The impact of a sport-based life skill program on adolescent prosocial values. *Applied Developmental Science*, 11, 43-55.

12) Sugiyama, Y., Shibukura, T., Nishida, T., Ito T., Sasaki B., & Isogai, H. (2009) Exploring factors that determine the improvement of psychosocial skills in physical education and their transfer to life skills. *Long Abstract of the 12th ISSP World Congress of Sport Psychology*, CD-ROM.

【参考文献】
WHO（編）／川畑徹朗・西岡伸紀・高石昌弘・石川哲也（監訳）(1997) WHO ライフスキル教育プログラム　大修館書店

I−11
スポーツ心理学

sport psychology

スポーツ心理学とは，概して言えば，スポーツに関わるさまざまな事象や問題を心理学的に解明する学問である．それらの研究は，スポーツの実践や指導に有効な知見を提供することが期待されている．対象とするスポーツは，健康スポーツ，レクリエーションスポーツ，生涯スポーツ，アダプテッドスポーツ[1]，競技スポーツ，ジュニアスポーツ，高齢者スポーツ，学校体育でのスポーツなど，広範囲に及んでいる．また，老若男女を問わず，初心者からプロスポーツ選手に至るまで，さまざまな対象者が含まれている．従来は，心理学の理論や手法を適用してきたことから，心理学の一分野として位置づけられていた．しかしながら，「スポーツ心理学は，心理学ばかりでなく，スポーツ・運動の両分野の専門化された領域と考えられる」，「スポーツや運動に伴う人々の行動を理解したり，影響することについての基礎を深める学術的，専門的，実践的活動を含んでいる」と紹介されているように[2]，最近では学際的な捉え方に移行してきているように思われる．また，欧米においては，高齢化や情報化社会の到来により健康問題への関心が急速に高まったことから，それらの行動を含めた**スポーツ・健康運動心理学**（sport and exercise psychology）という用語も使用されるようになってきている．

人間のスポーツ行動を心理学的に解明しようとする最初の試みは19世紀末まで遡るとされているが[3]，1920年代に入ってから，スポーツ心理学に関する出版物が散見されるようになってきた．たとえば，アメリカでスポーツ心理学の父と呼ばれているイリノイ大学のグリフィス（Griffith, C.）[4]は，1926年に *Psychology of Coaching* を，1928年には *Psychology*

---

1) (社)日本体育学会のアダプテッド・スポーツ科学専門分科会によると，「ルールや用具を障害の種類や程度に適合（adapt）することによって，障害のある人はもちろんのこと，幼児から高齢者，体力の低い人であっても参加することができるスポーツ」とされている．

2) 日本スポーツ心理学会（編）(2008) スポーツ心理学事典　大修館書店 p.6 から引用．

3) たとえば，トリプレット（Triplett, N.）は，他者の存在がパフォーマンスに及ぼす影響に関心があり，1897-1898年には，糸巻き課題や自転車競技のパフォーマンスに及ぼすそれらの効果を検討した．この研究は，その後の1960年代の社会的促進（social facilitation）に関する研究にインパクトを与えた．

and Athletics を出版している．彼の業績は，スポーツの心理的側面への関心を高め，その後のスポーツ心理学の発展に大きく貢献した．日本においては，大河内泰の『運動心理』(1923)，佐々木等の『運動心理』(1924)，松井三雄の『体育心理学』(1930)，松井三雄・中村弘道の『スポーツの心理』(1932) などが出版されている[5]．名称こそ運動心理，体育心理学と異なるが，日本のスポーツ心理学に関する研究は，アメリカと時期をほぼ同じくして着手されていたと推察される．このような背景から，日本のスポーツ心理学は，**運動心理学**，**体育心理学**という名称のもとで発展してきた．前者はさまざまな運動行動のメカニズムを心理学的に解明する学問であり，後者はそれらの対象が学校体育という教育的営みの中で行われるものである．また，心身の健康増進を研究対象とする**健康運動心理学**（exercise psychology）という名称も使用されている．これらの名称に関する定義や研究内容は，現在のところ必ずしも統一されているわけではない．今後の整理が必要とされている．

さて，スポーツ心理学は，その後，アメリカ，ロシア，ドイツ，イギリスなどにおいて独自の発展を遂げることになるが，スポーツ心理学の研究が本格的に動き出し社会的に認知されるようになったのは，1965 年に設立された**国際スポーツ心理学会**（International Society of Sport Psychology: ISSP）以降である．この学会設立を契機として，スポーツ心理学の世界的な発展をめざして，欧米や先進諸国を中心にスポーツ心理学に関連する学会が設立されていった．たとえば，1968 年に**北米スポーツ心理学会**（NASPSPA）[6]，1969 年に**ヨーロッパスポーツ心理学会**（FEPSAC）[7]，1986 年に**応用スポーツ心理学会**（AASP）[8]，1989 年には**アジア南太平洋スポーツ心理学会**（ASPASP）[9] などが発足している．いずれの学会も，運動やスポーツの心理学的な側面に注目し，それらのメカニズムを解明し，スポーツの科学的な実践や指導に寄与することが目的とされている．さまざまな領域での学会活動は，研究水準の向上，研究者相互の交流，研究成果の公開，社会的認知の推進などにとって重要な役割を果たしている．

---

4) 彼は，1925 年イリノイ大学において，アメリカで最初のスポーツ心理学に関する実験室を創設し，スポーツ心理学の講義を行った．また，フィールド研究にも取り組み，プロ野球選手のコンサルタントとしての仕事にも従事していた．

5) 杉原隆・船越正康・工藤孝幾・中込四郎（編著）(2000) スポーツ心理学の世界 福村出版 p.3 から引用．

6) North American Society for the Psychology of Sport and Physical Activity

7) Federation Europeenne de Psychologie des Sports et des Activites Corporelles

8) Association for Applied Sport Psychology

9) Asian South Pacific Association of Sport Psychology

日本においては，1973年に**日本スポーツ心理学会**（JSSP）が設立され今日に至っている．わずか38年前であるが，会員数は，発足当時の64名から現在では700名に達する勢いで今なお増加中である．特に大学院生や若い研究者の会員が急増している．年1回の学会大会を晩秋に開催し，機関誌である「スポーツ心理学研究」を年2回発行している．特別委員会として，**スポーツメンタルトレーニング指導士**資格認定委員会を2000年に発足させ，競技力向上やスポーツの普及に貢献し，**心理的スキル**を中心にした指導や相談などを行う専門家を養成している．また，国際応用心理学会（IAAP）の第12部門（スポーツ心理学），アメリカ心理学会（APA）の第47部門（運動・スポーツ心理学）においては，スポーツ心理学が独自の研究領域として位置づけられており，日本心理学会や日本教育心理学会などにおいても，スポーツ心理学に関連する研究発表が積極的に行われるようになっている．

スポーツ心理学の研究は，他の研究領域と同様に，基礎的研究から応用・実践的研究に至るまで幅広く行われている．それらの内容は，たとえば，最近出版された日本スポーツ心理学会編集の『スポーツ心理学事典』(2008)[10]の目次によってその概要を把握することができる．目次の構成は，これまでのスポーツ心理学の研究領域，研究成果，出版物の内容などを考慮して，以下の9領域（71の大項目と302の中項目）が設定されている．

1. 総論（歴史，研究法，倫理問題）
2. スポーツ運動の発達（概念，理論，ダイナミックス，発達段階，身体と運動の発達，認知的・人格的・社会的発達）
3. スポーツの運動学習（運動制御，運動学習，認知情報処理，フィードバック，学習過程・練習法）
4. スポーツの動機づけ（概念，理論，内発的動機づけ，覚醒と運動パフォーマンス，運動の楽しさ，運動嫌い）
5. スポーツ社会心理（スポーツ集団，集団過程，凝集性，社会的アイデンティティ，リーダーシップ，社会性，社会的認知，社会的スキル，ジェンダー，社会的環境）

10) 日本スポーツ心理学会（編）(2008) スポーツ心理学事典　大修館書店（研究と実践現場に役立つ出版物として，日本スポーツ心理学会が総力をあげて取り組んだ本格的事典）

6. 競技の実践心理（心理的特質・特性，ピークパフォーマンス，コーチング，作戦，試合への適応，キャリア・トランジション，スポーツ傷害と回復）
7. スポーツメンタルトレーニング（心理的スキル，コンディショニング，効果の評価，競技種目別メンタルトレーニング，コーチのためのメンタルトレーニング）
8. 健康スポーツの心理（心理的・社会的効果，身体的効果，運動行動の決定因，行動変容理論，介入実践，健康施策，心理的指標，測定法）
9. スポーツ臨床（スポーツカウンセリング，スポーツ臨床の方法・見方・対象，心理臨床の技法，スポーツセラピー，アスリートの個性化とスポーツ，資格・養成・研修）

最近の研究としては，健康運動，メンタルトレーニング，ライフスキル，運動制御，動機づけ，キャリア・トランジション[11]，スポーツ臨床などに関心が寄せられているようである．また，構造方程式モデリングを用いてスポーツ経験とライフスキルに関する構成概念間の因果関係を特定しようとする研究[12]，質的データ分析によってスポーツ指導者のコーチングモデルを構築しようとする研究[13]，脳科学の立場からイップス（yips：精神的な混乱や障害などにより，重要な局面で自分の意図したプレーができなくなる運動障害）の予防と治療に迫ろうとする論説[14]などもみられつつある．

スポーツ心理学は，歴史の浅い学問である．国際スポーツ心理学会の設立から数えると，まだ45年ほどである．しかしながら，最近では，スポーツ文化の多様化に伴う研究領域や方法論の拡大により，認知科学，情報科学，精神医学，脳科学，スポーツ科学などの視点からも研究されるようになってきている．昨今の国際学会や研究雑誌などの動向からすると，このような傾向は，今後さらに進んでいくことが予想される．スポーツ心理学は，従来の心理学の一分野としての応用心理学から，学際的な応用科学へとシフトしていく可能性がある．

〔西田　保〕

11) スポーツ選手のキャリア移行，すなわち，現役から引退後の生活への移行に伴う諸問題を扱っている．特に，セカンドキャリア獲得の問題は重要であり，競技者のアイデンティティ形成との関連で検討されている．

12) 島本好平・石井源信（2007）スポーツ経験とライフスキルの因果モデル構成の試み　スポーツ心理学研究 34, 1-9.

13) 北村勝朗・齊藤茂・永山貴洋（2005）優れた指導者はいかにして選手とチームのパフォーマンスを高めるのか？：質的分析によるエキスパート高等学校サッカー指導者のコーチング・メンタルモデルの構築　スポーツ心理学研究 32, 17-28.

14) 工藤和俊（2008）イップス（Yips）と脳　体育の科学 58, 96-100.

【参考文献】
日本スポーツ心理学会（編）（2004）最新スポーツ心理学：その奇跡と展望　大修館書店

I-12
犯罪心理学

psychology of delinquency

「犯罪とは何か？」について，まず始めにアンドリュース（Andrews, D.A.）とボンタ（Bonta, J.）[1]の定義に従って，(1) 法律的，(2) 道徳的，(3) 社会学的，(4) 心理学的4側面から定義する．(1) 犯罪とは，国家によって禁じられ，法によって罰せられる行為，(2) 犯罪とは，道徳的・宗教的規範を犯し，超越的存在（神など）により罰を受けると信じられている行為，(3) 犯罪とは，慣習・社会的規範を犯し，共同体によって罰せられる行為，(4) 犯罪とは，行った者には報酬をもたらすが，他者には苦痛や損害を与える行為，すなわち反社会的行為とされている．さらにアンドリュースらは，犯罪行為の説明要因に関して，図12-1のように図示している．これを見ると分かるように，犯罪行為は，行為者個人の**心理的・精神医学的レベル**では，その場そのときの状況要因，犯罪行為に対するその人なりの価値観や信念，仲間や社会への感情などが加わって起こる．**社会心理学・社会学レベル**では，個人を取り巻く家庭，学校，職場，地域などにおける生活要因と対人関係要因とが絡まり，さらに上位の**社会学・法律学・刑事政策学レベル**では，社会経済状況，政治や政策，文化や価値観，マスコミなどの要因が関与して起こる．したがって，犯罪とは，心理学・精神医学・社会学・社会政策学・刑事政策学・法律学・政治学などで構成される学際的な概念体系であり，犯罪への取り組みは各領域の人びとの**協働**によって行なわれるべきである．なお，この章では筆者はコミュニティ心理学の立場から，犯罪について，ミクロレベルの視点にとどまらず，マクロレベルの視点で，社会・経済・政治・歴史・文化的文脈の中で捉えてみる．

1) Andrews, D. A. & Bonta, J. (1998). *The psychology of criminal conduct*, 2nd ed., Cincinnati, OH: Anderson.

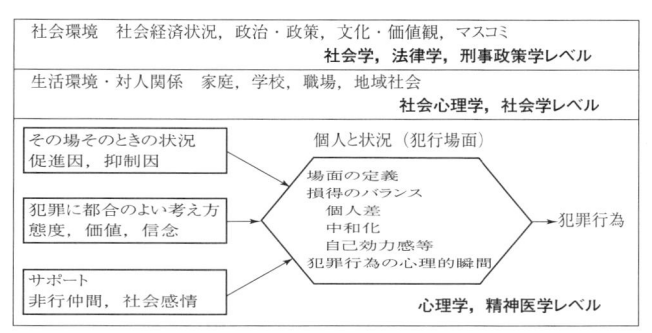

```
┌─────────────────────────────────────────────────────┐
│ 社会環境  社会経済状況,政治・政策,文化・価値観,マスコミ │
│                    社会学,法律学,刑事政策学レベル      │
├─────────────────────────────────────────────────────┤
│ 生活環境・対人関係 家庭,学校,職場,地域社会              │
│                      社会心理学,社会学レベル           │
└─────────────────────────────────────────────────────┘
```

図12-1　犯罪行為の説明要因(出典,藤岡,2007, p.167)[12]

犯罪をマクロレベルで捉えること

「犯罪とは何か？」をマクロレベルで捉えようとするとき，忘れてならないのはデュルケム（Durkheim, E.）[2]の**社会解体論**であろう．「犯罪は健康な社会には不可欠な一部分をなしている」，「社会の健全な機能にとって犯罪は有用である」と述べているように，犯罪は社会変動の結果であり，また原因でもあるとし，犯罪・逸脱行為は，社会や組織が再編されるその原動力になると考えたのである．また，マートン（Merton, R. K.）は，「社会構造とアノミー」[3]の中で，**アノミー／緊張理論**を打ち立てた．犯罪は「一面的な人生目標の強調」と「合法的な達成手段提供の失敗（アノミー）」から起こると説明し，前者を文化的目標，後者を社会制度とした．文化的目標は文化的価値と置き換えてもよく，現代においては「富・資産」が最大の文化的価値であり，経済的成功が人生の目標になりえる．たとえば，貧しい家庭環境の中で生育し十分な教育を受けられず，そのため仕事も制限され，経済的成功も望めない状況で，言い換えれば社会制度や社会的資源が乏しい中で，それを追い求め続けると，内的な緊張状態が高まり，非合法的な手段を使用して犯罪を起こしたり，時には人生目標を達成できないのは「社会が悪い」として，世間を震撼させる犯罪に走ったりという事象が起こるだろう．一方で，この理論に対してアグニュー（Agnew, R.）[4]やカレン（Cullen, E. T.）[5]たちは，経済的成功などの文化的目標だけでなく，その人の属する集団の中で，最も重要だと考えら

2) Durkheim, E. (1895). Les regies de la methode sociologique. Paris: Alcan. 〔佐々木交賢（訳）(1979) 社会学的方法の規準　学文社〕

3) Merton, R. K. (1938). Social structure and anomie. American Sociological Review, 3, 672-682.

4) Agnew, R. (1992). Foundation for a general strain theory of crime and delinquency. Criminology, 30, 47-87.

5) Cullen, F. T. & Agnew, R. (Eds.) (1999) Criminological theory: Past to present: Essential readings. Los Angeles, Calif.: Roxbury.

れる価値を人生目標とした人が，それを達成できない時に非合法的手段に訴えることがあり，マートンの**緊張理論**に対して，アグニューらはこれを**一般緊張理論**と呼び，1980年代以降この理論が受け入れられてきた．また，コミュニティ基盤の理論としては，「少年非行とアーバンエリア」を著したショウとマッケイ（Shaw, C. R. & McKay, H. D.）[6]の研究が挙げられる．なお，彼らの研究では少年非行を扱っているが，「非行」は本来「正しくない行い」という意味で，少年のそれに限定するものではなく，少年が起こした犯罪を扱っていることを確認しておく．彼らは，シカゴ調査を基に，少年が育った環境が非行を引き起こす**リスク要因**として，(1) 経済水準の低さ，(2) 人種の多様性，(3) 流動性の高さ（住民移動の高さ）の3点を挙げている．さらに，環境のもつリスク要因によって，コミュニティのネットワークが破壊され，コミュニティにおける問題解決能力が低下し，環境のもつリスク要因が，少年非行の**誘発要因**とも結びつくと述べている．さらに，「家族関係の破壊」を挙げる研究者がいたり，犯罪の発生に結びつく要因を地図上に表示する**マッピング研究**があったり，これらはすべて，犯罪を取り巻く環境から捉えたものである．また，忘れてはならないのはラベリング理論で，タンネンバウム（Tannenbaum, F.）は，コミュニティの中で人が犯罪者になっていく過程を研究した．また，人は一度犯罪に手を染めると，逮捕や刑務所への収容により「公的ラベリング」，親や友人など周囲の人びとの評価により「非公式なラベリング」がなされ，ますます犯罪へと駆り立てられていくという新ラベリング理論[7]も登場している．

犯罪をミクロレベルで捉えること

犯罪をより個人的な心理学・精神医学の視点で捉える研究は多くある．(1)**パーソナリティ要因**としては，ライナム（Lynam, D. R.）[8]による**ビッグファイブ**（Big5，「情緒不安定」，「外向性」，「開放性」，「協調性」，「勤勉性」などの性格特性）との関係で，「協調性」と攻撃行動や不適応行動との負の相関[9]，「協調性」や「勤勉性」と犯罪行動との負の相関[10]などが挙げられる．また，ゴットフレッドソンら（Gottfredson,

6) Shaw, C. R. & McKay, H. D.（1942）*Juvenile delinquency and urban areas: A study of rates of delinquents in relation to differential characteristics of local communities in American cities*. Chicago: University of Chicago Press.

7) Matsueda, R. L. (1982) Testing control theory and differential association: A causal approach. *American Sociological Review*, 47, 489-504.

8) Lynam, D. R. (2002) Psychopathy from the perspective of the Five-Factor Model of personality. In P. T. Costa, Jr. & T. A. Widiger (Eds.), *Personality disorders and the Five-Factor Model of personality* (Pp.325-348), Washinton, DC: American Psychological Association.

9) Gleason, K. A., Jensen-Campbell, L A., & Richardson, D. S. (2004) Agreeableness as a predictor of aggression in adolescence. *Aggressive Behavior*, 30, 43-61.

10) Miller, J. D., Lynam, D., & Leukefeld, C. (2003) Examining antisocial behavior

M. R.）ら[11]は，刹那主義と利己主義からなる**低自己統制**（欲望や感情を押さえられない，計画的に行動や生活を律することができない，自分の都合しか念頭にないなど）の特徴が，犯罪と結びつくという．(2)**生物学的要因**としては，脳画像診断による前頭葉機能障害と粗暴犯罪，側頭葉機能障害と性犯罪とが結びついたり，セロトニンやドーパミンなどの神経伝達物質の低下と犯罪の関連を調べたりして，近年の脳科学の発達に伴って，犯罪との関連が実証的に研究されている．(3)**発達障害の要因**としては，広汎性発達障害にみられる社会性障害（視線が合わない，呼ばれても応じないなど），コミュニケーション障害（言葉の遅れ，一方的な会話，奇妙なイントネーション），想像力障害（ごっこ遊びや見立て遊びが苦手），行動障害（繰り返しや拘り行動），感覚の敏感さ（特定の音や臭いに関する敏感さ）など，さまざまな障害をもつ高機能自閉症やアスペルガー症候群と反社会行動や犯罪との関連が研究されている．(4)**家族的要因**としては，従来から単身家族，貧困家族，葛藤家族，不道徳家族の4つが高リスク家族とされてきたが，現代においてこれらが，犯罪に繋がる要因とは必ずしも言えず，むしろ普通の家庭に育った少年が「いきなり型」，「低空飛行型」犯罪に走るケースが多くなっている．藤岡[12]は，**機能不全家族**として「自信欠如タイプ」，「評論傍観タイプ」，「責任回避タイプ」，「常識欠如タイプ」を挙げているが，これらが犯罪と関係があるとしても，「一見親らしい言動や子どもとの関わりを示しているかのように見受けられるが，よくよく見ると，子どもと真正面から向き合おうとせず，親子本来のかかわりが乏しい．」(p.98)とも述べており，それだからこそ，機能不全な家族と犯罪との関係は否定できないであろう．

〔高畠克子〕

through the lens of the Five Factor Model of Personality. *Aggressive Behavior*, 29, 497-514.

11) Gottfredson, M. R. & Hirschi, T.（1990）*A general theory of crime*. Stanford, CA: Stanford University Press.

12) 藤岡淳子（編）(2007) 犯罪・非行の心理学 有斐閣ブックス

【参考文献】
藤岡淳子（編）(2007) 犯罪・非行の心理学 有斐閣ブックス
大渕憲一 (2006) 犯罪心理学：犯罪の原因をどこに求めるのか 培風館
橋本和明 (2004) 虐待と非行臨床 創元社
山崎勝之・島井哲志（編）(2002) 攻撃性の行動科学：発達・教育編 ナカニシヤ出版

II 対人関係

II-13
対人関係
interpersonal relationship

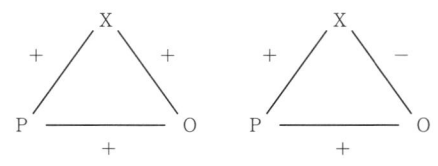

図13-1　バランス理論における均衡な関係（左）と不均衡な関係（右）の例

私たちはさまざまな**対人関係**の中で生活をしている．社会の中で生きるとは，他者と関係を結び，関係を通して，お互いに必要なものを与え合い，気持ちを伝え合うことでもある．では，私たちが取り結ぶ対人関係にはどのようなものがあるのだろうか．また，関係が形成され，維持される過程は，どのように説明されるのだろうか．

対人関係の種類を考える上で重要なのが，各関係の特徴をどのように表すことができるかであろう．私たちが持っている対人関係は，友人関係，夫婦関係，親子関係，職場での上司－部下の関係など，多様である．この多様な対人関係の特徴を記述する**対人関係の基本次元**として，ウィッシュ（Wish, M.）ら[1]は次の4次元を提案している．

(1) 競争的・敵対的（例・敵対している知人）── 協力的・友好的（例・親友）：関係の性質を表す基本的な次元である．

(2) 対等（例・仕事の同僚）── 非対等（例・主人と使用人）：一方が他者をコントロールしているなど，力関係のあり方に関する次元である．

(3) 表面的（例・挨拶をする程度の知人）── 親密（例・夫婦）：関係の親密さの程度に関する次元である．

(4) 社会情緒的・非公式的（例・恋人）── 課題志向的・公式的（例・仕事の取引先担当者）：関係が私的で情緒的なつながりに基づいているのか，公的で特定の目的を達成するために形成されているのかを表す次元である．

対人関係の形成と親密化

対人関係が形成され親密になる過程について，レヴィンジ

[1] Wish, M., Deutsch, M., & Kaplan, S. J.（1976）Perceived dimensions of interpersonal relations. *Journal of Personality and Social Psychology*, 33, 409-420.

ャー（Levinger, G.）ら[2]は，次のような段階的モデルを提案している．

（1）接触なしの段階：未だお互いの存在に気がついていない段階である．

（2）覚知の段階：相手の存在に気づき，知る段階である．この段階は，住居が近いなどの社会物理的な環境要因により影響される．また，この段階からのさらなる関係の発展は，相互作用の頻度や外見的魅力にも影響される．

（3）表面的接触の段階：挨拶や当たり障りのない会話をするなど，表面的な付き合いを行う段階である．この会話の中で，互いに魅力を感じる点が発見でき，好意を持ち合っていることが確認できれば，次の段階に進んでいく．

（4）相互性の段階：共に行動したり，頼りあったりすることにより，互いに影響しあう関係を強めていく段階である．この段階では，自分の考えや経験などを率直に語る自己開示が行われ，相互の理解が深まる．ここで，お互いに自分のことを話さず，共通点や共感できる点を見つけることができなければ，親密な関係には至りにくい．

ところで，このモデルが示唆するように，人間関係は互いの態度や考えを知るところから発展するという特性を持つ．自分と同じものを好きな人には親しみを感じたりする．このように他者と自分の関係と，他の対象に対する態度との関係に着目した対人関係の古典的な理論として，ハイダー（Heider, F.）[3]の**バランス理論**がある．この理論は，**POX理論**とも呼ばれ，人（P）と他者（O）とある対象（X）との関係がバランスを保つように推移することを論じている．バランスは，各関係を好意的・肯定的（＋），非好意的・否定的（－）で表現したとき，その積がプラスである状態を指す．たとえば，ある人（P）が他者（O）および，ある対象（X）に対して好意的であるとき（いずれも＋），他者（O）もその対象（X）に対して好意的（＋）であるなら，3者の関係はバランスが保たれている．しかし，他者がその対象（X）に対して否定的（－）であるなら，積はマイナスになり，バランスが保たれていない状態となる．これは不均衡な関係で

[2] Levinger, G. & Snoek, D. J. (1972) *Attraction in relationships: A new look at interpersonal attraction.* General Learning Press.

[3] Heider, F. (1958) *The psychology of interpersonal relations.* New York: John Wiley.

あり，均衡の回復に向けて3者間の関係のいずれかが変化することを予測する（図13-1）．この場合，他者（O）が対象（X）に対して肯定的になるか，または人（P）が他者（O）に対して非好意的になれば均衡が回復される．

同様に，2者と態度対象との関係の均衡に着目したものに，ニューカム（Newcomb, T. M.）[4]の **A-B-X モデル**がある．ニューカムは，ある対象に対して人が持つ態度は，他者の態度にも影響されると考える．その際，ある人（A），他者（B），態度対象（X）とで作られるシステム（A−B−Xシステム）の関係が不均衡である場合，コミュニケーションが生じ，態度変容が起こることを予測する．たとえば，ある人（A）の対象（X）に対する態度が肯定的（＋）であり，他者（B）の対象（X）に対する態度が否定的（−）であったとしよう．この場合，人（A）と他者（B）の関係が良好（＋）であるとするなら，このシステムは不均衡である．このような場合，人（A）と他者（B）の間にコミュニケーションが起こり，その結果，均衡状態になるように，一方の態度が変容するというのである．このモデルは，ハイダーのバランス理論と似ているが，バランス理論は，個人の心の中にある関係の心理的なバランスを対象としている一方，ニューカムのモデルは，態度対象（X）を媒介にして，2者の間のコミュニケーションと，その結果としての態度変容を対象としているところに，特徴がある．

関係の継続や関係からの離脱

私たちが特定の対人関係に満足したり不満を持ったりすること，また，関係にとどまったり，そこから離れたりするという行動は，どのように説明できるのだろうか．チボー（Thibaut, J. W.）ら[5]は，次のように考えている．まず，私たちが，関係から得ている結果（outcome）を，報酬からコストを差し引いたものとして定義する．そして，この結果を，その人自身の持つ**比較水準**（CL; comparison level）と比べ，それを超えていれば満足であると判断されるとする．比較水準とは，自分の過去の経験や他者に対する観察から形成した，個人の持つ内的な基準であり，満足度を判断する原点の役

[4] Newcomb, T. M. (1960) The variations of interpersonal attraction. In D. Cartwright & A. Zander (Eds.), *Group Dynamics: Research and theory* (2nd. ed.), Evanston: Row, Paterson.

[5] Thibaut, J. W. & Kelley, H. H. (1959) *The social psychology of groups.* New York: John Wiley.

を持つ．対人関係で，同じような結果を得ていても，満足する人と不満な人がいるが，これは，個人が持つ比較水準が異なるためであり，比較水準が高い人は，相当な結果を得なければ満足だと感じないということになる．

　さらに，私たちは，関係を評価するにあたって，現在の関係以外に選択肢となりえる，他の関係を考慮した上での水準も持っている．**選択比較水準**（CLalt; comparison level for alternative）と呼ばれるものであり，関係にとどまるか離れるかを決める際の基準として機能する．他の関係で，今よりも良い結果が得られそうなら，この水準は高くなるし，他の関係では，それほど良い結果を得られそうになければ低くなる．また，「関係がない状態」も選択肢として考慮される．比較水準と選択比較水準により，私たちが，不満な関係にとどまったり，満足している関係があるのに他の関係に移行してしまうことが記述できる．たとえば，恋人に不満を持ちつつも，そのまま関係を維持している人については，「比較水準 ＞ 結果 ＞ 選択比較水準」という関係が成り立つし，満足していたのに新しい関係に移行した人については，「選択比較水準 ＞ 結果 ＞ 比較水準」という関係が成り立っている．

　関係の継続は，ラスバルト（Rusbult, C. E.）[6]の**投資モデル**でも説明されている．このモデルは，関係を維持していこうとするコミットメントを「満足度 － 選択比較水準 ＋ 関係への投資」からなると考えている．満足度が高く，選択比較水準が低いほど，関係にとどまるということを予測するのは，チボーらの主張と同じだが，さらに，これまでの関係への投資が大きいほど，コミットメントが高くなると考えている．投資には，関係において，これまでに費やした時間や努力，お金など，直接の投入資源に加え，その関係で得てきた思い出，共通の友人，活動なども含まれる．これらが大きいほど関係の終結により失うものが大きくなるので，関係維持を志向することになる． 〔唐沢かおり〕

[6] Rusbult, C. E. (1980) Commitment and satisfaction in romantic associations: A test of the investment model. *Journal of Experimental Social Psychology*, 16, 172-186.

【参考文献】
大橋正夫・長田雅喜（編）（1987）対人関係の心理学　有斐閣

II-14 対人魅力

interpersonal attraction

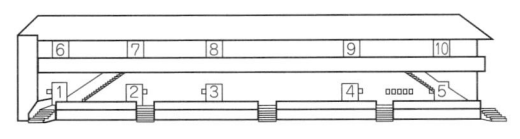

図14-1 研究対象となったウェストゲート・コートのアパートの略図

　他者に対して魅力を感じるというのは人間関係を構築していく基本である．これまでの研究では，対人関係の初期の段階で感じる魅力に影響する要因として，単純接触，近接性，身体的魅力，類似性，生理的喚起などが検討されている．

単純接触効果

　私たちは，単に見慣れているというだけで親しみを感じることがある．ザイアンス（Zajonc, R. B.）[1]は，繰り返し接触を経験する対象に対して，私たちの中に「好意」が生じることを**単純接触効果**（mere exposure effect）と呼んでいる．モアランド（Moreland, R. L.）ら[2]は，この**対人魅力**における，単純接触効果を次のような実験で検証している．同程度に魅力的だと事前の評定でわかっている4名の女性がサクラとなって，ある授業に受講生として出席したが，その際，出席回数を1回から15回まで，さまざまに変えておく．学期の終わりに彼女らの写真を，その授業に出席している他の受講生に提示し，魅力度を評定させたところ，出席回数の多いサクラほど魅力的だと判断された．

近接性

　単純接触効果が得られるかどうかは，環境要因によって左右される．近くに存在し，常に顔を合わせる相手であることで，接触の機会が増え，好意度が高くなることにつながる．このような**近接性**（proximity）の効果は，特に対人関係の始まりのころには重要である．近接性の効果は，単純接触効果をもたらすだけではなく，そもそも対人関係を築く機会の有無にもつながるという点でも，対人魅力を決める要因として影響を持つ．たしかに，私たちは，席が近いなど，接する

1) Zajonc, R. B.（1968）Attitudinal effects of mere exposure. *Journal of Personality and Social Psychology, Monograph Supplement*, 9, 1-27.

2) Moreland, R. L. & Beach, S. R.（1992）Exposure effects in the classroom: The development of affinity among students. *Journal of Experimental Social Psychology*, 28, 255-276.

機会が多い人と仲良くなることが多い．フェスティンガー (Festinger, L.) ら[3]は，大学の学生用アパートの入居者を対象に，未知の学生同士の友人関係の形成と互いの住居間の距離との関係を検討しているが，住居が近い学生同士のほうが，離れている学生同士よりも，友人関係を形成する確率が高かった．近接していることにより，受動的であっても接触頻度が多くなることが，関係のきっかけとして重要なのである．

身体的魅力

私たちは見た目が良い人に魅かれるということがよく言われるが，実際のところはどうなのだろうか．ウォルスター (Walster, E.) ら[4]の実験によると，たしかに，**身体的魅力**の高い人は，男女を問わず好まれることが示されている．この実験は，新入生歓迎ダンスパーティーの場で，「コンピューターがあなたのパートナーを選んだ」と称して参加者を初対面の他の異性と組み合わせる．この組み合わせは，実際にはランダムになされている．また，参加者の身体的魅力は，事前に実験協力者により評定されている．パーティーの途中で，参加者は，パートナーに対する好意度などについて回答するが，その結果，身体的魅力の高い人ほど，相手から好意を持たれ，デートを申し込みたいと思われている割合も高かった．また，この結果は，参加者自身の性別や身体的魅力の高低にかかわらずみられた．もちろん，私たちが結婚相手などを選択するときに，身体的魅力のみによって決めていることは少ないかもしれないが，この実験状況のように，初対面で短時間のうちに魅力を判断することを求められると，外見の魅力という要因が重要になるのである．

類似性

私たちは，一般に，自分と態度や関心，人格が似ている相手，同じような社会的階層に属していたり，同程度の教育を受けている相手に好意を抱く傾向がある．パートナーの選択において，自分と類似した他者を選択する傾向にあることを，**マッチングの原理**（matching principle）というが，この原理が働くことの背景には，類似した他者が結局のところ，より大きな報酬を自分にもたらす相手だということがある．自

[3] Festinger, L., Schachter, S., & Back, K. (1950) *Social pressures in informal groups: A study of a housing community*. New York: Harper.

[4] Walster, E., Aronson, V., Abrams, D., & Rottmann, L. (1966) Importance of physical attractiveness in dating behavior. *Journal of Personality and Social Psychology*, 4, 508-516.

分と意見や関心が類似している他者の存在は，自分の正しさを確認し，安心感を得られるという点で，報酬価が高い．また，態度が似た相手との良好な関係は，認知的な一貫性が高く心地よく感じられるであろう[5]．さらに，実際の関係の形成や相互作用過程を考えても，類似した者同士の間で，関係が維持されやすいことは説明がつく．私たちが他者と出会う機会を得るためのコストは，同じような社会環境の中で生活している人同士や，同じような趣味を持っている人同士のほうが小さくてすむし，関係が形成された後も，類似した相手との相互作用のほうが，意見の対立から来る軋轢が少なく，スムーズな付き合いができる．

生理的喚起

魅力のある異性の前に出ると「ドキドキ」するものだが，逆に，生理的喚起が高まっているときに，異性に対して魅力を高く感じることがダットン（Dutton, D. G.）ら[6]の実験で明らかにされている．この実験では，峡谷にかかったつり橋の上で，通りかかった男性に，サクラの女性が「自分の研究に協力してほしい」と話しかける．TAT図版などに回答を求めた後，「時間があるときに実験について説明したいので」と言い，女性は電話番号を男性に渡す．サクラが男性であるときや，つり橋ではなく固定された橋の上で同様のことを行ったときと比較すると，つり橋上で女性に声をかけられた男性のほうが，実際に電話をかけてきた人数が多かった．この結果は，つり橋上で生理的喚起が高まっていることを，目の前の女性の魅力ゆえであると，誤って帰属してしまうことにより生起すると解釈されている．

社会的交換

ここまでは，関係の初期での対人魅力に影響を持つ要因を検討してきたが，長期的な関係については，どのように分析できるのだろうか．ここでは，**社会的交換**（social exchange）の視点から，関係の魅力や満足度を考えてみよう．

私たちは，日常の社会生活の中で，さまざまな「交換」を行っている．交換は，物どうしのやり取りもあれば，行動や気持ちのレベルでの交換もある．たとえば，お金を払って物

---

5) このことはバランス理論でも説明される「Ⅱ-13 対人関係」参照

6) Dutton, D. G. & Aron, A. P. (1974) Some evidence for hightened sexual attraction under conditions of high anxiety. *Journal of Personality and Social Psychology*, 30, 510-517.

を買うのは，お金と物の交換であるし，助けてもらったらお礼を言うというのは，助けるという行動とお礼の気持ちを交換していることになる．また，自分に好意を持つ他者を好きになるのも，好意の交換である．このように物や行動，気持ちなどまで含んだ交換を社会的交換といい，対人関係や相互作用を交換の観点から分析する理論を**社会的交換理論**（social exchange theory）という．

　社会的交換理論の視点から，対人関係の維持や対人魅力を説明するモデルのひとつに，互恵性モデルがある．私たちは，人に何かしてもらったらお返しをするというように，一方的にどちらかが与えるのではなく，与え合うべきだという行動規範をもっているが，この規範を**互恵性**（reciprocity）という．互恵性が，好意のレベルでも働けば，好意に対しては好意を返すことになり，恋愛関係の形成も説明できる．奥田[7]は，恋愛関係にある男女には互恵性が成立しており，相手から多く受け取ったり多く与えたりしているほど，恋愛関係への満足度が高いことを明らかにしている．

　また，互恵性と並んで重要なモデルに，衡平モデルがある．**衡平**（equity）とは，報酬として得た結果と，それを得るために必要とした投入との比を比較し，それが等しく保たれている状態である．たとえば，10時間働いて1万円の報酬を受け取った人と，8時間働いて8000円の報酬を受け取った人がいたとしよう．この場合，両者の労働時間と報酬の比は等しく，両者の間には衡平さが保たれている．しかし，10時間働いて1万円受け取った人と，同じように10時間働いて2万円受け取った人がいたら，私たちは不衡平だと感じる．このような衡平さの評価は，対人関係でも働く．人は，関係の中で自分の利得とコスト，また相手の利得とコストを比較し，そのバランスが取れている衡平な関係を好む．自分の利得が多すぎて得をしている場合は，罪悪感や負い目を感じるし，相手の利得が大きく自分が損をしている場合は，怒りや妬みを感じるのである．

〔唐沢かおり〕

7) 奥田秀宇（1994）恋愛関係における社会的交換関係：公平，投資，および互恵モデルの検討　実験社会心理学研究　34, 82-91.

【参考文献】
奥田秀宇（1997）人をひきつける心：対人魅力の社会心理学　サイエンス社

II - 15 印象形成

impression formation

　私たちは，ある人物と初めて会ったり電話で話をしたときなどに，入手可能なさまざまな情報をまとめあげて，その人の全体像を頭の中に作り出すことができる．たとえば，ある人物について，「知的」「器用」「勤勉」「温かい」「決断力ある」「実際的」「用心深い」という情報（7つの特性）を得た場合，われわれはこれらを統合して容易に一人の人物像を形成することができる．この過程を**印象形成**という．

　印象形成に使われる情報には，さまざまなものがある．シュナイダー（Shneider, D. J.）ら[1]によれば，人物の印象を形成する最初の過程では，対象人物の外見（体型，服装など）に注目してそれをカテゴリーに分類する（たとえば，細身の人）．そして，その特徴に対してステレオタイプ的判断が行われる．「細身の人だから神経質だろう」というような判断がこれにあたる．次は**帰属**（attribution）の過程であり，対象人物の行動を観察してその原因を推測する．その際，ある行動の原因となり得る要因が複数ある場合でも，人は一般に，その行動に対応する個人内部の要因（性格特性や能力）を原因と考える傾向がある．たとえば，「簡単な試験で落第点をとったので頭が悪い」とか，「お年寄りに席を譲ったので優しい人だ」というように，能力や特性が推測されることが多いのである．これを**対応バイアス**（correspondent bias）という（広範囲に見られることから**基本的な帰属の誤り**（fundamental attribution error）と呼ばれることもある）．さらに，ある特性をもっていることが推測されると，それらに関連する別の特性ももっているはずだという推測がなされる．これは，人が個人的経験などに基づいた**暗黙の性格理論**（implic-

1) Shneider, D. J., Hastorf, A. H., & Ellosworth, P. C. (1979) *Person perception* (2nd ed.), Addison-Wesley.

it personality theory) をもっていることによる．たとえば，人によって「神経質な人は怒りっぽい」とか「おとなしい人は正直だ」という判断がなされる．以上のような過程から対象人物について推測された複数の特性を統合して，最終的に対象人物の印象が形成されることになる．

　印象形成の研究の初期において，アッシュ（Asch, S. E.）[2]は，断片的な情報は単純に集められて1つの印象にまとめられるのではなく，相互に影響し合って統合されると考えた．たとえば，冒頭の7つの特性から印象形成する場合と，「温かい」が「冷たい」に入れ替えられた7つの特性から印象を形成する場合を比較してみると，「知的」の意味が微妙に異なることが理解できるであろう（「温かい－知的」と「冷たい－知的」）．その結果，形成される印象は，単なる特性の総計とは異なるものとなる．実際，アッシュらの実験では，「温かい」が「冷たい」に入れ替えられただけで，人物の対象は大きく異なっていた．この場合，「温かい－冷たい」のように，印象形成に大きな影響を及ぼす特性を**中心特性**という．これに対して，アンダーソン（Anderson, N. H.）[3]は，**平均モデル**（average model）など代数学的な統合モデルを提唱した．これによれば，対象人物に対する印象は，それぞれの特性評価の平均によって予測できることになる．

　前述したように，シュナイダーらが指摘する対人認知の過程を見てみると，印象形成に使われる情報は2つの過程から得られているのがわかる．ひとつは，特定のカテゴリーに入る人は，皆同じ特徴をもっているという判断を行う過程である．こうした判断は，自動的に，深く考えずに行われる．もうひとつは，その人の過去の行動やさまざまな条件を考えながら，その人物に特有の印象を形成していく過程である．フィスク（Fiske, S. T.）とニューバーグ（Neuberg, S. L.）[4]が提唱する印象形成の**連続体モデル**（continuum model）では，前者を**カテゴリー依存型**（category-based）過程，後者を**個別化**（individuation）過程と呼び，カテゴリー化過程が最初に始動することが仮定されている．すなわち，まず対象をカテゴリー化し（たとえば「物静かな人」），次に，対象人物が

2) Asch, S. E. (1946) Forming impressions of personality. *Journal of Abnormal and Social Psychology*, 41, 258-290.

3) Anderson, N. H. (1974) Cognitive algebra: Integration theory applied to social attribution. *Advances in Experimental Social Psychology*, 7, 1-101.

4) Fiske, S. T. & Neuberg, S. L. (1990) A continuum of impression formation, from category-based to individuating process: Influences of information and motivation on attention and interpretation. In M. P. Zanna (Ed.), *Advances in experimental social psychology*, Vol.23 (Pp.1-74), New York: Academic Press.

そのカテゴリーに確かに属するかどうかを確認する（確証的カテゴリー化）．さまざまな場面で物静かな人であることが確証できれば，それで印象が形成されるが，それに反する行動を観察したような場合には，別のカテゴリーや下位のカテゴリーに再分類する（再カテゴリー化）．たとえば，ある場面でその人物が自分の意見を強く主張するのを見て，単に物静かな人間ではなく，その中でも「秘めた力」をもつタイプと判断するような場合である．これは，対象人物を下位タイプに再カテゴリー化したことになる．さらに，こうしたカテゴリーでは説明できない属性を対象人物がもっていることがわかれば，それぞれを詳細に検討することによって徐々に印象をまとめあげることになる．この過程は，**ピースミール統合化**（piecemeal integration）過程と呼ばれる．最初のカテゴリー化からピースミール統合化に至る過程は必要に応じて繰り返され，ある時点までに形成されている印象は，カテゴリーのみに基づいて形成された印象とピースミール統合のみに基づいた印象を両極とする連続体上のどこかに位置することになる．

　こうした印象形成の過程は，見る側の人の動機づけや注意の程度によって影響を受ける．たとえば，これから長年にわたって一緒に働く人を選ぶ立場にあれば，単純に外見から判断するようなことは避けて，その人に関する情報を1つひとつ慎重に検討するだろう．自分の判断の結果生み出される環境（選んだ人物の行動）が，自分自身に大きな影響を与えるからである．ニューバーグとフィスク[5]は，このような条件を**結果依存性**（outcome dependency）と呼んでいる．彼らが行った実験では，統合失調症の既往歴のあるとされた人物と共同作業を行う場合，2人の総合成績に基づいて双方に20ドルの報酬が支払われるとされた条件では，貢献度の高いほうの人にだけ20ドルの報酬が与えられるとされた条件に比べて，対象人物に関して与えられた個別の情報をじっくりと吟味し，その人物に対する好意度が高くなる傾向が認められた．これは，結果依存性が高いことによって，ステレオタイプ的判断をあまり行わず，個別化の過程が強く働いたこ

5) Neuberg, S. L. & Fiske, S. T. (1987) Motivational influences on impression formation: Outcome dependency, accuracy-driven attention, and individuating processes. *Journal of Personality and Social Psychology*, 53, 431-444.

とを示している．

　ある人物について形成された印象は，ただ記憶として蓄積されるだけではない．人は，その人物との相互作用の中で得られる情報に基づいて，印象をさらに修正することがあるだろう．また，形成された印象に基づいて相手と相互作用を行うことによって，対象人物の行動そのものに影響を及ぼす可能性もある．たとえば，人物Aが人物Bについて「とても善い人だ」という印象をもったとすると，AはBに対して好意的な行動をとることになる．それを受けたBは，Aに対して同じように好意的な行動をとる可能性が高くなる．Aにとっては，こうしたBの行動は，まさに最初に形成した「善い人だ」という印象を強固にするだろう．

　この例のように，最初の印象や期待が（たとえ誤ったものであっても）現実のものになることを**予言の自己成就**（self-fulfilling prophecy）という．たとえばスナイダー（Snyder, M.）[6]らの研究では，男子大学生が女子大学生と電話で会話をする前に，相手の女性ということにして魅力度の高い（または低い）写真を見せた．その結果，魅力度が高いと思った群の学生は，低いと思った群の学生よりも，会話のときに相手に対して人当たり良く，温かく接した．すると，前者の群の学生と会話した女性は後者の群の学生と会話をした女性に比べて，愛想良く応対したことが第三者の評定によって明らかになった．これは，男性が「魅力的な女性は人柄も良い」というステレオタイプによって（誤った）印象を形成したために，現実に，その通りの行動を相手の女性から引き出したことになる．

　このように，印象形成は，対人間の行動や人間関係の形成・維持にとって重要な役割を果たす過程であるといえる．

〔安藤清志〕

6) Snyder, M., Tanke, E. D., & Berscheid, E. (1977) Social perception and interpersonal behavior: On the self-fulfilling nature of social stereotypes. *Journal of Personality and Social Psychology*, 35, 656-666.

【参考文献】

山本眞理子・原奈津子（2006）他者を知る：対人認知の心理学　セレクション社会心理学6　サイエンス社

上瀬由美子（2002）ステレオタイプの社会心理学：偏見の解消に向けて　セレクション社会心理学21　サイエンス社

II-16 自己呈示
self-presentation

　就職を望んでいる企業の面接を受けている学生が,「日常的な英会話ならできます」と面接者に話す場合,この学生の発言は,自分の能力について面接者に良い印象をもってもらうことを目標にして行われたものと考えられる。この例のように,自分にとって望ましい印象を他者が形成することを目標にして行われる行動を**自己呈示**（self-presentation）という。このような印象の操作は,自己だけではなく,他者（たとえば,親友を第三者に紹介するときに多くの長所を述べる）や,組織（ある企業が,いかに社会貢献をしているかを広告する）などについても行われる。この場合には,**印象管理**（impression management）と呼ばれる。したがって,自己呈示は印象管理の下位概念のひとつということができる。

　親密な関係を維持したり,集団に所属したり,自分の主張を受け入れてもらったり,他者から援助を受けたりすることは社会生活の重要な側面である。こうした目標を達成するためには,社会的相互作用の中で適切に自己呈示を行うことが必要となる。

　リアリー（Leary, M.）とコワルスキ（Kowalski, R. M.）[1]によると,自己呈示は次の3つの働きをもつ。第一に,適切に自己呈示を行うことで,さまざまなかたちの社会的・物質的利益を獲得したり,それらを失うことを避けることができる。冒頭の例でいえば,英会話ができるという能力を買われて内定を得ることができるかもしれない。第二に,自尊感情を高めたり維持したりすることができる。他者から自分が主張する能力を「正当に」評価されれば自尊感情が高まるだろうし,何か失敗したときに,自分の釈明を他者が受け入れて

1) Leary, M. R. & Kowalski, R. M.（1990）Impression management: A literature review and two-component model. *Psychological Bulletin*, 107, 34-47.

くれれば自尊感情はそれほど低下しないかもしれない．第三は，アイデンティティを確立することである．自分がどのような人間であるかを他者に主張して，他者が抱く印象とズレがないようにすることができれば，他者との関係の中で確固とした「わたし」を構築することができる．

　他者に特定の印象をもってもらうことを目標とする積極的な自己呈示には，さまざまな形態がある．代表的なものは，好ましい印象を与えたり（取り入り），能力が高いという印象で見てもらう（自己宣伝）ことを目標とする自己呈示である．この他，示範（exemplification）は，道徳的な側面を主張する（たとえば，自己犠牲的な行動をする）ことによって相手に罪悪感を与える方略である．これによって，自己呈示者は相手に対する勢力を高めることができる．自己呈示行動が目標とする印象は，これらのように，社会的に望ましいものであるとは限らない．たとえば，威嚇（intimidation）は，相手に危害を加える可能性があることを印象づける方略であり，これによって自分が望む行動を相手にとらせることができる．哀願（supplication）は，逆に自分の弱さを印象づけるものである．このような自己呈示が成功すれば，相手は社会的責任性の規範にしたがって，援助の手を差し伸べてくれることになる．

　否定的評価を招くような事態では，防衛的な自己呈示方略が用いられる．たとえば，不適切な行為をしてしまったことに対しては，言い訳（たとえば，「秘書がやったことで私は関係ない」）や正当化（たとえば，「皆がやっている．大したことではない」）が行われる．被害を与えた他者に謝罪することも自己呈示的な側面がある．これらはアカウント（釈明）と総称される．何らかの評価を受ける前に，不利な条件を自ら作り出す行為は**セルフハンディキャッピング**と呼ばれる．具体的には，重要な試験や試合の前日に大量に飲酒したり，成功するための努力を控えることなどがあげられる．これらの行為によって，たとえ失敗したとしてもその原因を能力の低さに帰属されることを回避することができる．成功した場合にも，不利な条件があるのに成功したことで，能力をさら

に高く評価される可能性がある．特定の他者・集団と自分との結びつきを強調することによって自己の印象を高める方略は，**栄光浴**（basking-in-reflected glory）と呼ばれる．チャルディーニ（Cialdini, R. B.）ら[2]は，大学生に電話をかけて数日前に行われた自校のフットボールチームの試合の勝敗を尋ねた．すると，電話の最初に行われた簡単な質問に対する正答が少なくなるようにして一時的に自尊感情が低下するように導かれた条件では，正答が多くなるようにして自尊心が高まるように導かれた条件に比べて，自校のチームの勝利を「われわれ（we）」という代名詞を使って答える人が多かった（たとえば，「われわれは勝った [We won.]）これは，勝利によって高く評価されているチームと自分との結びつきを強調することによって自尊心を回復しようとした結果と解釈することができる．

　それほど社交的でないと思っている人が，社交的な人材を求めている企業の内定を獲得するために面接で社交的に振る舞ったとすると，呈示した自己と自己概念との間に不一致が生じることになる．このような場合，呈示した方向に自己概念が変化することがある．これを自己呈示の**内在化**（internalization）という．内在化の過程には，呈示した自己と自己概念の不一致が生み出す認知的不協和の低減や，自己呈示と関連する記憶を偏って検索する傾向などが関わるとされている．また，こうした内在化は，自己呈示が他者に見られている場合や，自己呈示が他者から好意的に評価される場合に，特に強く生じる可能性がある．一方，自己呈示が自己概念に影響を与えるのとは逆に，自己概念も自己呈示の仕方に影響を与える．ただし，英会話が苦手であることを自他共に認めている人が「英会話が得意だ」と主張する場合のように，自己概念から極端に離れた自己呈示は他者から信用されない可能性が強く，また，呈示した自己と一貫した姿を見せ続けなければならないという圧力も存在する．したがって，自己概念と自己呈示は比較的一致する方向にあると考えられる．

　適切な自己呈示を行うには，困難が伴うことも多い．たとえば，相手の意見に同調したり賞賛することは，好ましい印

[2] Cialdini, R. B., Borden, R. J., Thorne, A., Walker, M. R., Freeman, S., & Sloan, L. R.（1976）Basking in reflected glory: Three (football) field studies. *Journal of Personality and Social Psychology*, 34, 366-375.

象を与えるための典型的な方略であるが，頻繁に行うとその動機が見透かされてしまうので，自己呈示者はジレンマ状態に陥る．また，女性の場合，自分の能力の高さを主張することは性役割から逸脱することになり，好ましさという点では印象を悪化させてしまうこともある．会社では威厳のある上司として振る舞うが家では優しい父親として子どもと接している場合のように，複数の相手にそれぞれ異なる印象を与えている人の場合，観衆を分離することができれば問題はないが，複数の相手が同じ場面に存在すると（たとえば，子どもが会社に見学にやってくる），どちらの相手に合わせて自己呈示を行うかという問題が生じる．これは，**多重観衆問題**（multiple-audience problem）と呼ばれる．このような場面で，人は，抽象度の高い表現（たとえば「私は仕事好きだ」）を避けて特定の行動（「私は残業をした」）について話をしたり，極端な態度表明を避けたり，その行動が本意でないことを行動で示したりする（たとえば，無表情で話す）ことによって，こうした問題を解決しようとする．

　社会的場面における遂行を阻害する対人不安も，自己呈示に関係している．シュレンカー（Schlenker, R. B.）とリアリィ[3]によると，自己呈示への欲求が強くなる（たとえば，相手に好意的な印象を与えることで内定を得ることができる）状況であるにもかかわらず，うまく自己呈示ができそうもないと認知することが，対人不安を高める要因のひとつとなる．

　以上のように，自己呈示は，他者との関係の中で望ましい自己を適切に示したり，対人関係を形成・維持していく上で重要な役割を果たしていると考えられる．

〔安藤清志〕

3) Schlenker, B. R. & Leary, M. R.（1982）Social anxiety and self-presentation: A conceptualization model. *Psychological Bulletin*, 92, 641-669.

【参考文献】
安藤清志（1995）見せる自分／見せない自分：自己呈示の社会心理学　サイエンス社
リアリィ, M. R.／生和秀敏（監訳）（1990）対人不安　北大路書房
スナイダー, M.／齊藤勇（監訳）（1998）カメレオン人間の性格：セルフ・モニタリングの心理学　乃木坂出版

II-17 社会的スキル

social skill

社会的スキルとは,「個人が一連の目標志向的で,相互に関連をもった,状況に適切な,学習や統制可能な社会的行動を遂行する過程」[1] とされる.ハーギー (Hargie, O.) によれば,この定義は,ミッチェルソン (Michelson, L.) ら[2]によって指摘された社会的スキルの6つの特徴,すなわち,(1) 学習されること,(2) 特定の言語的・非言語的行動から構成されること,(3) 適切な導入点や反応を含むこと,(4) 他者から得られる利用可能な報酬を最大化すること,(5) 適切なタイミングと特定の行動の統制を必要とすること,(6) 場を支配する文脈的要因により影響を受けること,を組み合わせたものとされる.ただし,この定義が,すべての研究者に受け入れられているわけではない.堀毛[3]や相川[4]でも紹介されているように,社会的スキルの定義は多様であり,対人スキル,対人コンピテンス,コミュニケーション・スキル,コミュニケーション・コンピテンス等,類概念も多い.また知覚－運動スキルとの類似や相違についても議論がなされており,他者を含むこと,感情的要素が重要な役割を果たすこと,認知過程が複雑であることなどの相違もあるが,意図的に展開され,学習・統制可能で同期性をもつことなど,共通点も多いとされる[1].

社会心理学的立場から社会的スキルの重要性を強調した研究としては,アーガイル (Argyle, M.)[5] の著作がよく知られている.この中で,アーガイルは,知覚－運動スキル・モデルの発展として対人的なコミュニケーション・スキル・モデルを展開している.相川は,こうしたモデルに示されるよ

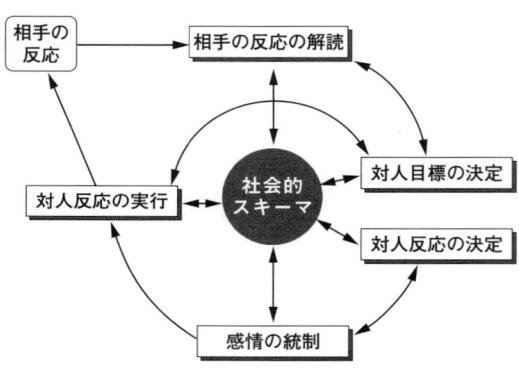

図17-1 ソーシャルスキル生起モデル v.3(相川, 2009)[6]

1) Hargie, O. (Ed.) (2006) *The handbook of communication skills* (3rd.ed.), London: Routledge.

2) Michelson, L., Sugai, D., Wood, R., & Kazdin, A. (1983) *Social skills assessment and training with children*. New York: Plenum.
〔高山巌・佐藤正二・佐藤容子・園田順一 (訳) (1987) 子どもの対人行動:社会的スキル訓練の実際 岩崎学術出版社〕

3) 堀毛一也 (1990) 社会的スキルの習得 斎藤耕二・菊池章夫 (編著) 社会化の心理学ハンドブック 川島書店

4) 相川充 (2000, 2009) 新版人づきあいの技術:ソーシャルスキルの心理学 サイエンス社

うに，社会的スキルを「過程」として捉えることの重要性を強調し，「対人場面において，個人が相手の反応を解読し，それに応じて対人目標と対人反応を決定し，感情を統制したうえで，対人反応を実行するまでの循環的な過程」と定義づけ，図17-1に示した生起過程モデルを提唱している（相川[4]によるver.3のモデル）．また，堀毛[6]も，認知論的なパーソナリティ理解の中で，社会的スキルを含む対人的な情報処理過程が重要な意味をもつことを指摘し，同様のモデルを展開している．

一方，ウィルソン（Wilson, S. R.）とサビー（Sabee, C. M.）[7]は，対人的なコミュニケーションにおけるスキルを検討する（コミュニケーション・コンピテンス）立場から，コンピテント（有能）という判断の背景となる理論的立場を5つに整理している．(1) 期待理論：コミュニケーションの場を支配する状況的・文化的期待を理解し，それに添って行動することがコンピテントとなる．(2) 帰属理論：障害を乗り越え，内的・安定的で統制可能な楽観的・現実的帰属様式をもつことがコンピテントとなる．(3) 目標・計画・行為理論：目標達成に至る適切な計画・行為に関する明瞭なマインドセットをもつことがコンピテントとなる．(4) 階層理論：目標達成をスムーズに展開する手続き的知識や自己制御過程をもつことがコンピテントとなる．(5) 弁証法的理論：コミュニケーションに関し多様な視点を有し，矛盾や反論を手がかりに互いの関係性に新たな局面をもたらし得ることがコンピテントとなる．これらの考え方にもみられるように，社会的スキルやコンピテンスが関連する領域や立場はきわめて幅広く，研究や介入にあたっては，論拠とする立場やモデルを明確にしつつ実証的な展開に結びつけることが重要と考えられる．

社会的スキルの測定技法としては，多様な自己評価尺度が考案されている．このうち本邦で最も頻繁に使用されている尺度は菊池[8]のKiSS-18と呼ばれる18項目からなる尺度であろう．菊池[9]では，職場ストレス，看護教育等，幅広い領域における適用例や研究の現況がまとめられている．この他，大坊[10]の訳出したACTや，堀毛[11]によるENDE-2も

5) Argyle, M. (1967) *The psychology of interpersonal behaviour*. Harmondsworth: Penguin Books. 〔辻正三・中村陽吉（訳）(1972) 対人行動の心理 誠信書房〕

6) 堀毛一也 (1994) 人当たりの良さ尺度 菊池章夫・堀毛一也（編著）社会的スキルの心理学：100のリストとその理論 (pp.168-176) 川島書店

7) Wilson, S. R. & Sabee, C. M. (2003) Explicating communicative competence as a theoretical term. In J. O. Greene & B. R. Burleson (Eds.), *Handbook of communication and social interaction skills*. Mahwah: Lawrence Erlbaum Associates.

8) 菊池章夫 (1988) 思いやりを科学する：向社会的行動の心理とスキル 川島書店

9) 菊池章夫 (2007) 社会的スキルを測る：KiSS-18ハンドブック 川島書店

10) 大坊郁夫 (1991) 非言語表出性の測定：ACT尺度の構成 北星学園大学文学部北星論集28, 1-12.

11) 堀毛一也 (1994)

自己評定尺度としてしばしば利用されている．一方，スキルの評定には，自己評価では限界があり適切ではないとする指摘もなされており，他者評価や観察，役割演技等による評価手法も数多く考案されている．スピッツバーグ（Spitzberg, B. H.）ら[12]は，感情的側面，認知的側面，行動的側面を，場面や時間，要因など多側面にわたり，直接・間接的なさまざまな技法で測定することの重要性を論じている．また，評価基準としては，効果性（好ましいと考える結果がどの程度達成されたか）と，適切性（どの程度文脈に適合しつつ行われたか）という2点がとりわけ重要であることも指摘され，多様な評価技法を用いた総合的な評価の重要性が強調されている．

社会的スキル研究の意義のひとつは，スキルの向上をめざした実践的なトレーニング技法（**社会的スキル・トレーニング：以下 SST**）の開発・応用にある．社会心理学的な伝統の中では，コミュニケーション場面における非言語的なスキルを中心とするSSTが，臨床心理学的な伝統の中では，精神的な不調をもつ患者に対する生活技能訓練を中心とするSSTが行われてきた．後者は認知行動療法を背景とする技法で，ウォーミングアップ → 教示 → ロールプレイ → フィードバックと社会的強化 → モデリング → ロールプレイ → 日常場面への般化という流れに添って展開される[13]．こうした介入技法は，本邦でも社会保険診療報酬点数の対象となり，SSTの普及協会も設立され，精神科を中心に広範に普及している．また最近では矯正領域への適用例も増えている．一方，前者については，大学教育や組織内コミュニケーションなど，健常人の日常的な文脈における重要性が指摘されており，津村ら[14]によるファシリテーターの育成トレーニングや，後藤・大坊[15]，栗林・中野[16]らによる社会的スキル・トレーニングなど，注目すべき技法が工夫され成果をあげている．

PsycInfo[17]を用いて，社会的スキルに関するこの20年間の研究の推移を検索した結果を図17-2，17-3に示す．全件検索では図17-2のようにヒット数が増加しているが，キーワード検索によるヒット数はさほど増加していない．この結

恋愛関係の発展・崩壊と社会的スキル　実験社会心理学研究 34, 116-128．

12) Spitzberg, B. H. & Cupach, W. R. (1988) *Handbook of interpersonal competence research.* New York: Springer.

13) Liberman, R. P., DeRist, W. J., & Mueser, K. T. (1989) *Social skills training for psychiatric patients.* New York: Pergamon.〔池淵恵美（監訳）（1992）精神障害者の生活技能訓練ガイドブック　医学書院〕

14) 津村俊充・山口真人（2005）人間関係トレーニング―私を育てる教育への人間学的アプローチ　ナカニシヤ出版

15) 後藤学・大坊郁夫（2005）短期間における社会的スキル・トレーニングの実践的研究　対人社会心理学研究 5, 93-99．

16) 栗林克匡・中野星（2007）大学生における社会的スキル：トレーニングの成果と評価　北星学園大学社会福祉学部北星論集 44, 15-26．

17) 心理学と，精神医学，社会学，人類学，

果は，少なくとも欧米では，社会的スキルという概念が一般化し，先の理論的展望にも示されるように，多様な領域で用いられるようになったことを意味していよう．実証的な研究のカテゴリーをみると，自閉症を中心とする特別支援教育や発達心理学的研究における研究の増加が顕著であり，パーソナリティの発達やティーチング技法に関する研究は横ばい，スキル・トレーニングに関する研究は減少している．一方日本での研究成果は(CiNii[18]による)，2000年代に入ると急増し，さまざまな領域における関心の高まりがうかがえる．

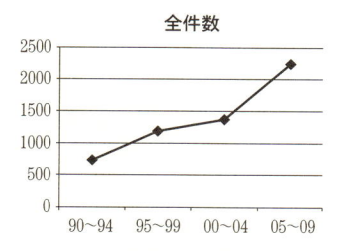

図17-2 社会的スキル研究の検索結果

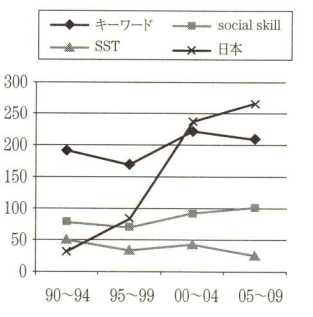

図17-3 キーワード等による検索結果

社会的スキルには，記号化や解読など基礎的なコミュニケーションレベル，文脈に合わせた行動の取捨選択や組み立て・感情統制を行う認知・統制レベルがあると考えられるが，さらにソーンダイク（Thorndike, E. L.）により「他者を理解し管理する能力であり，また人間関係において賢明に行為する一般的な傾向性」として定義された**社会的知能**を統合的なレベルとして，その延長上に位置づけるべきとする見方もある．社会的知能は，最近では**情動知能**（emotional intelligence）として研究が進められているが[19]，こうした側面まで社会的スキル研究の範囲に含めるか否かについては論議がある．

〔堀毛一也〕

教育学，薬理学，言語学など関連分野の文献の書誌情報と抄録を提供するデータベース．

18) CiNii（国立情報学研究所論文情報ナビゲータ［サイニイ］）

19) Mayer, D. J., Roberts, R. D., & Barsade, S. G. (2008) Human abilities: Emotional intelligence. *Annual Review of Psychology*, 59, 507-536.

【参考文献】
相川充（2009）新版　人づきあいの技術：ソーシャルスキルの心理学　サイエンス社

II-18
メンター
mentor

メンター[1]をうまく日本語に訳すのは難しいので、このようにカタカナ表記されることが多い。師弟関係における師匠、上下関係における上司あるいは助言をしてくれる人といった意味である。こうした有益な効果（benefit）を与えてくれる人が身近にいることは、弟子あるいは部下という立場にいる者にとって、発達的にプラスの影響がある。

ブロンフェンブレナー（Bronfenbrenner, U.）によれば、「メンターとは年長で経験豊かな人であり、その人が既に精通している複雑なスキルや課題の漸進的な修得を、若い人に指導し、若い人のキャラクターと有能さ（competence）のさらなる発達を求める人である。その指導は、長い時間をかけて、多かれ少なかれ通常の基礎について実演・教示・挑戦・勇気づけなどを通してなされる。この過程の中で、メンターと若い人は相互的な関与の特別な結びつき（bond）を発達させる。さらに、若い人のメンターとの関係は、尊敬・忠誠・同一視といった情動的な性質をもつようになる」。この引用をしたハミルトン（Hamilton）ら[2]は、比較的拘束的な役割であるコーチ（Coach）が、初心者に教えるという役割をもっているのに対し、メンターの役割は、そのことを超え個人的ならびに社会的な有能さ、キャラクターの育成にまで広がっていると指摘している。しかし、コーチとメンターを明確に区別するのは難しく、メンターの方が広く用いられていると述べている。

メンターとの関係は、相互性、信頼、共感性に特徴づけられるつながり（connection）があるからこそ、プラスの影響が期待されるのである。もし、そうした結びつきが形成され

1) メントル．ギリシア神話で、オデッセウスが出征中、息子テレマクスの教育を託した親友の名前。賢明で信頼できる顧問、助言者、コーチの意味．

2) このブロンフェンブレナーによる定義は、下記の論文で引用されている．
Hamilton, S. F. & Hamilton, M. A. (2004) Contexts for mentoring: Adolescent-adult relationships in workplaces and communities. In R. M. Lerner & L. Steinberg (Eds.) *Handbook of adolescent psychology*, 2nd edition (Pp.395-428), Hoboken, N. J.: John Wiley & Sons.

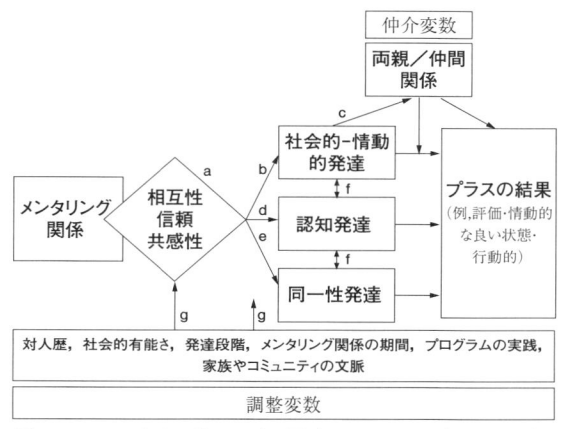

図18-1　メンタリングのモデル図（Rhodes, 2005[3]）より作図）

ていないなら，メンターとの関係性は切れてしまう．ローズ（Rhodes, J. E.)[3]は，青年期におけるメンタリング関係を図18-1のように示している．助言を受ける者（メンティー；mentee）が，意味あるつながりを進んで共有し，メンターとの関係に積極的に関わる範囲でのみ可能である．以下，この図に沿って，メンタリング関係を解説していく．

3つの相互作用する発達的過程

相互性，信頼，共感性（図中の要素 a）に裏打ちされたメンタリング関係は，社会的－情動的発達，認知発達，同一性発達の3つに，それぞれプラスに貢献している．

社会的－情動的発達：助言者は配慮（caring）を示範し，支援（support）を与えることで，若者が自分自身にもっているネガティブな見方にいどむこともできるし，大人とのポジティブな関係が可能であることを示すこともできる（パスb）．メンタリング関係は，親などとの不満足な関係を経験した若者にとって「矯正的な経験」（corrective experience）となろう．

愛着理論によれば，最初の育児者との初期経験を通して関係の認知的表象を構成する．こうした経験に基づく期待，あるいは内的作業モデル（internal working model）が，パーソナリティ構造に組み込まれ，児童期を通してさらにはその時

3) Rhodes, J. E. (2005) A model of youth mentoring. In D. L. DuBois & M. J. Karcher (Eds.), *Handbook of youth mentoring* (Pp.30-43), Thousand Oaks, CA: Sage.

4) Ainsworth, M. (1989) Attachments beyond infancy. *American Psychologist*, 44, 709-716. Bowlby, J. (1988) *A secure base: Parent-child attachment and healthy human development*. New York: Basic Books.

5) Gottman, J. M. (2001) Meta-emotion, children's emotional intelligence, and buffering children from mari-

期を超えて，対人関係における行動に影響を与えると考えられている⁴⁾．内的作業モデルは，時間を超えて比較的安定していると考えられているが，生活状況の変化に応じて柔軟に修正される．

ゴットマン（Gottman, J. M.）⁵⁾は，感情を管理する方略を大人が示範し，教えることを「情動コーチング」と呼んだ．とりわけ難しい場面で，オープンにプラスの情動を示すメンターは，プラスの情動を建設的に用いる過程を積極的に示範する．そうすることによって，親密さ，成長および学習の機会として，メンターは若者がマイナス経験にアプローチするのを助け，対処することを促進するのであろう⁶⁾．

メンターとのプラスの社会的－情動的経験は，他者と効果的に相互作用することを可能にするなどにも一般化できる（図18-1，パスc）．不満足な結びつきの歴史があったときでも，メンターは子どもや青年の他者に対する有益なつながりを形成し維持する能力へと，基礎的な移行を促進できる．全般的に健康な関係をもつ若者の間で，メンタリング関係は，改善されたコミュニケーションと情動の調整（emotional regulation）を促進することによって，日常の相互作用における困難を容易にしている．

認知発達：メンタリング関係は，同様に認知発達過程の範囲に影響を与えている（パスd）．子どもが発達するにつれて，情報処理，抽象的で相対的な思考，自己モニタリングといった基本的な認知過程の改善（向上）を経験する⁷⁾．

認知発達を促進する際，社会的サポートの役割に関する研究は，学習の社会的側面，とりわけメンタリングの役割における大人の潜在的な貢献を強調している．たとえば，教師との親密さの感情が，子どもや青年にとって，プラスの学業的適応に関連している．教師－生徒関係の知覚に一貫した協力関係があることは，生徒の動機づけ，学業的有能さと成績，学校への取り組み，学校の価値，行動的な適応を増大させるという結果が得られている⁸⁾．

同一性発達：メンタリング関係は，同一性発達も促進する（パスe）．子どもや青年が，メンターを同一視し，役割モデ

tal conflict. In C. D. Ryff & B. H. Singer（Eds.）, *Emotion, social relationships, and health*（Pp.23-39）, New York: Oxford University Press.

6) Denham, S. & Kochanoff, A. T.（2002）Parental contributions to preschoolers' understanding of emotion. *Marriage and Family Review*, 34, 311-343.

7) Steinberg, L.（2005）Cognitive and affective development in adolescence. *Trends in Cognitive Sciences*, 9, 69-74.

8) たとえば，以下参照. Reddy, R., Rhodes, J., & Mulhall, P.（2003）The influence of teacher support on student adjustment in the middle school years: A latent growth curve study. *Development and Pschopathology*, 15, 119-138.
Roeser, R. W. & Eccles, J. S.（1998）Adolescents' perceptions of middle school: Relation to longitudinal changes in academic and psychological adjustment. *Journal of Research on Adolescence*, 8, 123-158.

9) Cooley, C. H.（1902）*Human nature and social order*. New York:

ルとして見るようになるにしたがい，初期の内在化の変化（自己の同一性感覚と社会的役割における移行を引き起こす）が始まる．この過程は，クーリー（Cooley, C. H.）[9]が記述した**鏡に映った自己**（looking-glass self）と関連している．つまり，他者の自分に対する言動や態度を手がかりとして，自分という人間が他者にどう思われているかを推測し，それに基づいて「自分はどういう人間か」を理解する．

メンターの知覚されたプラスの評価が，メンティーの自己の感覚と一体となるにつれ，両親，仲間，教師，他者などが自分をどう見ているかを若者が考える方法を修正する．マーカス（Markus, H.）ら[10]の**可能自己**（possible self）という考え方がある．より一般的には，大人との関係は知識というかたち[11]で，あるいは若者をコミュニティの資源やレクリエーションのプログラムに参加させるというかたち[12]で，社会的ならびに文化的な資本を若者に提供できる．

両方向性の通り道（パスf）として，社会的－情動的，認知，同一性の過程は，時間を超えてお互いに調和して作用している．さらに，調整過程として，信頼と共感性，相互性に根ざしたメンタリング関係の強さとモデルの構成要素，若者とを結ぶ通り道（パスg）はともに，個人・家族・文脈的な影響の広い範囲で，条件づけられている．

そのほかに，子どもの対人歴として，両親との健全な関係を楽しんだ子どもと青年は，他の大人からも役割モデルや信頼できる人としての力を容易に引き出せる．そうした場合，スキルの獲得や批判的思考の進歩が見られる．最近の研究では，メンターとのプラスの影響は，母親との安定した関係が高い若者に強く見られるという報告がある[13]．

メンターとの関係は，メンティー一人ひとりによって，微妙に異なる．影響を受ける領域・分野によっても当然異なってくる．お互いの年齢や性別によっても異なるであろう．しかし，基本は最初に指摘したように相互性，信頼，共感性に根ざした人間関係にあるといえる． 〔二宮克美〕

【参考文献】
渡辺三枝子・平田史昭（2006）メンタリング入門 日経文庫

Scribner.

10) Markus, H. & Nurius, P.（1986）Possible selves. *American Psychologist*, 41, 954-969.

11) Dubas, J. S. & Snider, B.A.（1993）The role of community-based youth groups in enhancing learning and achievement through non-formal education. In R. M. Lerner（Ed.）, *Early adolescence: Perspectives on research, policy, and intervention*（Pp.150-174）, Hillsdale, NJ: Lawrence Erlbaum.

12) Darling, N., Hamilton, S. F., Toyokawa, T., & Matsuda, S.（2002）Naturally occurring mentoring in Japan and the United States: Social roles and correlates. *American Journal of Community Psychology*, 30, 245-270.

13) Soucy, N. & Larose, S.（2000）Attachment and control in family and mentoring contexts as determinants of adolescent adjustment at college. *Journal of Family Psychology*, 14, 125-143.

II-19 攻撃性

aggressiveness

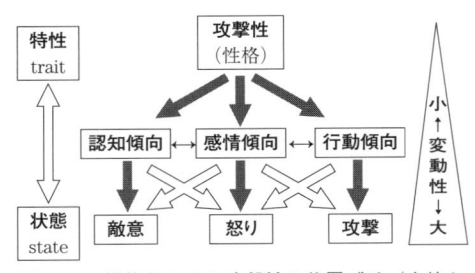

図19-1 性格としての攻撃性の位置づけ（山崎ら，2001を改変）[1]

攻撃性とは，認知面としての**敵意**（hostility），感情面としての**怒り**（anger），行動面としての**攻撃**（aggression）の総称である[1]．一般に，**攻撃行動**は，攻撃性と呼ばれる変動性の少ない特徴としてのパーソナリティの持ち主が示すものとして理解されているが[2]，さまざまな状況下で攻撃行動を選択する可能性は誰にでもある．湯川[3]によれば，攻撃行動とは，攻撃されることを意図しない相手に，攻撃しようと意図をもってなされる行動であるため，当該の行為の背景に意図が想定されて初めて成立する行動だという．

したがって，攻撃行動の前提となる意図とは，換言すれば，それを実行するに至るまでの認知にほかならない．他者に危害を加えようとする認知として敵意があげられるが，そもそも，いかなる認知的処理を経て攻撃が実行に移されるのかについては諸説ある．たとえば，クリック（Crick, N, R.）とダッジ（Dodge, K. A.）[4]は，**社会的情報処理**（social information processing）という枠組みを用いて，攻撃行動が選択されるまでの認知的なプロセスに言及している．このモデルでは，社会的な情報を処理して何らかの行動を実行するまでの間に6段階（手がかりの符号化 → その解釈 → 目的の明確化 → 反応の検索・構成 → 反応の決定 → 実行）が仮定されており，これらの段階のいずれか1つにでもバイアスや欠損が生じると不適応的な行動が生じると考えられている．中でも，攻撃に関連が深いとされているのが，第2段階「手がかりの解釈」の偏りである．この偏りは**敵意帰属バイアス**（hostile attribution bias）とも呼ばれ，自分が何らかの被害

1) 山崎勝之・坂井明子・曽我祥子・大芦治・島井哲志・大竹恵子（2001）小学生用攻撃性質問紙（HAQ-C）の下位尺度の再構成と攻撃性概念の構築 鳴門教育大学研究紀要 10, 1-10.

2) 池上知子・遠藤由美（2008）グラフィック社会心理学 第2版 サイエンス社

3) 湯川進太郎（2005）バイオレンス：攻撃と怒りの臨床社会心理学 北大路書房

4) Crick, N. R. & Dodge, K. A. (1994) A review and reformulation of social information processing mechanisms in children's social adjustment. *Psychological Bulletin*, 115, 74-101.

を受けたときに，加害者の意図が悪意によるものと解釈する傾向を示す．こうした傾向は，結果として怒りを喚起させ，仕返しとしての攻撃行動を誘発しやすいことが，子どもを対象とした研究で報告されている[5]．

一方，攻撃の開始を説明する上で，怒りや不満のように個人が主観的に経験している感情の役割を重視する考え方もある．攻撃のこうした内的要因を重視する観点について，古くは，ダラード（Dollard, J.）[6] らの**欲求不満－攻撃仮説**（frustration-aggression hypothesis）に遡ることができる．この説は，何らかの事態によって目標達成のために行動していたことが阻害されると欲求不満が生じ，それを低減ないし終結させるために攻撃が開始されるとみなすもので，後年，多くの研究をもたらす契機となった．たとえば，攻撃の開始を決定づける要因として，欲求不満だけではなく，当該の状況において攻撃できるかどうかの手がかり（武器など）の有無を重視する向きもある[7]．また，欲求不満の原因ではないものに攻撃の矛先が向かう**置き換えられた攻撃**（displaced aggression）の存在も，数々の研究から実証されている[8]．

これら一連の説明は，攻撃行動が個人の欲求不満に基づく怒りの発現とみなす考え方に通じる．しかし，たとえ同じ状況下に置かれたとしても，そこで等しく怒りが経験されるわけでない．ジルマン（Zillman, D.）[9] の**興奮（覚醒）転移理論**（excitation transfer theory）では，怒りの強さは，生理的興奮とそれを引き起こした手がかりのラベルづけ（認知）によって決定されるという．同じ状況に遭遇したとしても，手がかりをどのように捉えるかによって，怒りを感じたり感じなかったりするというわけである．そして，興奮の余韻がまったく無関係の挑発的な状況に直面した際にも転移し，攻撃行動をもたらす可能性を高めると考えられた．

ただし，怒りが必ず攻撃行動を引き起こすとは限らないのも周知の事実である．怒りに任せて暴力を振るうよりは，状況を考えて怒りを抑制したり，怒りが収束するまでじっと堪える方が，日常的な場面ではむしろ頻繁に経験されるだろう．怒りの鎮静化過程を検討した日比野と湯川[10] は，怒りが経

5) Dodge, K. A. & Coie, J. D. (1987) Social-information-processing factors in reactive and proactive aggression in children's peer groups. *Journal of Personality and Social Psychology*, 53, 1146-1158.

6) Dollard, J., Doob, L. W., Miller, N. E., Mowrer, O, H., & Sears, R. R. (1939) *Frustration and aggression*. New Haven, CT: Yale University Press.

7) Berkowitz, L. & LaPage, A. (1967) Weapons as aggression-eliciting stimuli. *Journal of Personality and Social Psychology*, 7, 202-207.

8) Marcus-Newhall, A., Pederson, W. C., Carlson, M., & Miller, N. (2000) Displaced aggression is alive and well: A meta-analytic review. *Journal of Personality and Social Psychology*, 78, 670-689.

9) Zillmann, D. (1979) *Hostility and aggression*. Hillsdale, NJ: Lawrence Erlbaum Associates.

10) 日比野桂・湯川進太郎（2004）怒りの鎮静化過程：感情・認知・行動の時系列的変

験された直後は，たしかに怒りが攻撃行動を促す効果がみられたものの，数日後になると，怒りそれ自体の影響力は乏しくなり，自らの怒りを高めてしまうような認知（肥大化）が攻撃につながると報告している．つまり，攻撃行動を引き起こす要因は，時間経過に伴い感情から認知へとシフトしていく可能性が考えられる．

これらの知見を踏まえるなら，攻撃行動の開始に関わる要因としては，認知と感情のいずれの影響も無視できないことになる．大渕[11]の**二過程モデル**では，何らかの対人葛藤状況におかれた場合，2種類の処理を通じて攻撃行動が選択されることが首尾よく説明されている．1つ目の処理は，不快な感情によって連想的・反射的に生み出される衝動的な経路であり，もう1つは，制御的な処理を経る目標志向的な経路である．一方，アンダーソン（Anderson, C. A.）とブッシュマン（Bushman, B. J.）[12]も，最終的に決定される攻撃行動を衝動的行為と熟慮的行為に分けた**攻撃の一般モデル**（General Aggression Model; GAM）を提唱している．このモデルでは，入力→経路→結果の3段階を経て攻撃行動が生じると仮定されている．入力には個人要因（パーソナリティや性別など）と，状況要因（欲求不満や認知的な手がかりなど）が存在し，これらが次に移行する．経路では，感情・認知・覚醒が相互に影響を与え合い，評価に基づいて最終的な結果（攻撃行動の実行）に至る．このモデルは，従来の理論で扱われてきた認知や感情などの諸要素を組み込んで攻撃を説明しうる理論として有力視されている[3]．

ところで，こうした攻撃の統一的なモデルは，一口に攻撃行動といってもさまざまなタイプがあることを念頭において考案されたものである．たとえば，二過程モデルにおける衝動的経路による攻撃とは，怒りによって自動的に生じるものであるのに対し，目標志向的な経路を介した攻撃とは，戦略的に選択される攻撃を指す．このような攻撃行動のサブタイプに関連して，**反応的攻撃**（reactive aggression）と**能動的攻撃**（proactive aggression）という分類が提案されている[13]．反応的攻撃とは，外からの不快な刺激に対して怒りを伴った

化　心理学研究 74, 521-530.

11) 大渕憲一（1993）人を傷つける心：攻撃性の社会心理学　サイエンス社

12) Anderson, C. A. & Bushman, B. J. (2002) Human Aggression. *Annual Review of Psychology*, 53, 27-51.

13) Crick, N. R. & Dodge, K. A. (1996) Social information-processing mechanisms in reactive and proactive aggression. *Child Development*, 67, 993-1002.

行動であり，欲求不満に反応して短絡的に生じる攻撃を意味するという点で，複雑な認知的な処理を介さない衝動的な行動とみなせる．

　一方，能動的攻撃とは，**道具的攻撃**（instrumental aggression）とも称されてきたもので，外的な報酬（金銭，地位など）を得るためや，何らかの負の事態（他人から不愉快な扱いを受けるなど）を取り除くための手段として行われる攻撃行動である[14]．攻撃行動の機能は，防衛，強制，制裁，印象操作の4つに大別されるが[11]，こうした特定の目的を東たすために粛々と実行に移された攻撃の大半は，怒りにまかせた突発的なものというより，まさに能動的攻撃の範疇にある行動と理解して差し支えないだろう．

　また，能動的攻撃の代表的なサブタイプとして，**関係性攻撃**（relational aggression）も注目されている．関係性攻撃とは，叩く，蹴るといった**顕在性攻撃**（overt aggression）とは異なり潜在的で表面化しにくいもので，目的を持った操作や仲間関係にダメージを与えることによって他者を傷つける行動である[15]．わが国で実施された**いじめ**（bullying）に関する大規模な調査[16]では，その被害にあった小中学生の6割近くが「無視・仲間はずれ」であったと回答していることから，関係性攻撃との重なりが看取できる．また，こうした類いのいじめは，中学生では女子に多いとの報告もある[17]．さらに，近年は，電子メールやWebサイトを用いて他者を傷つける行為である**ネットいじめ**（cyber bullying）との関連も取り沙汰されており，ネット使用時間が長いほど，男子中学生は関係性攻撃を行い，それを介してネットいじめの経験も増加するという[18]．攻撃行動の多様化は留まるところを知らないが，攻撃がもたらされるメカニズムは時代を超えて共通した部分もあるに違いない．攻撃性研究のさらなる進展と，その教育臨床的な応用が多いに期待される．　　〔澤田匡人〕

14) 濱口佳和（2001）子どもと攻撃行動：社会的情報処理の視点から　杉原一昭（監修）発達臨床心理学の最前線（Pp.162-171）教育出版

15) Crick, N. R. & Grotpeter, J. K. (1995) Relational aggression, gender, and social-psychological adjustment. *Child Development*, 66, 710-722.

16) 森田洋司・滝充・秦政春・星野周弘・若井彌一（1999）日本のいじめ：予防・対応に生かすデータ集　金子書房

17) 岡安孝弘・高山巌（2000）中学生におけるいじめ被害者および加害者の心理的ストレス　教育心理学研究 48, 410-421.

18) 内海しょか（2010）中学生のねっといじめ，いじめられ経験：親の統制に対する子どもの認知，および関係性攻撃との関連　教育心理学研究 58, 12-22

【参考文献】
大渕憲一（1993）人を傷つける心：攻撃性の社会心理学　サイエンス社
湯川進太郎（2005）バイオレンス：攻撃と怒りの臨床社会心理学　北大路書房
湯川進太郎（編）（2008）怒りの心理学　有斐閣

II-20 シャーデンフロイデ

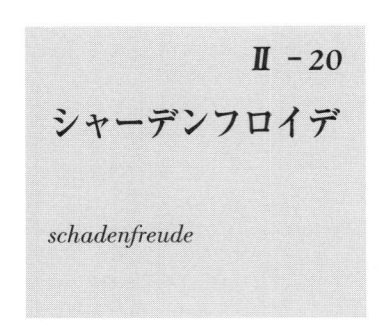

schadenfreude

シャーデンフロイデとは，他者の不幸を喜ぶ気持ちを表すドイツ語であり，日本語の"いい気味"や"様を見ろ（ざまをみろ）"に合致する．古くは，ドイツの哲学者ニーチェ（Nietzsche, F. W.）[1]が，この世の中に社会が成立して以来，シャーデンフロイデも存在していると述べていることからも看取できるように，シャーデンフロイデは，私たちにとってきわめて身近な感情といえる．

しかし，他者が何らかの不幸に見舞われたからといって，いつでも喜ぶわけではない．時と場合によっては，肩を落とす者に同情（sympathy）を禁じえないことも少なくない．ベン・ゼェヴ（Ben-Ze'ev, A.）[2]は，シャーデンフロイデが生じる状況の典型的な特徴として，(1) 他者の不幸が相応と知覚されている，(2) 他者の不幸が深刻ではない，(3) 他者の不幸に対して受動的である，という3点をあげている．

まず，不幸の相応さの知覚とは，不幸に見舞われた責任の所在が，当人である他者の行いに由来したものとみなされることに通じる．つまり，他者の不幸が自身の落ち度によるものならシャーデンフロイデが生じ得るが，逆に，責任のない不幸（不慮の事故など）ならば生じ難いというわけである．たとえば，小中学生を対象とした澤田[3]の調査では，クラスメイトがテストに失敗した理由が不可抗力（風邪を引いて寝込んでしまい勉強ができなかった）によるものだと同情されやすいのに対し，理由が当人の過失（怠けて勉強をしなかった）であったならば，シャーデンフロイデが経験されやす

図20-1 社会的比較に基づく感情 （Smith, 2000 [5]；澤田-2010 [6] による）

1) Nietzsche, F. W. (1880) *Wanderer und sein Schaetten.* 〔中島義生（訳）(1965) 漂泊者とその影　人間的，あまりに人間的 II：自由精神のための書　ニーチェ全集6 (Pp. 227-449) 理想社〕

2) Ben-Ze'ev, A. (2000) *The subtlety of emotions.* Cambridge: The MIT Press.

3) 澤田匡人（2003）他者の不幸に対する感情喚起における妬み感情と相応度の役割　日本発達心理学会第14回大会発表論文集, 56.

4) 佐伯直子・成田健一（2010）シャーデンフロイデ喚起の前提条件となるネガティブ感情について：不幸の深刻さ，不幸の起きた責

いことがわかっている．

　シャーデンフロイデは，相対的に小さな不幸に対して経験される点も指摘されている．たしかに，他者の不幸があまりにも深刻な場合（不治の病や死亡など），そうした出来事に対して喜びは経験されにくいだろう．事実，他者が何らかの不幸に陥った際に，その不幸の責任が他者にあり，かつ不幸の深刻さが小さい場合に，シャーデンフロイデが生じやすいことが，大学生を対象とした研究で確かめられている[4]．

　最後に，他者の不幸に対して受動的であるというのは，わざわざ相手を不幸に陥らせて喜ぶのではなく，不幸をたまたま見聞きして喜ぶことを意味している．したがって，シャーデンフロイデは，何らかの目的（欲求不満の低減，嫌いな相手を苦しめたいなど）を果たすために危害を加える**攻撃**（aggression）や，他者を苦しめる行為そのものに快楽を感じる**サディズム**（sadism）とは一線を画する．

　ところで，何らかの点で他者と自分とを比べる**社会的比較**（social comparison）を経て生じる感情の一種として，シャーデンフロイデをとらえる立場がある．スミス（Smith, R. H.）[5]は，社会的比較に基づく種々の感情について，他者に生じた出来事が自他にいかなる結果をもたらすかという観点から整理している（図20-1）．このモデルでは，他者が経験していると思しき感情が，自分の感情と類似していれば同化的，自分とは正反対の感情が経験されるのであれば対比的とされる．シャーデンフロイデは下方比較（downward comparison）によって生じる感情であり，他者が悲しみに暮れているであろう状況にもかかわらず，自分は喜んでいるという点で対比的といえる．また，当該の不幸が他者に望ましくない結果であると同時に，自分にとっては望ましい結果である点も意識されるという意味で，自他の両方への焦点化を通じて初めて経験される感情と位置づけられている．

　シャーデンフロイデの代表的な研究パラダイムとして，他者に対してあらかじめ抱かれていた特定の感情がシャーデンフロイデを促すことを実証しようとする試みがある．その中でも，とりわけ頻繁に取り上げられている感情が，**妬み**

任との関連より　日本パーソナリティ心理学会第19回大会発表論文集, 122.

5) Smith, R. H.（2000）Assimilative and contrastive emotional reactions to upward and downward social comparison. In J. Suls & L. Wheeler（Eds.）, *Handbook of social comparison: Theory and research*（Pp.173-200）, New York: Kluwer Academic/Plenum Publishers.

6) 澤田匡人（2010）妬みの発達　心理学評論 53, 110-123.

7) 澤田匡人（2009）妬みと嫉妬　有光興記・菊池章夫（編著）自己意識的感情の心理学（Pp.160-180）北大路書房

8) Smith, R. H., Turner, T. J., Garonzik, R., Leach, C. W., Urch-Druskat, V., & Weston, C. M.（1996）Envy and Schadenfreude. *Personality and Social Psychology Bulletin*, 22, 158-168.

(envy)である．妬みとは，自分よりも優れた他者の存在を知り，すなわち上方比較（upward comparison）を通じて，自分が「もたざる者」と意識することによって生じる自己意識的感情（self-conscious emotion）である[7]．妬みは，古くからシャーデンフロイデと表裏一体の感情と捉えられており，社会的比較に基づく12種類の感情の中でも，シャーデンフロイデから見て対極的な感情に位置づけられている[5]．こうした予測に違わず，スミス（Smith, R. H.）[8]らは，実験参加者に，明らかに妬みを抱かせるような架空の大学生が登場するVTRを見せた後，その学生が失敗するという情報を与える手続きを用いて，シャーデンフロイデの妬みによる促進効果を実証している．また，わが国でも，仮想場面を用いた調査を通じて同様の結果が得られている[9]．さらに，異性に対する妬みよりも同性に対する妬みの方がその効果が際立っていること[10]や，妬みからシャーデンフロイデに至る脳内機序についても明らかにされている[11]．

一方，妬みが必ずしもシャーデンフロイデを促進しないという向きもある．たとえば，敵意を含まない妬みは，シャーデンフロイデの喚起には何ら影響を与えず，むしろ，**嫌悪**（dislike）が抱かれるような人物（尊大で自己中心的な人物）に対してシャーデンフロイデが抱かれやすいとの報告がある[12]．また，リーチ（Leach, C. W.）とスピアーズ（Spears, R.）[13]は，タジフェル（Tajfel, H.）とターナー（Turner, J. C.）による社会的アイデンティティ理論（social identity theory）[14]を後ろ盾として，シャーデンフロイデを内集団（in-group）と外集団（out-group）の間で生じる感情とみなし，その喚起プロセスを検討している．大学間のクイズ大会における勝敗という架空の情報を用いた研究の結果，成功していた外集団の失敗（決勝にコマを進めた大学の敗退）に対するシャーデンフロイデを高める効果を持つ感情は，外集団に対する妬みや嫌悪ではなく，内集団に対する**劣等感**（inferiority）と，その苦痛に基づいた**怒り**（anger）であった．

そもそも，私たちはなぜ他者の不幸に心を弾ませてしまうのだろうか．この疑問を解き明かすための重要な鍵を握る概

9）澤田匡人（2008）シャーデンフロイデの喚起に及ぼす妬み感情と特性要因の影響：罪悪感，自尊感情，自己愛に着目して 感情心理学研究 16, 36-48.

10）Van Dijk, W. W., Ouwerkerk, J. W., Goslinga, S., Nieweg, M., & Gallucci, M. (2006) When people fall from grace: Reconsidering the role of envy and Schadenfreude. *Emotion*, 6, 156-160.

11）Takahashi, H., Kato, M., Matsuura, M., Suhara, T. & Okubo, Y. (2009) When your gain is my pain and your pain is my gain: Neural correlates of envy and schadenfreude. *Science*, 323, 937-939.

12）Hareli, S. & Weiner, B. (2002) Dislike and envy as antecedents of pleasure at another's misfortune. *Motivation and Emotion*, 26, 257-277.

13）Leach, C. W. & Spears, R. (2008) "A vengefulness of the impotent": The pain od in-group inferiority and schadenfreude toward successful out-groups. *Journal of Personality and Social Psychology*, 95, 1383-1396.

念として，他者に対する**復讐心**（vengeance）の存在が想定されている[13]．シンガー（Singer, T.）ら[15]は，実験室内で実施されたマネーゲームにおいて不公正なやり取りをした他者（サクラ）が電気ショックを受けて苦しんでいる場面を，当該のマネーゲームで不利益を被った実験参加者が観察している際の脳内活動をfMRIで測定した．すると，女性では同情を司る部位が活発であったのに対し，男性では報酬系の活動が高まることがわかった．しかも，男性の方が他者に対して仕返しを望む度合いも高かったのだ．したがって，自分に不利益をなした他者に降りかかる不幸は快楽の呼び水となり，その傾向は男性に特徴的と推察できる．澤田と葉山[16]は，シャーデンフロイデの喚起にパーソナリティとしての復讐心が果たす役割とその性差について，男性は復讐への志向がシャーデンフロイデにつながりやすいのに対して，女性の復讐心は，妬みにも分散され，男性のようにシャーデンフロイデのみに直結するものではないことを示した．

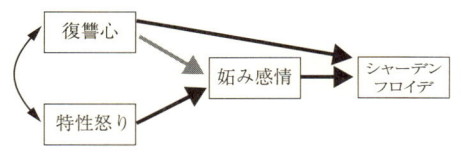

図20-2　復讐心からシャーデンフロイデの喚起に至る因果モデル（澤田・葉山，2009）[16]

シャーデンフロイデは，「平等性の勝利と回復についての最も卑俗な表現」[1]とも言われている．何らかの不公正や不平等に不満を感じていた者にとって，他者が不幸に見舞われると消極的なかたちで復讐が果たされることになり，その結果として喜びがもたらされる，というわけである．シャーデンフロイデに関する実証研究はまだ少ないが，こうした機能面も含めたメカニズムの解明が待たれる．　〔澤田匡人〕

【参考文献】
有光興起・菊池章夫（編）（2009）自己意識的感情の心理学　北大路書房
澤田匡人（2006）子どもの妬み感情とその対処：感情心理学からのアプローチ　新曜社

14) Tajfel. H. & Turner, J. C. (1979) An integrative theory of intergroup conflict. In W. G. Austin & S. Worshel (Eds.), *The social psychology of intergroup relations* (Pp.33-47), Monterey, CA; Brooks/Cole.

15) Singer, T., Seymour, B., O'Doherty, J. P., Stephan, K. E., Dolan, R. J., & Firth, C. D. (2006) Empathic neural responses are modulated by the perceived fairness of others. *Nature*, 439, 466-469.

16) 澤田匡人・葉山大地（2009）シャーデンフロイデの喚起における復讐心と特性怒りの役割　日本パーソナリティ心理学会第18回大会発表論文集, 212-213.（図20-2参照）

II-21 恥
shame

　他者から注目されたり評価されたりするとき，人は緊張や恥ずかしさを覚える．バス (Buss, A. H.)[1] はこれらを**対人不安** (social anxiety) と呼び，**公的自己** (public self：他者から観察可能な自己) への注意喚起に伴って生じる感覚として位置づけた．対人不安は，短期的に見ると不快な経験であるものの，長期的に見ると，社会適応を支える重要な役割を果たしている．バウマイスター (Baumeister, R. F.) とタイス (Tice, D. M.)[2] によれば，私たちの祖先は，他者と協調することで食料や安全を確保し生き延びてきたという．そうした種族の末裔である現代人も集団に所属しようとする形質を受け継いでいる．これを，**所属の要求** (need to belong) と呼ぶ．もちろん，現代においても人々は社会の分業生産システムによって提供される多くの資源に頼っており，社会への依存体質はますます強まっていると言ってよい．「社会」とは過去も現在も私たち人間が生き延びてゆくための最も有効なツールなのである．それゆえ，所属集団から**排斥** (rejection) されることは，個人の生活維持にとって大きなダメージとなる．所属の要求を満たすため，個人は社会から排斥されないよう自らの行動をコントロールしなければならないが，一旦その努力が破綻しかけると，公的な自己に注意が向かい，不適切な自己像の修復が図られる．対人不安はこうした危機的状況を知らせる早期警戒情報として機能する．このように，対人不安とは，社会から個人が排斥されることへの生得的な警戒反応であると言えそうである．

　対人不安は，大勢の聴衆や目上の他者を前にした場合などでの**緊張感**や**あがり**（狭義の対人不安）と，駅のホームで転

1) Buss, A. H. (1980) *Self-consciousness and social anxiety.* San Francisco: Freeman.

2) Baumeister, R. F. & Tice, D. M. (1990) Anxiety and social exclusion. *Journal of Social and Clinical Psychology,* 9 (2), 165-195.

倒するなど，何らかの失態に対して覚える**恥の意識**とに大別できる．緊張やあがりの意識が，今後，失態を演じる可能性への漠然とした不安感であるとすれば，恥の意識はすでに起きてしまった失態か，あるいは，その失態場面を明確に想像（シミュレート）した場合に生じる反応といえる．別な言い方をすれば，恥が現実の危機への「赤信号」であるのに対し，緊張は赤信号への予期，すなわち，「黄色信号」ととらえることもできる．

恥のメカニズム

恥の意識は，どのような要因によって引き起こされるのであろうか．菅原[3]はその重要な要因として，他者から期待される役割やイメージからの逸脱をあげている．ある個人が他者から受容されるためには，その他者に何らかの利益を提供できるか，あるいは，少なくとも，不利益をもたらさないことが必要である．この場合の利益とは，金銭的，物質的なものだけでなく，一緒にいて楽しいといった情緒的なものも含む．そうした期待や信頼感が対人関係のベースとなる．したがって，他者の期待を裏切る何らかの行為は他者からの感情的反発を引き出し，場合によっては排斥を受けることにもなる．

このような**社会的苦境場面**（social predicament）に自己が置かれていると認知したとき，恥の意識が喚起され，批判を受けるリスクのある行動を中断したり，傷ついた自己イメージを修復するための**救済戦略**（remedial strategy）が発動されたりする．メッツ（Metts, S.）とキューパ（Cupach, W. R.）[4]によると，人々は救済のための共通の方法として，謝罪，言い訳，正当化，回避，逃避，矯正，攻撃，ユーモアを使い分けている．すなわち，失態を演じてしまったとき，人は謝り，意図的ではなかったと言い訳をし，自分に責任がないことを主張し，何事もなかったように振る舞い，その場から逃げ出し，相手の不利益を償い，人のせいにして文句を言い，冗談めかして笑い飛ばすというわけである．

期待からの逸脱が羞恥の要因になると考えると，他者から褒められた時にも人は恥ずかしさを覚えるという現象をうまく説明できる．期待と現実にギャップが生じるのは，現実の

[3] 菅原健介（1998）人はなぜ恥ずかしがるのか：羞恥と自己イメージの社会心理学 サイエンス社

[4] Metts, S. & Cupach, W. R.（1989）Situational influence on use the use of remedial strategies in embarrassing predicaments. *Communication Monographs*, 56, 151-162.

行動のコントロールに失敗した場合だけではない．他者の期待の方が現実を超えて高まった場合にも同様のズレが生じる．つまり，高すぎる期待をかけられたときにも，個人はその期待を裏切ってしまうリスクを抱えることになる．褒められることは自尊心を高揚させるので快感情が喚起されるものの，同時に，信頼喪失を予期して恥の意識が高まることになる．それゆえ，過剰な賞賛を受けた場合，個人は対処行動としてそれを否定するような言動を行うことになる．個人が所属集団の中で自己の居場所や地位を維持することを考えれば，自分に相応の期待を抱かせることが重要ということになる．恥という感情は，こうした微妙な対人関係のバランスをとる役割も担っている．

恥と罪悪感

恥と罪悪感は社会的行動に影響を与える感情として，しばしば比較される．英語でいうと前者は shame，後者は guilt に対応するが，ベネディクト（Benedict, R.）[5]は，このふたつの感情と文化との関係性を指摘し，行動制御の基準が個人の良心に基づく文化を**罪の文化**（guilt culture），他者からの批判や評価に基づく文化を**恥の文化**（shame culture）と呼び，欧米は前者であるのに対し，日本は後者に属すると指摘している．

近年，この罪悪感と恥の適応的機能を比較する研究が盛んに行われるようになった．その第一人者が，タングニー（Tangney, J. P.）[6]である．彼女は TOSCA（Test of Self-Conscious Affect）と呼ばれる尺度を開発し，同じ状況において shame を感じやすい人と，guilt を感じやすい人とを比較する一連の研究を行っている．その結果，shame を感じやすい人は他人に責任を転嫁し，敵意などを示しやすいが，guilt を感じやすい人は，自分自身で責任を負い，怒りを抑え，謝罪や償いなどの行動を起こしやすいことを示している．guilt は自己の「行為」に対して起きる感情であるのに対して，shame の方は「自己」そのものが脅威にさらされるために，防衛的，攻撃的な反応が生じやすいという．

しかし，これが事実なら，恥の文化に住む日本人は，欧米

[5] Benedict, R. F. (1946) *The chrysanthemum and sword: Patterns of Japanese culture.* Boston: Houghton Mifflin. 〔長谷川松治（訳）(1967) 菊と刀 社会思想社〕

[6] Tangney, J. P. (1993) Shame and guilt. In C. G. Costello (Ed.), *Symptoms of depression* (Pp.161-180), New York: Wiley.

人よりも無責任で攻撃的という理屈にもなってしまう．shameと恥が本当に一致する概念なのか，また，日本はどのような意味で恥の文化であると言えるのかなど，検証すべき問題は多い．最近，日本においても，公共場面で，他者の迷惑をかえりみない身勝手な行為が増えていることも指摘されている．菅原[7]はこれを社会構造の転換という視点から考察を試みている．

　公共場面での迷惑行為を日本人の恥の意識の低下として評論するマスメディアは多いが，菅原は社会構造の変化という視点から考察を試みている．一般に，何らかの失態を演じた時に感じる恥の程度は，その現場を目撃した他者との親密度との間に逆U字型の関係が認められる[8]．つまり，見られて恥ずかしい相手は，親しい「ミウチ」や見知らぬ「タニン」ではなく，顔見知り程度の中間的に親しい他者ということになる．伝統的な日本社会では，この中間的他者を「セケン」と呼ばれる地域的共同体が担ってきた．それゆえ，駅前やその延長線上にある車内などの公共場面は「セケン」の一部であり，「誰の目があるか分からない空間」として，人々は行動に注意を払っていた．しかし，都市化等の影響で「セケン」の機能が低下したことで，公共空間は「タニン」との関係の場に置き換わっていった．それゆえ，恥の意識による自己制御が働きにくくなり，その分，身勝手な行為が増加したものと考えられる．変化したのは対人関係の構造であり，「旅の恥はかき捨て」という諺が示してきたような，「タニン」の前では恥を感じないという日本人的な特徴自体は変化していないと言える．

　このように，社会構造と恥の意識とは密接な関係を持っており，個人内の心理過程だけでは解けない問題も多い．文化と感情をめぐる問題はまだまだ研究の余地が残されている．

〔菅原健介〕

7) 菅原健介（2005）羞恥心はどこへ消えた？　光文社新書

8) 佐々木淳・菅原健介・丹野義彦（2005）羞恥心と心理的距離との逆U字的関係の成因に関する研究　心理学研究　76, 5, 445-452.

【参考文献】
菅原健介（2005）羞恥心はどこへ消えた？　光文社新書

II-22 傍観者効果

bystander effect

　心理学の研究は犯罪・非行と病理行動の研究が先行していた．犯罪や非行と心の病気を無くすことができれば，世の中は良くなると考えていたからである．ところが，キティー・ジェノヴィーズ事件[1]などの突発的な緊急事件で多数の目撃者がいながら，誰一人として警察に通報もせず傍観していたことで，この希望は無残にも打ち砕かれた．以来，社会心理学の研究テーマは，社会のルールを守り育て，他者に積極的にサービスするなどの**援助行動**（helping behavior）と，その抑制要因の研究へとシフトすることになった．この事件の衝撃性は，「目撃者は，1人よりも，多数いた方が援助される確率が高くなるはずだ」との素朴な常識が否定され，「都会生活者は，かくも隣人に対して無関心で冷淡なのか？」という現実が突きつけられたことにある．

　この事件をきっかけとして，ラタネ（Latane, B.）とダーリー（Darley, J. M.）という2人の社会心理学者が援助行動とその抑制要因としての**傍観者効果**について，一連の研究を開始した[2]．この研究は，ミルグラム（Milgram, S.）の**権威に対する服従**の心理と共に，一般の人たちに社会心理学の研究に興味を持たせるきっかけとなった．

　ラタネらの研究は，まず，非緊急事態における助け合いをテーマに，ニューヨーク市街でのフィールド実験から始めた．学生たちは，道行く人に「時間を教えてください」，「タイムズ・スクエアへの道順を教えてください」，「25セントをくずしてください」などのお願いをした．その結果，ほんの一寸したことを頼むだけなら，学生たちはみんな成功した．ニューヨークの住人たちは，見知らぬ他人の依頼に喜んで答え

1）キティー・ジェノヴィーズ事件とは1964年ニューヨークで起こった婦女暴行事件．38人の目撃者があり，最初の叫び声から殺されるまでに30分の時間があったが，誰ひとり警察に通報した人がいなかった．都市住人の冷淡な傍観者研究をスタートさせた．

2）ラタネ, B.・ダーリー, J. M.／竹村研一・杉崎和子（訳）(2004) 新装版 冷淡な傍観者：思いやりの社会心理学　ブレーン出版

ようとする姿勢を持っていた．しかし続いての研究から，人々はちょっとした状況の違いによって，援助の有無が著しく左右されることも分かった．

そこで，緊急事態についての実験を開始した．たとえば，潜在的危険をはらんだ場面として，部屋に次第に煙が充満してくる場面で，自分1人の場合と，他者と一緒の場合，3人居る場合などが比較された．その結果は図22-1のようになった．

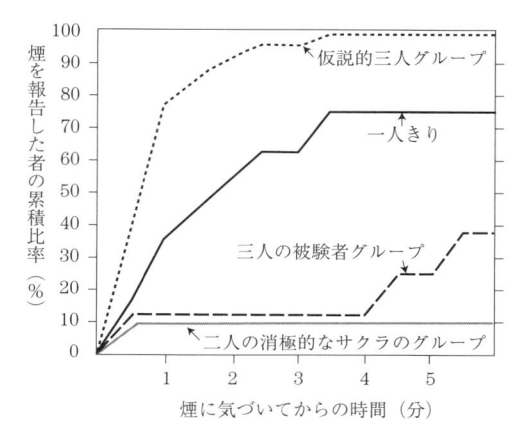

図22-1 時間経過と共に煙を報告した人またはグループの累積比率

被験者が1人きりの場合は，半数以上の被験者が煙に気づいてから2分以内に誰かに報告した．ところが，煙が出だすとチラッと目を上げて気づいた様子を示し，肩をすくめてみせ，また質問紙に戻る消極的なサクラと同席した被験者は，たった1人が煙を報告しただけで，残りの9人は手で煙を払いながらけんめいに質問紙に書き続けた．この結果は，一般の解釈と異なり，他人の存在は人助けしようとする衝動を抑制するだけでなく，他者をジロジロ見たりしないで，冷静に，格好良く，平穏な行動を装うように影響する．これらを傍観者効果と名づけた．

他人が周りにいるときは，緊急事態に気づきにくいことが分かったので，さらに，被験者間の相互作用をなくして実験した．個人的な問題で参加者が互いに気まずくならないためにとのカバー・ストーリー[3]を用いて，マイクを通しての討論の最中に，サクラの学生の一人がてんかんに似た神経発作を引き起こす場面を設定した．その結果，異常を知らせたのは自分だけが発作を聞いたと思った被験者の85％に対して，他に4人の傍観者がいると思った被験者は31％に止まった．

これら12の実験結果から，ラタネらは介入決定には，何かが起こっているとの「気づき」— その事態が急を要する

3) 被験者が実験内容を知ってしまうと，正しい結果が得られない場合に伝えられる，本当の目的とは異なる実験目的のこと．実験終了後に，本当の目的を告げて了解をとる，デブリーフィングが義務づけられている．

との「判断」—自分がそれに対処する個人的「責任」があるとの決定—援助を遂行する「能力」からなるプロセス仮説を提唱し，仮説は立証されたとしている．すなわち，被験者がグループの中にいるときは，一人だけの場合に比べて，(1) 緊急事態に気づくのが遅れ，(2) 潜在的な緊急事態について楽観しがちになる．さらに，(3) 介入を適切な行為と判断する可能性が減り，自分だけが被害者の苦痛を知っているときに比べ，(4) 個人的責任を取る度合いが少なくなるなどが生じ，**責任の分散**によって説明している．

キティー・ジェノヴィーズ事件のようなショッキングな出来事は，都市生活者の冷淡・無関心や社会的疎外のような遠因ないし個人特性で説明するのは場当たり的であり，緊急事態での個人的反応に影響を及ぼすのは種々の状況的要因，それもその場の社会環境的要因であり，傍観者と被害者の関係よりも，傍観者相互の関係に直接的原因があるとしている．ラタネらは残された課題として，(1) 人は周囲から影響を受けていることを否定し，そのような事実にまったく気づいていない．(2) 同じ状況にあって，援助する人としない人の個人差については，いろいろな性格特性が介入過程の諸段階で相反する方向に働くからではないか．(3) その場所を熟知していること（親近性）や，その場を安全に保つことが自分の身の安全につながる場合に，援助の可能性も増大する．(4) 被害者に対する気づかいから介入したくないと表明する被験者がいる．すなわち，援助の申し出が犠牲者の問題処理能力への疑問の表明となり，大きなお世話につながりかねない，などを指摘している．

ラタネらの研究成果はそのまま現代でも通用するが，その後の展開として，ソーシャル・サポートとボランティア活動を取り上げる．**ソーシャル・サポート**とは，ある人を取り巻く，家族，友人，地域社会，専門家，同僚などから受ける様々な形の援助を指し，サポートを受けているとの認知が心身の健康維持・促進につながるとされ，活発に研究されている．ソーシャル・サポートには，癒しや励ましを与える情緒的支援，情報や手段を提供する道具的支援などがあり，どの

ような対象からどんなサポートが得られているかについてのソーシャルネットワークを図式的にとらえ，**コンボイ（護衛艦）モデル**で説明している．つまり人は各自をとりまくさまざまな人の支え・援助があってこそ健康に生活していけることを意味している．また，援助行動研究の発展として，**ボランティア活動**が考えられる．阪神・淡路大震災で活躍した災害ボランティアが日本にボランティア活動を根付かせたとされているが，ボランティア活動は他者のためになるとの援助効果に止まらず，援助者自身の自己啓発や自己実現にもなり，これは援助成果として認識されつつある[4]．ここで強調されているのは，一過的な対人関係を実験的仮想的に作り出しての研究ではなく，継続的な人間関係において日常的にやりとりされる援助行動や文脈をより重視したアプローチが必要との指摘である．援助成果尺度の因子分析は，「愛他的精神の高揚」「人間関係の広がり」「人生への意欲喚起」の3因子を抽出しているが，これらの因子は対人関係やコミュニケーションに関わる要因であり，被害者（被援助者）と援助者ではなく，日常的には役割の入れ替わりがあり，「お互いさま」として，双方向で考えることが強調されている．

最近，**いじめ**の研究において傍観者が取り上げられることが多い．いじめは加害者と被害者の周りで，いじめを面白がって見ている観衆と見て見ぬふりをする傍観者の4層構造でいじめ集団をとらえて，内在化された社会的規範や攻撃行動の抑止力の低下が，従来なら仲裁者を生みだすはずの傍観者層が抑止効果を持ち得なくなったことに，いじめ現象の特殊性と深刻化の原因を求めようとしているようだ[5]．いじめに受容的な学級では，特に傍観者層の生徒がいじめを活性化させる役割を担っているとの指摘があり，別な形で，再度，傍観者効果に焦点が当てられている． 〔杉山憲司〕

4) 妹尾香織・高木修（2003）援助行動が援助者自身に与える効果 社会心理学研究，18，106-118．

5) この弁解スタイルは非行の中和の技術とよばれている．（マッツア／非行理論研究会（訳）1986『漂流する少年』成文堂

参考文献

ラタネ，B．・ダーリー，J．M．／竹村研一・杉崎和子（訳）（2004）新装版 冷淡な傍観者：思いやりの社会心理学 ブレーン出版

高木修（監修）／西川政之（編著）（2000）援助とサポートの社会心理学：助けあう人間のこころと行動 北大路書房

II－23
社会的迷惑行動

public thoughtless behavior

社会規範と社会的迷惑行動

　社会を安全かつ平和に維持している根幹にあるものは，法律である．しかし，日常的な社会行動を円滑に進めているのは，法律とは別の**社会規範**（social norm）[1]である．いわゆるマナー，エチケット，公衆道徳と呼ばれるような行動の「範」を示すものである．こうした社会規範が大きく揺らぎ，社会の中で共有されなくなると，他者の行動から不快感やストレスを喚起させられたりする人が多くなる．これが迷惑認知の増加現象である．一方，地べタリアン，車内での座席幅占め，駅前での迷惑駐輪などをする人たちは，無意図的な場合が多く，他人に迷惑をかけているという認識を持っていない．つまり，迷惑行動をする人と迷惑を認知する人の間に「社会規範のズレ」が起きている．

　このように，行為者が自己の欲求充足を第一に考えて，他者に不快な感情を生起させるような社会的迷惑行動が増加する理由としては，2つ考えられる．1つは，共同体社会の崩壊と生活空間の拡大により，相互監視システムが機能しなくなったことである．顔見知りが中心の社会では，社会規範からの**逸脱行動**は必然的に抑制されていたのである．もう1つは，情報化社会への移行により，価値観の多様化が進み，個人の価値判断が優先される社会になったことである．ところが，その価値判断のルールを決める社会的コンセンサスは形成されていない．前者の見方は，共通の社会的規範は存在するが，それが簡単に守られるような社会ではなくなっているという立場であり，後者は，新しい共通の社会規範は存在しないという立場になる．現在の状況は，両者が混在している

1) チャルディーニらは，社会規範を社会や集団の価値観を反映する命令的規範（injunctive norm）と，周囲の多数者が行う記述的規範（descriptive norm）に分けて捉えている．Cialdini, R. B., Kallgren, C. A., & Reno, R. R. (1991) A focus theory of normative conduct: A theoretical refinement and reevaluation of the role of norms in human behavior. In M. P. Zanna (Ed.), *Advances in experimental social psychology*. Vol.24 (Pp.201-234), New York: Academic Press.

過渡的な社会と考えられる[2]．

しかしながら，ロス（Ross, L.）ら[3] が述べている**フォールス・コンセンサス効果**（false consensusu effect）[3]と同じように，他者の行動を迷惑だと認知している人たちは，そうと感じていない人たちよりも当該行動を迷惑だと感じている人たちの割合を高く推定することが知られている[4]．このことは，迷惑が個人的な認知の問題ではなく，**社会的な合意性**を根拠に行われていることを示すものである．

社会的迷惑行動の発生

「車内飲食や車内化粧などは，恥ずかしくてできない．そんなことを平気でできる今の若者は，羞恥心を持っていないのではないか」という素朴な疑問を，大人たちは持っている．こうした疑問に対し，菅原[5]は若者の恥意識と社会的迷惑行動の関係を考察している．**ミウチ**のように親密な他者の前では，どのような行動をしても自分の評価に大きく影響しないので恥の意識は起きない．また，見知らぬ他者である**タニン**の前でも，その評価を気にする必要はないので，やはり**羞恥心**は起きにくい．一番起きやすいのは，中間的な親密さの他者である**セケン**である．ところが，地域社会が崩壊し，その延長線上にあった公共場面も「タニン」化し，「セケン」の常識は通用しなくなる．「せまいセケン」の常識しかもたない若者は，「タニンが住むセケン」で「ジブン本位」の行動基準で振る舞うため，大人たちには社会的迷惑行動として映ることになる．

一方，社会的迷惑行動や逸脱行動を行為者の側から考える立場もある．原田[6]らは，脳科学的基盤が仮定された**気質レベルの自己制御**[7] より，成長過程で形成される**能力レベルの自己制御**[8]の方が，社会的場面で生起する迷惑行動や逸脱行動に与える影響が大きいことを実証した．吉澤・吉田[9]は，逸脱行動の生起過程における**社会的情報処理モデル**を提唱している．このモデルでは，個人が持つ**社会的ルールの知識構造 → 認知的歪み → 逸脱行動への態度**といった因果方向で，逸脱行動の実行がなされることを説明している．

さらに，社会的状況の解釈が迷惑行動を引き起こすという

---

2) 吉田俊和・安藤直樹・元吉忠寛他6名（1999）社会的迷惑に関する研究（1）名古屋大学教育学部紀要（心理学），46, 53-71.

3) Ross, L., Greene, D., & House, P.（1977）The false consensus effect: An egocentric bias in social perception and attribution processes. *Journal of Experimental Social Psychology*, 13, 279-301.

4) 石田靖彦・吉田俊和ほか（2000）社会的迷惑に関する研究（2）名古屋大学大学院教育発達科学研究科紀要（心理発達科学），47, 25-33.

5) 菅原健介（2005）羞恥心はどこへ消えた？ 光文社

6) 原田知佳・吉澤寛之・吉田俊和（2009）自己制御が社会的迷惑行為および逸脱行為に及ぼす影響：気質レベルと能力レベルからの検討　実験社会心理学研究 48, 122-136.

7) 行動抑制システム（behavioral inhibition system: BIS）と行動接近システム（behavior approach system: BAS）という2つの動機づけシステムの存在，両者を調整する実行注意制御（effortful

研究もある．たとえば，北折・吉田[10,11]は，大学構内の不法駐輪，歩行者の赤信号無視などは，**記述的規範**（状況における適切な行動は周囲の他者によってもたらされる）によって増幅され，迷惑行動が常態化されることを実証した．地域の荒れた状況が迷惑行為や犯罪行為を引き起こしやすくするという**割れ窓理論**[12]は，こうした現象の延長線上にある．また，出口・吉田[13]は，授業中の私語は，2つの**命令的規範**が存在（授業中は静かにする vs. 友だちから話しかけられたら応える）したとき，どちらに重きをおくかによって，発生が異なることを実証した．このほか，中島・吉田[14]では，何者かによる迷惑行動（雨傘の被搾取）の被害者になることが，別の場面で第三者に対して迷惑行動意図を高める（雨傘の搾取）かが検討された．研究の命題は，**社会的公正**が損なわれたとき，迷惑行動の負の連鎖を引き起こしてでも，人は自らの**心理的衡平性**を回復しようとするかである．結果的には，意図の増加は見られなかったが，集団内での連鎖行動の可能性について言及された．

社会的迷惑行動の抑制

吉田ら[15]は，家庭や地域の教育力がなくなってきた現在の社会状況では，学校教育が子どもの社会性を醸成する役割を担う必要のあることを指摘した．そのため，「人の行動の仕組み」「対人関係」「集団や社会」に関して得られた社会心理学的な知見を，体験的に学ばせる授業プログラムを開発した．「ソーシャルライフ」と名づけられたこの授業は，人間や社会について考える能力を刺激し，**社会的コンピテンス**（対人関係能力，集団や社会への自律的適応力）や**社会志向性**を高めることによって，社会的迷惑行動の抑制を意図している．

なぜ，「考える能力を刺激する」ことが必要なのかというと，日常生活で人と人との間で起きるさまざまな出来事に対する対処法に1つだけの正解があるわけではないからである．できるだけお互いが満足できるような行動を心がけるよりほかに，解決のしようがない．人間の行動のしくみ，対人関係，集団や社会に関する身近な題材について，体験的に考える習慣づけを行うことは，多様な状況における自分の行動

control: EC）の存在が提唱されている．

8) 社会的自己制御（Social Self-Regulation: SSR）の概念．

9) 吉澤寛之・吉田俊和（2004）社会的ルールの知識構造から予測される社会的逸脱行為傾向 社会心理学研究 20, 106-123.

10) 北折充隆・吉田俊和（2000）違反抑止メッセージが社会規範からの逸脱行動に及ぼす影響について 実験社会心理学研究 40, 28-37.

11) 北折充隆・吉田俊和（2000）記述的規範が歩行者の信号無視行動に及ぼす影響 社会心理学研究 16, 73-82.

12) Wilson, J. Q. & Keling, G. L. (1982) Broken windows: The police and neighborhood safety. *Atlantic Monthly*, 127, 29-38.

13) 出口拓彦・吉田俊和（2005）大学の授業における私語の頻度と規範意識・個人特性との関連 社会心理学研究 21, 160-169.

14) 中島誠・吉田俊和（2008）日常生活における第三者を介した資源の衡平性回復行動 社会心理学研究 24,

の影響を，的確に判断できる能力を養うことにもなる．

文脈は異なるが，油尾・吉田[16]は，**説得的なコミュニケーション**によるメッセージとして，「いつも○○していただき，ありがとうございます」という感謝メッセージを使用することにより，依頼者と行為者の間に**好意の互恵性**が喚起され，他の説得的メッセージより，行為者の迷惑行動を効果的に抑制できることを示唆している．

社会的迷惑行動の変遷

社会に新しい技術や道具が登場すると[17]，必ず公共の場における使用のマナーが問題とされ始める．森・石田[18]は，携帯電話の普及期である1990年代を取り上げ，携帯電話使用に関するマナーがどのような**規範形成過程**を辿っていったかを，新聞報道量と記事の内容から分析した．報道量に関する最初のピークは，1996年前後で，新しいコミュニケーション媒体としての携帯電話を，社会がどのように対処すべきかを模索する時期であった．つまり，公共の場である車内において，携帯電話をどのように使用するかの妥当性をめぐっての議論であった．第二のピークは1999年ころであり，携帯電話が普及期を過ぎ，データ通信利用など利用形態が多様化した時期である．この時期になると，「車内での通話はダメでも，メールはOK」という社会規範が新たに誕生してきた．この間，ペースメーカーを装着した人への電磁波による影響なども付加的に議論され，鉄道会社の携帯電話使用への対応も確定しなかった．携帯電話と同様に，新しい技術や行動様式が，同じ生活空間を共有する人々に共通の理解を得られるまでには，根気強いコミュニケーションが不可欠となる．そして，共通理解が得られたとしても，技術革新や利用形態の変化により，人々は，さらなる共通理解の形成を覚悟しなければならないことを銘記しなければならない．

〔吉田俊和〕

98-107.

15) 吉田俊和・小川一美・出口拓彦他5名（2000）「社会志向性」と「社会的コンピテンス」を教育する　名古屋大学大学院教育発達科学研究科紀要（心理発達科学），47, 301-315.

16) 油尾聡子・吉田俊和（2009）迷惑防止メッセージと記述的規範が社会的迷惑行為と感情に及ぼす効果　応用心理学研究 34, 155-165.

17) 古くは自動車から，最近では携帯音楽プレイヤー等がある．

18) 森久美子・石田靖彦（2001）迷惑の生成と受容に関する基礎的研究　愛知淑徳大学論集（コミュニケーション学部篇），創刊号, 77-92.

【参考文献】

吉田俊和・廣岡秀一・斎藤和志（編著）(2005) 学校教育で育む「豊かな人間関係と社会性」：心理学を活用した新しい授業例 Part 2　明治図書

吉田俊和・斎藤和志・北折充隆（編著）(2009) 社会的迷惑の心理学　ナカニシヤ出版

II-24
関係の崩壊

breakup of relationships

　二者の結びつきを作っていくには，両者が参加しなければならないが，関係を壊すには一方の行為や決定だけでいい．離婚などの別れだけではなく，死による終わりもある．たとえば，離婚でも，個人的な順応性のまずさによる場合と環境や互いに処理しなければならない両者間の条件整備の不適切さによるものとがある．すなわち，関係を展開していく際に築き上げられてきた個人と環境の要因間の連携が決裂することである．決裂に直面した人は，パートナーとの間に固く結ばれた連携を再構成しなおさなければならず，また，古い関係に変わる新しい関係を構築しなおさなければならないという大きなリスクを抱える．

崩壊の要因とプロセス

　関係の発展についての研究に比べて，崩壊のプロセスについての研究は少ない．しかし，特にアメリカでは離婚や結婚しない同居生活は今日では一般的なこととなり，**関係の崩壊**にまつわる心理的な変化や不適応に多くの関心が集まってきている．

　シンプソン（Simpson, J. A.）[1]は，大学生を対象として3ヶ月後も関係持続の群と崩壊群についての追跡調査を行っている．既有の相手との関係についての満足度，関係の長さ，性経験，他のデート相手に比較しての望ましさと他の相手ができる容易さ，関係の排他性，自己モニタリング傾向，性的関係への指向性などを説明要因として検討し，これらが関係の持続に有意に関連していたが，特に，満足度，長さ，性経験，関係の排他性，性的関係への開放性の低さが関係の安定性を予測する傾向が強いことを示している．また，関係の持

---

[1] Simpson, J. A. (1987) The dissolution of relationships: Factors involved in relationship stability and emotional distress. *Journal of Personality and Social Psychology*, 53, 683-692.

続性と強度の予測性の強かった要因としては，関係の持続度，関係の親密度，他の異性への関心の低さがその関係で生じる情動的な悩みの程度とその持続性を予測するものであることを示している．

大坊[2]は，日本の男女大学生を対象として，関係の解消についての調査を行っている．それによると，男性は相手との関係に熱中する程度が相手と同等ないし高く，女性は相手の方が熱中していたと答えている．女性の方が恋愛経験が多く，しかも女性が別れの主導権を握っていることが認められた．全体的には崩壊に至る責任を自分に求める傾向が強いが，自分が関係に熱中していた場合には自他に責任を問わなくなる．したがって，関係への熱中度はコストではあっても別れの責任とは相関していない．

また，クライテリ（Critelli, J. W.）ら[3]の愛の要素尺度（Love Component Scale; LCS）を用いて別れた相手と現在のデート相手についての評定を求めた．別れた相手への評定値を下位尺度（因子）ごとに男女間で比較すると，「ロマンティックな依存性」と「身体的覚醒」で男性が女性より高いことが認められた．これに対して現在のパートナーに対しては，他の3尺度，「親密さの伝達」「尊敬」「ロマンティックな一体感」でいずれも女性が男性より高いことが認められた．別れの経験から，女性よりも男性は自立し難く，相手からの影響から脱し難いこと，一方，女性は過去から現在への切り替えが速く，今の関係に積極的で，タフのようである．

栗林[4]は，大学生の別れの季節時期は3月と10月にピークがあり，夕方（5時以降），自宅（次いで学校）で口頭（次いで電話）で告げることを示している．なお，親密さが強かった関係の場合には，別れを切り出す時間が遅く（夕食の後，午後10時がピーク），自宅か相手の家が多くなっている．より排他的な状況を選んで行動していると言えよう．

関係の崩壊の要因としては，両者の属性・特性の落差，親密さ（関与度）の低さ，そして当事者のパーソナリティに由来する社会的消極性があげられる．これらは相手へ向かう結合度を低め，他の関係に比べて高い満足度を与えない．それ

2）大坊郁夫（1988）異性間の関係崩壊についての認知的研究　日本社会心理学会第29回大会発表論文集 64-65.

3）Critelli, J. W., Myers, E. J., & Loos, V. E. (1986) The components of love: Romantic attraction and sex role orientation. *Journal of Personality*, 54, 354-370.

4）栗林克匡（2001）失恋時の状況と感情・行動に及ぼす関係の親密さの影　北星学園大学社会福祉学部北星論集 38, 47-55.

と，男女の認知・行動傾向にはこれらの個人的，関係要因とは別の内在的な要因がある．女性は強いダメージを避けようとする防衛的行動が優先的に表れているものなのであろうか．

危機に瀕した夫婦のコミュニケーション

関係の崩壊の特徴は，具体的なコミュニケーション行動に反映される．ノラー（Noller, P.）[5]の研究では，夫婦のコミュニケーションのギャップを具体的に明らかにしている．適応できている夫婦は，互いに相手を肯定する発言が多く，夫と妻との間の発言量にくいちがいもなく，円滑なコミュニケーションを行っているが，適応できていない夫婦ではこれと反対の特徴を示していた．さらに，適応できている夫婦の場合には，そうでない夫婦に比べて，夫のメッセージは明瞭であり，解読の誤りも少なかった．しかし，妻についてはこのような差はない．したがって，関係持続のあやうさは，夫の方のコミュニケーションのまずさによる可能性が高いと言えよう．また，うまくいっていない夫婦は，あいまいな，矛盾したメッセージを送る傾向があり，これも混乱を招く原因となるようである．さらに，このような夫婦では，相手の発言を聞きながら視線を向けるよりも，話しながら視線を相手に向ける傾向がある．相手の発言を聞きながら，視線を向けるのは，相手のメッセージを不足なく受け取ろうとする自然な行為である．これに対して，話しながら視線を向けるというのは，即時的なモニタリングであり，統制しようとする意味が強い行為である．すなわち，不適応の夫婦は相手を信頼できず，相手の反応に逐一注意を向け，支配しようとする動機が強いと考えられる．相手への不信はコミュニケーション意図の受信を不確かにし，そのあいまいさは一層否定的認知を生み出してしまう．ノラー[5]は，適応できていない夫婦では，夫は記号化と解読のどちらもうまくできないこと，妻は記号化よりも解読が不適切でありながらそれを十分に意識しておらず，不正確な自信を持っていて自分の犯す誤解に気づいていないことが問題であると述べている．いずれにせよ，夫は妻に比べて伝達者としては適していない．

5) Noller, P.（1984）*Nonverbal communication and marital interaction*. Pergamon Press.

関係崩壊を防ぐ

関係が崩壊に至る前にトラブルを避け，あるいは修復する危機管理が望ましいことに大方は同意するであろう．この点について，ハーベイ（Harvey, J. H.）とオマルズ（Omarzu, J.）[6] は，親密な関係を管理・維持するためには，**トラブルが起こる前に処理すること**（preemptive relationship maintenance; PRM）が重要であると述べている．彼らは，**気遣い**（minding）という概念を示している．それは，(1) 自己開示につとめる，(2) 相手を受容していることや敬意を伝える，(3) お互いに関係を発展していく気持ちを持っていることを伝えることである．コミュニケーションを活性化し，あるがまま正直であるよりは，後々までの関係の維持をめざして，実態よりも過剰に認知的な脚色をする必要があることも指摘している．つまり，(1) 相手との関係の肯定的特徴を強調し，(2) 故意に関係の価値を高めるような帰属を行う，(3) 極端に楽天的な捉え方をすることなどである．現実に応じた行動というよりは時に幻想であれ，関係を肯定することが必要なのである．よく気遣われた関係では，互いに相手の意図や感情に敏感になり，あいまいさは低減する．敏感さと鈍感さの併用が有益ということになろう．

なお，シンプソンら[7] は，それが脅威事態であるかどうかによってPRM行動の用い方を変える必要があると述べている．つまり，脅威のない状況ではあえて認知を肯定的に変容する必要はなく，正確に認知し，共感することで親密さは維持できる．一方，脅威状況では，そこから逃避したり回避することは得策である．その前提となるのは危機につながるサインを迅速に発見することであり，そのためには特に正確な認知能力が必要である．この過程は，多くが無意識的に働くと考えられている．

〔大坊郁夫〕

6) Harvey, J. H. & Omarzu, J.（1997）Minding the close relationship. *Personality and Social Psychology Review*, 1, 224-240.

7) Simpson, J. A., Ickes, W., & Orina, M.（2001）Empathic accuracy and preemptive relationship stability maintenance. In J. H. Narvey & A. Wenzel（Eds.）, *Close romantic relationships: Maintenance and enhancement*（Pp.27-46）, Mahwah: Lawrence Erlbaum Associates.

【参考文献】
大坊郁夫（2003）家族のコミュニケーション研究：親密さの表現　家族心理学年報 22, 2-22.
栗林克匡（2008）恋を失う　加藤司・谷口弘一（編）対人関係のダークサイド（Pp.89-102）北大路書房

III 態度

III-25 態度尺度

attitude scale

態度とは，人の社会的行動を予測・説明するために考案された仮説的構成概念をいう．1920〜30年代における古典的研究[1]においては，新行動主義からの強い影響もあり，態度は後天的に学習された行動を規定する個人内の状態（**行動の準備状態**）[2]とされた．したがって，態度を測定することはそのような行動を規定する個人内の状態を測定することである．態度測定法には，(a) 言語あるいは記号として意識化された状態の内観報告，(b) 投影法などを用いた意識化されていない状態の測定，(c) 外顕的行動や生理指標を用いた測定，などがありうると考えられる．

しかしながら，古典的諸研究においても今日にいたるその後の研究においても，一般的に**態度測定法**として提唱されてきたものは，対象者に言語による質問をしてそれに対する反応をもとに数量として態度を測定している．特に，**サーストン尺度**，**リカート尺度**，**ガットマン尺度**などの1920年代から1950年代に開発された態度尺度は，態度対象に対する「良い−悪い」「好き−嫌い」「賛成−反対」などの評価を一次元連続体上の正（positive）または負（negative）の量として測定するものである．これは，個人内の行動の準備状態を，対象への接近／回避の動機あるいは感情ととらえることにもとづいている[3]．

もちろん，態度は，対象に対する一次元の総合的評価であるという定義もあるが，**一次元尺度**による測定だけでは態度測定の目的である「人々の行動を説明し予測すること」には十分であるとは言い難い場合が多いであろう．人々の行動を説明し予測する目的のためには態度についての他の要因，た

1) Allport, G. W. (1935) Attitudes. In C. Murchison (Ed.), *A handbook of social psychology*, Worcester, Mass.: Clark University Press.
詳しくは次の文献を参照のこと．
Dawes, R. M. & Smith, T. L. (1985) Attitude and opinion measurement. In G. Lindzey & E. Aronson (Eds.), *The handbook of social psychology*, 3rd ed., vol.1 (Pp.509-566), New York: Random House.
Judd, C. M. & McClelland, G. H. (1998) Measurement. In D. T. Gilbert, S. T. Fiske, & G. Lindzey (Eds.), *The handbook of social psychology*, 4th ed., vol.1 (Pp.108-232), Boston: McGraw-Hill.

2) Warren, H. C. (1933) *Dictionary of psychology*, Houghton Mifflin.

3) Lewin, K. (1951) *Field theory in social*

とえば，対象に対する感情の強さ，相矛盾する感情の共存 (ambivalence)，対象の重要度 (centrality)，認知的複雑性，意識にのぼる程度 (salience)，行動にあらわれる程度 (overtness)，他の態度との関連性，柔軟性 (flexibility) などをも合わせて測定することが必要である．また先に述べたように，単に言語的反応だけではなく，生理学的反応や外顕的行動などを測度とする態度測定法の開発も可能であろう．

なお，今日では個別の態度を測定する尺度を構成する場合には，後述するように多次元を想定することも多くなってきている．

サーストン尺度

言語的反応をもとに態度を測定しようとする試みは，1920年代サーストン (Thurstone, L. L.) が精神物理学の理論を援用して**等現間隔法** (method of equal-appearing intervals) による態度尺度（サーストン尺度）を提唱したころにはじまる．

サーストン尺度では，態度の一次元連続体（一次元の評価値）上において，評価値が等間隔になるような 10～20 個の文章によって尺度を構成する．そのなかから回答者に自分の態度を表す文章を選んでもらい，選ばれた文章の態度得点の平均値または中央値によって回答者の態度を推定する．この推定は，態度が一次元連続体上において正規分布をなし，分散は一定であるとの仮定を前提にしている．

サーストン尺度の作成は次のような手順による．(1) 対象の態度を表現する文章を 100～200 個作成・収集する．(2) 態度対象に関する専門家 20～30 名が 7 段階，9 段階，11 段階などの評定尺度によって作成・収集した文章の態度の程度を評価する．(3) 個々の文章毎に，全専門家の評点の平均値または中央値を求めその文章の態度得点とする．(4) これらの文章の中からできるだけ等間隔になるような文章を 10～20 個選び出して尺度とする．

サーストン尺度は，これまでに提唱されてきた態度尺度の中で，態度の一次元性について理念的には最も厳密な尺度といえる．しかしながら，サーストン尺度を作成することはかなり煩雑な作業を必要とするため，実際に態度測定に用いられることは今日ではきわめて稀である．

science. Harper.
土田昭司 (1992) 社会的態度研究の展望　社会心理学研究　7, 147-162.

リカート尺度

1930年代にリカート（Likert, R.）が提唱した尺度（リカート尺度）では、態度対象について記述した文章5～10個程度それぞれについて、「賛成－反対」あるいは、自分の態度に「あてはまる－あてはまらない」の5段階の評定尺度によって回答を求め、それぞれの尺度得点の合計値によって回答者の態度を推定する。尺度得点は、通常、＋2，＋1，0，－1，－2というようにア・プリオリに等間隔としてウエイトをつける。ただし、分布が明らかに偏っている場合などには正規分布により変換（Z変換）した値を尺度得点とすることもできる。

リカート尺度は、作成・測定・処理が比較的に容易であることから、さまざまな領域において活用されている。

ガットマン尺度

1950年頃に提唱されたガットマン（Guttman, L.）による**スケーログラム**（ガットマン尺度）では、肯定的態度を表現するものから否定的態度を表現するものまで、態度の一次元連続体上において順序尺度となるように（サーストン尺度のように等間隔でなくてもよい）多くの文章を回答者に提示して、それらの文章に「賛成，反対」の2件法（あるいは、「賛成，中間，反対」の3件法）によって回答を求める。

提示した文章が a＞b＞c＞d のように態度の順序尺度になっているのであれば、たとえば、文章cに賛成した回答者は文章aと文章bにも賛成するはずであるから、「賛成」と回答された文章の個数によって回答者の態度を推定することができる。

具体的手続きでは、(1) 回答結果をもとにそれぞれの文章を a＞b＞c＞d のように順序づけする。(2) たとえば、文章aと文章bに反対しているのに文章cには賛成しているような (1) で想定した順序とは異なる回答の数をエラー回答として文章毎に集計する。(3) エラー回答が全体の10％以下である文章のみを用いて最終的な尺度を構成する。

ガットマン尺度は、最終的な尺度を構成する手続きが少々煩雑ではあるが、尺度が構成されれば比較的に少ない質問で

かなり精度の高い態度測定が可能となる．

多次元尺度構成

態度が，正評価から負評価までの一次元の評価軸によって表現されるだけではなく，多次元の評価軸によって構成される概念であるとの立場からの初期的な研究としては，オスグッド（Osgood, C. E.）らによる **SD 法** があげられる．SD 法は，意味微分法（semantic differential）の略称である．オスグッドらは，元々，概念や記号の内包的意味を実証的，定量的に表そうとするために SD 法を開発した．具体的にはたとえば，「民主主義」という概念の意味を調べるときには，良い－悪い，明るい－暗い，大きい－小さい，強い－弱い，消極的－積極的のような一対の反対の意味を持った形容詞を両極においた尺度（通常 7 点尺度）を 10 個から 20 個ほど用意し，「民主主義」という概念はこの各々の尺度においてどの程度かを回答者に判定してもらう方法をとる．したがってこの方法は連想法と評定尺度の結合されたものともいえる．

オスグッドらの研究によれば，あらゆる概念は基本的には，評価（evaluation），活動性（activity），力量（potency）の 3 次元からなる意味空間に位置づけられることが明らかにされている．このことは，どのような態度対象についてであれ，SD 法によって測定された態度はこれらの 3 次元の意味空間によって表現できることを意味している．

今日では，態度測定がなされるときには，リカート尺度などの複数の評定尺度，あるいは，SD 法によって測定した結果をもとに，主成分分析（あるいは主成分解による因子分析）によって尺度群がもつ潜在変数（因子）の存在を確認することで，測定に用いられた尺度群の次元性を決定する手法が一般に用いられている．また，質的データとして測定された場合には，数量化理論Ⅲ類，コレスポンデンス分析などによってグルーピングすることにより次元性を決定する手法も用いられている． 〔土田昭司〕

【参考文献】
飽戸弘（1970）イメージの心理学　潮新書
林知己夫（1974）数量化の方法　東洋経済新報社

III-26
態度変容

attitude change

態度とは個人の行動を決定する個人内の心的状態と定義される．態度が変容・変化する過程にはいくつかある．すなわち，主に，他者の発言，文章などの言語によって態度を変容する**説得**の過程，報酬，罰，種々の権威などの社会的勢力によって態度を変容する過程，および，環境の変化を含む体験によって態度を変容する過程などである．

強化論的立場に立つならば，態度は態度対象と動因に価する（drive-value）反応との強化による結びつきと定義されるので，態度変容はその結びつきの変化であるといえる．したがって，態度対象と快感情あるいは不快感情を生じさせるような刺激とを対提示させることなどによって態度変容を生じさせることができる．たとえば，勉強が嫌いな子供に対して，勉強と共に賞賛という快感情を生じさせる刺激を対提示することによって勉強を好きにさせるなどの例をあげることができる．

ホブランド（Hovland, C. I.）らは，このような考え方に立って，説得の繰り返し数，説得者の魅力，**一面提示**と**両面提示**，**恐怖喚起コミュニケーション**（fear-arousing communication）などをはじめとする一連の説得効果研究をおこなっている（イェール・コミュニケーション研究）[1]．

認知論的立場に立つならば，態度とは，態度対象とそれに関連する対象についての評価や感情を中心とする認知ネットワークと定義できるので，態度変容とはそのような認知ネットワークを変化させることであるといえる．この立場からは，態度変容に関連する種々の理論がこれまでに提唱されている．

1) Hovland, C. I., Janis, I. L., & Kelley, H. H. (1953) *Communication and persuasion*. New Haven: Yale University Press.

人は評価的に矛盾のない認知ネットワークをもちたいと動機づけられるとする**認知的斉合化傾向**（theories of cognitive consistency）についての諸理論[2]では，ハイダー（Heider, F.）の**均衡理論**（balance theory）や，フェスティンガー（Festinger, L.）の**認知的不協和理論**（theory of cognitive dissonance）[3]などがあげられる．

　均衡理論では，評価（sentiment）や属性（unit）による関係の知覚が無矛盾になるように態度変容が生じるとする．たとえば，自分の仲間あるいは好きな人がX党を支持していることを知ると自分もX党に賛成するようになる態度変容などがこれにあたる．

　認知的不協和理論は，人は相矛盾する複数の認知を同時に保持することは困難であり，もし相矛盾した複数の認知を同時に保持した場合には心理的ストレス（＝認知的不協和）を覚え，この心理的ストレスは不快であるのでこれを低減するように認知を歪めたり行動を変容するように動機づけられる（＝不協和低減）というものである．しかしながら，その後の研究では，認知的不協和理論がいう心理的過程は本質的に**自己正当化**の圧力によって生じるものであると指摘されている[4,2]．したがって，認知的不協和理論によれば，過去あるいは現在の自己の行為と矛盾しないように，あるいは，自己の行為を正当化するように態度変容が生じるとされる．たとえば，自分の本当の態度とは異なる意見表明をしてしまった場合に，意見表明した自分を正当化するために「自分はもともと表明したとおりの態度であったのだ」と考えることで生じる態度変容などがこれにあたる．ただしこのような場面では，「他者からの強制や大きな報酬があったから意見表明したのだ」と態度変容せずとも正当化できる（＝正当化のための外的要因がある），あるいは，意見表明したことを誰にも知られずに忘れてしまい，無かったことにできるのであれば，態度変容は生じにくい．

　1970年代以降に主流となった態度変容研究では，態度を構成する**認知ネットワーク構造**に着目している．この先駆け的研究には，態度構造を統合的態度，分散的態度などに分類

2) Abelson, R. P., Aronson, E., McGuire, W. J., Newcomb, T. M., Rosenberg, M. J., & Tannenbaum, P. H. (Eds.) (1968) *Theories of cognitive consistency*. Chicago: Rand McNally.

3)「Ⅰ-4　認知的不協和理論」参照．

4) 吉田民人（1967）情報科学の構想　加藤秀俊・竹内郁郎・吉田民人　社会的コミュニケーション　培風館

した池内の研究[5]，マクガイヤー（McGuire, W. J.）の**接種理論**（inoculation theory）をあげることができる[6]．接種理論では，説得を受ける前に説得内容について予告されそれについて考える時間が与えられると，実際に説得を受けても態度変容が生じにくくなる（＝態度変容への抵抗）ことが明らかにされている．これは，説得が予告され態度対象について考えることによって，態度の認知ネットワークがシステマティックに統合化された構造となったことによって態度変容しにくくなったためと考えられる．

すなわち，サイモン（Simon, H. A.）の「**限定合理性**（bounded rationality）」が指摘したように[7]，人はいつでもよく考え最適解を求めて意思決定を行っているわけではない．むしろ，わずかの労力で入手可能な限られた情報をもとに**ヒューリスティックス**（簡便法）によって意思決定することのほうが多い．同様に，態度の認知ネットワーク構造も，深い思考などによってシステマティックに統合化された構造だけではなく，ヒューリスティックス的に断片的な情報のみの構造である場合もある．態度変容は，システマティックに統合化された構造の態度では生じ難く，ヒューリスティックス的に断片的な情報のみの構造の態度では生じやすいことが明らかにされている．これについては多くの研究がなされており，チェイケン（Chaiken, S.）らによって**二重過程理論**（Dual-Process Theories）としてとりまとめられている[8]．

たとえば，チェイケンは，説得を受けたときの情報処理過程に着目して，システマティック過程とヒューリスティック過程に分類している（**S-Hモデル**）．

また，エプシュタイン（Epstein, S.）のように，人の情報処理を，感情的ですばやく直感的なシステムと，論理的で時間をかけ分析的なシステムに分けて，それらが相補的メカニズムとして機能しているとする研究もある[9]．

さらに，フォーガス（Forgas, J. P.）は，感情の機能に着目して，意思決定の情報処理過程を，直接アクセス方略，動機的処理方略，ヒューリスティックス処理方略，本質的処理方略に分類している（**感情意思決定の多重過程モデル**）[10]．

5) 池内一（1960）政治意識に対する社会心理学的接近：政党指示態度の分析を中心として　年報社会心理学, 1, 67-92.

6) McGuire, W. J. (1964) Inducing resistance to persuasion: Some contemporary approaches. In L. Berkowitz (Ed.), *Advances in experimental social psychology, Vol. 1*, (Pp.192-229) Academic Press.

7) Simon, H. A. (1947) *Administrative behavior: A study of decision-making processes in administrative organizations*. New York : The Free Press.

8) Chaiken, S. & Trope, Y. (Eds.) (1999) *Dual-process theories in social psychology*. New York: The Guilford Press.

9) Epstein, S. (1994) Integration of the cognitive and the psychodynamic unconscious. *American Psychologist*, 49, 709-724.

10) Forgas, J. P. (1992) Affect in social judgments and decisions: A multiprocess model. In M. P. Zanna (Ed.), *Advances in*

そのなかで，ペティとカシオッポ（Petty, R. E. & Cacioppo, J. T.）は説得による態度変容過程に特に焦点をあてて**精緻化見込みモデル**（elaboration likelihood model: ELM）を提唱した．精緻化見込みモデルでは，説得を受けた時に，個人的関心や責任，既存知識，反復提示，思考時間などにより，説得内容をよく考え精緻化する動機と能力がある場合には**中心的ルート**（central route）の態度変容が生じ，そのような動機または能力がない場合には利用しやすい情報（＝**周辺的手がかり**: peripheral cue）のみに影響された**周辺的ルート**（peripheral route）の態度変容が生じるとした．ペティとカシオッポは，中心的ルートを経た態度は比較的長期にわたって変容しにくく行動を予測しやすいのに対し，周辺的ルートを経た態度は短期的で変容しやすく行動を予測しにくいことを明らかにしている[11]．

説得に関して，認知構造ではなく，動機づけの観点から理論化を試みた研究もある．たとえば，ブレーム（Brehm, S. S.）らによる**心理的リアクタンス理論**（psychological reactance）[12]では，自由を回復しようとする動機づけが態度変容への抵抗となることを明らかにしている．ブレームらは，自由を「自分がある特定の行動をとれるという信念」と定義して，自由への脅威・制限を受けると自由を回復しようとする心理的リアクタンスが生じるとした．そのため，「あなたには拒否する余地はない」などと強制的な説得を受けた場合には，説得とは逆方向に態度変容が生じることなどが明らかになっている．

〔土田昭司〕

11) Petty, R. E. & Cacioppo, J. T.（1986）*Communication and persuasion: Central and peripheral routes to attitude change.* New York: Springer-Verlag.

12) Brehm, S. S. & Brehm, J. W.（1981）*Psychological reactance: A theory of freedom and control.* New York: Academic Press.

【参考文献】
深田博己（編）（2002）説得心理学ハンドブック　北大路書房
土田昭司・竹村和久（編）（1996）感情と行動・認知・生理　誠信書房

III-27

説得

persuasion

説得という社会的行為は，送り手（あるいは情報源）が望む方向に受け手に信念や行動を変化させることを目的として行うコミュニケーションである．送り手が期待する方向にメッセージを送り，受け手の思考・感情・意識・行動を変化させることを目的とした行為であるから，そのようなことを目的とした広告，宣伝，世論の働きかけなどから説得の研究は始まった．しかし一方では，説得は何らかの情報をもって個人の態度を変化させることでもある．そこで態度の研究として，態度変容のメカニズムを解明することでも，重要な位置づけにある．

説得のシステマティックな研究成果は，ホブランド（Hovland, C. L.）ら[1]による．彼らは説得の要因として送り手，受け手，そしてメッセージ内容の影響要因を明らかにした．送り手の要因では，**信憑性**（credibility）で，送り手に信頼性あるいは専門性があると，そこからのメッセージに信憑性を読み取り，態度変容に影響を及ぼす．しかし信憑性の効果は時間の経過とともに，変化することがある．送り手の信憑性が低い（あるいは高い）場合は，時間の経過によって，態度はメッセージを受けた直後，情報源の信憑性に影響を受ける（低い場合，割引手がかり）が，時間の経過とともに，情報源の効果は弱くなり，メッセージ内容そのものによって態度変容をもたらす．これが**スリーパー効果**（sleeper effect）である．しかしその後，この効果は論議を呼び，情報源と情報内容提示の時間のずれがこの効果に影響するなど，必ずしもこの効果は常に生じるものではないことも明らかにされた．また送り手要因として**好意性**がある．これは送り手の魅力，

1) Hovland, C. L., Janis, I. L., & Kelly, H. H. (1953) *Communication and persuasion: Psychological studies of opinion change.* New York: Yale Univ. Press.〔辻正三・今井省吾（訳）(1960) コミュニケーションと説得　誠信書房〕

好ましさなどが受け手の態度を変容させることである．受け手要因では，**自我関与**の程度でメッセージ内容が自我領域に関与することで情報に関心・注目が高まり変容に影響する．また**認知欲求**（need of cognition）は情報の吟味への動機で，この動機の高さがメッセージ内容に影響し態度変容に影響を与える．

メッセージ内容では，**一面提示，両面提示**がある．これは説得方向のみの情報を与えて説得する一面提示と唱導方向と逆の方向の情報の場合の両面提示である．どちらが効果的かは教育程度，それまでの情報の周知度などによる．

情動を伴ったメッセージとして恐怖の情動を喚起する内容（fear appeal）の研究は古い．それは説得に応じなければ，不安・懸念を駆り立てるものである．これまで強い恐怖を含んだ情報では，態度変容をそれほど促さないとされていたが，最近では恐怖が強いほど態度変容は生じやすいという結果が多い．その理由として健康上の問題などに脅威を感じ自分を守ろうとする動機として，**防護保護動機**（protection motivation）が働くことから，恐怖喚起が強い方が態度変容は生じやすいとされている．また逆にユーモア，あるいは快ムードなども快感情が説得に影響があるとされている．

説得の問題では，メッセージの受け手はいかなるプロセスを経て，態度変容に導かれるかについて2つの理論が提起されてきた．まずペティ（Petty, R. E.）とカシオッポ（Cacioppo, J. T.）[2]による**精緻化見込み理論**（elaboration likelihood model of persuasion）を述べよう．態度変容では中心的ルートと周辺的ルートの2つのルートがあり，どのルートを通るかで，態度変容の過程が異なる．中心的ルートは説得メッセージをよく吟味し理解したうえで判断するルートで，持続性があり，確信的である．それに対して周辺的ルートは，認知的負担は軽減され，周辺的ルートに依存した手がかり（たとえば，情報源の信憑性，メッセージの長さなど）で判断する．どちらのルートを通るかの前提としては説得内容に対する能力と動機がある（図27-1）．

あとひとつの理論は，やはり2つのルートを経るのだが，

2) Petty, R. E., Cacioppo, J. T. (1984) The effects of involvement on responses to argument quantity and quality: Central and peripheral routes to persuasion. *Journal of Personality and Social Psychology*, 46, 69-81.

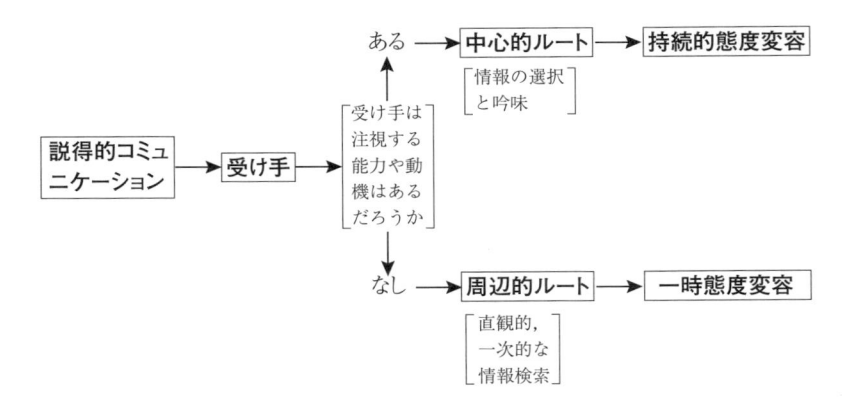

図27-1 精緻化見込み理論における流れ

認知的処理において異なるチェイキンら（Chaiken, S.）[3]によるヒューリスティック・システマティック情報処理モデル（heuristics/ systematic information processing）である．処理のひとつであるシステマティック処理は判断を下すために情報を集め分析・精査する処理で，ここには個人の正しい結論を導きだそうとする動機（認知欲求）がある．一方，ヒューリスティック処理は簡便で，直観的な方法で処理することで，情報源の信憑性や説得文の長さなど，判断を下す場合に労力やコストを低減して直観的な手がかりで判断することである．チェイキンら[3]は特に自我関与の低い内容の場合に信憑性の要因を手がかりとしたヒューリスティック処理を行うとして検討している．課題の重要性と説得内容の強さ（あいまい，弱い，強い）から態度変容を測ったところ，課題の重要性が低い場合は信憑性に依存した．つまり，信憑性が高い場合，情報の強さにかかわらず態度変容へ導いた．しかし課題が重要であると，信頼性への依存は情報があいまいな場合のみに態度変容に導いた．

依頼・要請

説得においては通常，送り手の要請が明示的かあるいは強制的かははっきりしない．要請が明確で応諾を目的とした説得の場合も，応諾するかどうかはあくまで受け手の意思に任せられる．しかし応諾を躊躇するような要請の場合でもしば

3) Chaiken, S. & Maheswaran, D. (1994) Heuristic processing can bias systematic processing: Effect of source credibility, argument ambiguity and task importance on attitude judgment. *Journal of Personality and Social Psychology*, 66, 450-473.

しば，応諾をする場合がある．たとえば，**フット・イン・ザ・ドア法**（foot in the door technique）はそのひとつである．依頼の要請に対して，コストが高く応諾することに抵抗があっても，事前に，コストの伴わない容易な要請に応諾をしてしまうことで，本来の要請であるコストの大きい要請を応諾することである．安易な依頼から漸次的に本来のコストの高い依頼をすることで，段階的依頼法などとも呼ばれる．フリードマン（Freedman, J. L.）とフレイザー（Fraser, S. C.）[4]は本来の目的である，庭に看板設置の依頼のために，実験者が戸別訪問して，まず1回目に安全運転キャンペーンのため小さなステッカーを車などに貼って欲しいと依頼する（コストが小さく受け入れられやすい），2回目に2週間の後再び訪問し，今度は本来の安全運転キャンペーンのために庭に大きな看板設置（コストが高く応諾に躊躇する）を依頼した．一方，コントロール条件では，2回目の依頼のみである．その結果コントロール群での応諾は16.7％に対して，初めにコストの低い依頼をした場合は47.7〜76％だった．また**ローボール法**（low ball technique）は受け手にとって特別に魅力的な状況を作って受け手の応諾を引き出し，その後，その特別な状況を取り去っても，一度承諾すると，応諾することである．まずは魅力的なボールを投げる（受け手が取りやすいボール）ことで応諾を引き出すことである．この2つとも一旦応諾するとそのことにコミットして，条件が異なってもコミットした行為を続けることで自己内一貫性を維持させることとしている．そのほか，応諾では，**ドア・イン・ザ・フェイス法**（the door in the face technique）もある．これは譲歩的依頼法とも呼ばれ，フット・イン・ザ・ドアとは逆で，最初あまりにもコストが高く，受け手は拒否するのを見込んで，拒否後，改めて依頼すると応諾しやすいことである．これは，拒否したことに対する互恵的観念が働き，2度目は応諾すると説明されている． 〔本間道子〕

[4] Freedman, J. L. & Fraser, S. C.（1966）Compliance without pressure: The foot-in-the-door technique. *Journal of Personality and Social Psychology*, 4, 195-203.

【参考文献】
今井芳昭（2006）依頼と説得の心理学　サイエンス社
深田博己（編著）（2002）説得心理学ハンドブック　北大路書房

III-28
服従
obedience

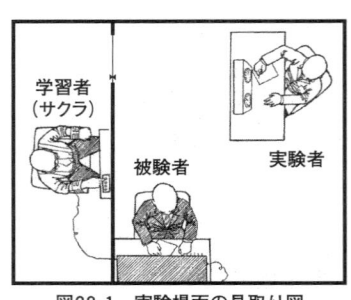

図28-1 実験場面の見取り図

不正行為への加担からアイヒマン[1]に至るまで，人はどこまで権威に**服従**[2]してしまうのだろうか．ミルグラム（Milgram, S.）が行った「服従の心理実験 ― 通称，アイヒマン実験」の目的は，市井のごく一般の人々が記憶研究のために電撃の罰が役立つかという名目（カバーストーリー）で，自分がなったかもしれない学習者に対して，何ボルトまでの電撃（最大450ボルト）を与えるかを明らかにすることであった．被験者は新聞広告で募集され，イエール大学で行われた1時間ほどの実験に4ドルと交通費が支払われた．実験の手続きは，何も知らない被験者1人と電撃を受ける学習者（サクラ）1人と実験者である．この段階では，学習者は自分と同じ新聞広告を見て応募した被験者と思い込んでいて，どちらが学習者を務めるかはくじ引きで決められる（くじには細工がしてある）．実験室には電気椅子と電撃の操作パネル，そして実験者で構成されている（図28-1）．実験に先立って，心理学者や大学生などに実験結果を予測させたが，平均で最大電撃レベル8.2（120ボルト強）や9.35（135ボルト強）で，最大でもレベル20（300ボルト）であった．結果は，多くの被験者は緊張を感じ，途中で実験者に抗議する被験者も多いが，最大電撃レベルの450ボルトまで与えた被験者は26人，65％に達した．

人はなぜ，自分の価値観や道徳律に反し，電撃を与えることに反対だったにもかかわらず，罰を与え続けてしまったのだろうか．ミルグラムは状況の影響力を確かめるべく，18のバリエーション実験を行っている．その中には，学習者と被験者が同室で1メートルの位置にいて，学習者の声も聞こ

1) アドルフ・アイヒマンはドイツナチ党の親衛隊員．戦後，人権に対する罪など15の罪状で裁判にかけられ処刑された．

2) 服従はヒエラルキー構造の上位にいる者からの明示的な指示に従う行動を指す．

え姿も見られる近接条件や，被験者を3人にして，うち2人のサクラの被験者が電撃を与えるのを拒否する反逆者の役割を演じた．しかし，前者では16人40%が，後者では4人16.5%の被験者が最大電圧まで与えた．状況の要因によって，権威への服従は減るものの依然として服従は続くのである．このようなバリエーション実験と被験者の詳細なケース記述を踏まえて，人が権威に服従する理由として，（1）服従の事前（背景）条件：親は躾の過程で一方的に親の命に従うよう子どもに求め，学校文化や報酬の与え方を通じて社会的秩序の内面化を図っている，（2）実験協力への誓約が持つ束縛要因：権威者への礼儀正しさ，中断することの気まずさを避けようとする，（3）責任を取る権威者の存在による思考調整：自分の責任を果たしていただけ，責任感の喪失，さらに，（4）その他として，組織や制度の背後にある人間的要素を否定する「反擬人化」や被験者が学習者を害する行動を取った結果として，被害者を賤しめるようになることなどを指摘している．

類似の研究に，アッシュ（Asch, S. E.）の**同調**（集団圧）の実験[3]がある．3本の異なる長さの線分のどの1本が標準刺激と同じかを問うが，正答はきわめて明瞭な簡単な問題である．ところが7人の集団のうち6人はサクラであり，18回の試行の2／3は一致して2番目に長い棒を正答であると誤った判断をしてみせる．その結果，集団圧のかかった試行

表28-1 実験1：遠隔条件の結果

電撃レベル	ことばの表現とボルト数	実験1 遠隔 ($n=40$)
⋮		
	激烈な電撃	
17	255	
18	270	
19	285	
20	300	5*
	超激烈な電撃	
21	315	4
22	330	2
23	345	1
24	360	1
	危険：過激な電撃	
25	375	
26	390	
27	405	
28	420	
	×××	
29	435	
30	450	26
平均最大電撃レベル		27.00
服従被験者の比率		65.0%

＊実験1では被験者5人が電撃の最大値が300ボルトだったということを示す．

3) Asch, S. E.（1955）Opinions and social pressure. *Scientific American*, 193, 31-35.

の半数以上で，サクラに同調して誤判断を下した被験者は50名中37％に及んだという．ミルグラムは，権威への服従と同調の違いについて，(1) 行為がヒエラルキー構造の中で起きるか，同じ地位の人々の間で起こるか，(2) 同調は模倣であり，行動の均質化をもたらすが，服従では権威の遵守が起こる．(3) 被験者が事後に自分の行動を説明する際，同調者は否定するが，服従した者は自ら認めるなどの違いを指摘している．他方，両者とも自分の主体性を外部の権威や判断に委ねることでは共通している．

　社会心理学者ジンバルドー（Zimbardo, F.）の「スタンフォード監獄実験」[4]は普通の人が肩書きや地位を与えられると，その役割に合わせて行動してしまうことを研究しようとして，摸擬刑務所を作り，新聞広告で集めた70人の中から心身ともに健康で安定した人を選び，看守役21人，囚人役20人で監獄実験をスタートさせた．よりリアルさを出すため，囚人役はパトカーで逮捕し，指紋採取し，看守たちの前で脱衣させ，背中と胸にID番号が記されたスモックに下着なしで着替えさせた．さらに，坊主頭に似せるべくナイロンストッキングで作ったキャップを被せ，片足には常時南京錠がついた鎖が巻かれ，トイレに行くときは目隠しをさせ，看守は表情が読まれないようにサングラスを着用していた[5]．看守役の被験者はカーキ色の制服を着て，木製の警棒が渡され，囚人を威圧することは許されていたが暴力は禁止されていた．1日目は，表面的には穏やかに過ぎたが，2日目には，囚人たちは看守に対して些細なことで苛立ち始め，ストッキング帽子とID番号をはぎ取り，ベッドを立ててバリケードを築いて立てこもった．この事態に対処する過程で，看守役の被験者は監獄の支配者として，必要以上に加虐的になり，時に虐待を加えたり，途中離脱を申し出る囚人役が複数出るなど，2週間の予定が6日で実験は中断するという，後味の悪い結果となった[6]．ジンバルドーらが得た結論は，人はある集団や状況に，驚くべき速さで適応しようとし，あたかも状況の囚人としてその役割を演じてしまうが，時にそれが恐ろしい結果を引き起こすということである．

4）スタンフォード監獄実験の公式サイトhttp://www.prisonexp.org/が開設され，スライド・ツアーとコメントを読むことができる（2011/1/27アクセス）.

5）実際の囚人待遇より非人道的で，刑務所生活の再現性は必ずしも高くないとの指摘がある．

6）途中離脱は簡単には認められず，実験は外部からの見学者の強い要請で中止されたと記されている．

BBCの監獄実験[7]は，英国の心理学者であるエクセター大学のハスラム（Haslam, S. A.）とセントアンドリュース大学のライシャー（Reicher, S.）が，「スタンフォード監獄実験」に対する反省と批判を基に9日間の実験期間で集団と勢力について研究することを目的として行われた．15人の参加者が看守役と受刑役に別れて監獄生活を送った．結論として，看守，囚人とも社会的一体感（social identification）が持てるかが鍵となること，組織的安定を保つために不平等を受け入れ，ヒエラルキーを持った官僚制の有効性を示唆している．実験では，看守役の方が一体感が低く，うつ状態が高かった。これには，参加者にスタンフォード監獄実験の看守の暴走を知っていた者がいて，その影響を排除できなかったようだ．監獄のモデル実験は質的研究であり，たとえば，グループ・インタビューは，最低限2グループのインタビューを行って結論の一般化に備えるが，それがなされていないなど，結論の一般化には慎重にならざるを得ないようだ．

服従実験に関しては，ブラス（Blass, T.）によって『服従実験とは何だったのか』[8]が著され，6次の隔たりや放置手紙調査法などのミルグラムの他の研究と共に，2つの章を割いて実験の詳細について解説している．被験者が権威の手中に陥らないための要因として，学習者に共感する能力と学習者が発した疑問や反対に対して実験者が答えなかったことの重要性をあげ，追試も行っている[9]．また，ミルグラムの新訳を出した山形は訳者あとがきにおいて，個人的道徳観に基づいて服従を拒否すべきだと考えるよりは，信用して服従しつつ，変だと思うことがあれば申告できる仕組みなどの社会的システムで補えるのではないかとの主旨を記している[10]．その意味では，総資本対総労働，冷戦構造などの思考様式や権威そのものの成立根拠を再考する時期に来ているといえよう．　　　　　　　　　　　　　　　　　〔杉山憲司〕

7)『BBC 監獄実験』日本語字幕版（全4巻）丸善があり，137頁のCDノートが附いている．

8) ブラス, T./野島久雄・藍澤美紀（訳）(2008) 服従実験とは何だったのか：スタンレー・ミルグラムの生涯と遺産　誠信書房

9) Blass, T. (1999) The Milgram paradigm after 35 years. *Journal of Applied Social Psychology*, 29, 955-978.

10) ミルグラム, S./山形浩生（訳）(2008) 服従の心理　河出書房新社

【参考文献】
ミルグラム, S./山形浩生（訳）(2008) 服従の心理　河出書房新社
ブラス, T./野島久雄・藍澤美紀（訳）(2008) 服従実験とは何だったのか：スタンレー・ミルグラムの生涯と遺産　誠信書房

Ⅲ-29
政治的態度
political attitude

2008年11月4日，バラク・オバマがアメリカ合衆国の大統領に選ばれた．史上初のアフリカ系大統領の誕生である．

こうした結果を見ると，選挙では人種問題が重視されたようにも思われるが，有権者のなかには経済危機のほうがはるかに重要だと思った人も多かったかもしれない．また，民主党支持者のなかには，オバマが民主党の候補者だからという理由で投票した人も多かったかもしれない．

アメリカ大統領選挙は世界政治の動向をも左右するきわめて重要な選挙であるが，その結果を決めるのは有権者の**政治的態度**であり，そうした政治的態度が，人々の内側から，デモクラシーという政治制度を支えていると考えられている．

意見と政治的態度

政治的態度とは，政治家や政党や政策など，政治に関わるものを対象とする態度の総称であり，政治現象を研究するために仮定された構成概念である（日本では政治的態度に相当するものが政治意識と呼ばれていることも多い）．

政治的態度は**意見**（opinion）や**政治的信念体系**（political belief system）といった概念とも密接に関係しており，それらを明確に区別できないこともあるが，一般的には，大統領への支持のように，具体的な対象に対するもので，変化しやすいものが意見とされる．また，そうした意見を集合的な水準で概念化したものが**世論**（public opinion）である．

これに対し，意見よりもずっと安定した心理的傾向が政治的態度であるとされる．また，そうした態度は，幼少期に形成されると長期的に持続し，類似した態度対象に対して整合的な反応を生じさせ，意思決定に影響を与えると考えられて

いる．たとえば，アメリカにおける白人の人種的偏見は，教育制度や雇用や居住区域といった人種に関わる社会問題に対して整合的な関連を示し，強制バス通学のような人種差別撤廃政策への賛否や，アフリカ系候補者への投票などを強く規定すると考えられる．

政治的信念体系と非態度

さまざまな政治的態度の間に一貫した関係が認められる場合には，そうした状態は政治的信念体系（イデオロギー）と呼ばれ，議論される．

ミシガン大学のコンバース（Converse, P. E.）[1]は，政治的信念体系を，観念や態度がひとつに結びつけられた状態と捉え，そこには要素間の整合性と機能的相互依存性があると考えた．そして，エリート層ではリベラリズムや保守主義といった概念がきちんと理解され，そうした概念を利用した判断が行われるものの，一般の人たちの間ではそうした理解や判断がほとんど見られないことを明らかにした．

コンバースによれば，1956年の調査では，政策の意義などを何らかの信念体系によって評価できた層はアメリカ国民の2.5％に過ぎず，それに準じる層の9％と合わせても1割程度にしかならなかった．また，内政や外交に関する質問を行い，回答間の相関を調べると，下院議員候補者群ではリベラリズムや保守主義に沿った一貫性が認められたが，一般の人たちの間ではそうした一貫性が認められなかった．

さらにコンバースは，こうした分析に基づき，国民を確固たる政治的態度を持つ層と，その場その場で意見を作り上げる層に分け，後者の態度を**非態度**（non-attitude）と呼んだ．なお，そうした態度の不安定性はパネル調査[2]によって検出されるが，それが本当に非態度であるかどうかについては議論が分かれ，測定法が抱える問題によるものとする説や，人々の意見が両義的であるためとする説なども唱えられた．

ただし，そうした議論があるにせよ，一般の人たちが政治について無知であることは多くの研究によって明らかにされており，一般の人たちにエリート層と同様の政治的信念体系を期待することは現実的ではないと考えられている[3]．

1) Converse, P. E. (1964) The nature of belief systems in mass publics. In D. E. Apter (Ed.), *Ideology and discontent* (Pp.206-261), New York: Free Press.
Converse, P. E. (1970) Attitudes and non-attitudes: Continuation of a dialogue. In E. R. Tufte (Ed.), *The quantitative analysis of social problems* (Pp.168-189), Reading, Mass.: Addison Wesley.

2) 同一の調査対象に対し，一定の期間をおいて2回以上繰り返し実施される調査．世論調査であれば同一個人を追跡する調査となる．

3) Kinder, D. R. (1998) Opinion and action in the realm of politics. In D. T. Gilbert, S. T. Fiske, & G. Lindzey, (Eds.), *The handbook of social psychology*, Vol. 2 (Pp.778-867), Boston: McGraw-Hill.
〔加藤秀治郎・加藤祐子（訳）（2004）世論の政治心理学：政治領域における意見と行動　世界思想社〕

投票行動と政治的態度

政治的態度は**投票行動**（voting behavior）の研究においても重要な位置を占めているが，その初期においては，心理学的要因よりも社会学的要因の方が重視されていた．

投票行動に関する実証研究の先駆は，コロンビア大学のラザースフェルド（Lazarsfeld, P. F.）ら[4]による ピープルズ・チョイス（People's Choice）である．彼らは1940年にオハイオ州エリー郡で実施された調査において，有権者の社会経済的地位，宗教，居住地域といった要因（社会学的要因）が，投票行動をよく説明することを明らかにした．

しかし，それだけでは，4年ごとの大統領選挙の結果が大きく変わることを説明できない．なぜなら，社会学的要因は短期間に大きく変わったりはしないからである．また，社会学的要因だけでは，要因と投票行動の関連のパターンはわかっても，それらが関連する理由はわからない．

そこで，全国世論調査（NES: National Election Studies）によって心理学的要因の重要性を明らかにしたのが，ミシガン大学のキャンベル（Campbell, A.）ら[5]による アメリカン・ヴォーター（American Voter）であった．キャンベルらは社会学的要因を踏まえながらも，**政党帰属意識**（party identification），候補者イメージ，争点態度といった政治的態度が投票行動を大きく規定していると主張したのである．

なお，これらのうち政党帰属意識は長期的要因として位置づけられる．長期的に形成され，長期にわたり投票に影響を与えるためである．他方，候補者イメージと争点態度は短期的要因とされ，政党帰属意識にも影響されると考えられた．

その後，こうした投票行動モデルは**ミシガン・モデル**と呼ばれ，投票行動研究の基本的な分析枠組みとなった[6]．

政党支持

日本では政党を対象とする態度を**政党支持**（政党支持態度）と呼ぶが，アメリカでは日本よりも政党と有権者の心理的な結びつきが強く，政党が準拠集団として機能することもあるため，政党帰属意識という概念が用いられる[7]．

政党帰属意識や政党支持が形成されると，選挙のたびに政

---

[4] Lazarsfeld, P., Berelson, B., & Gaudet, H. (1968) *The people's choice: How the voter makes up his mind in a presidential campaign* (3rd ed.), New York: Columbia University Press. 〔有吉広介（監訳）(1987) ピープルズ・チョイス：アメリカ人と大統領選挙　芦書房〕

[5] Campbell, A., Converse, P. E., Miller, W. E., & Stokes, D. E. (1960) *The American voter*. New York: John Wiley & Sons.

[6] 田中愛治 (2000) 世論と投票行動　伊藤光利・田中愛治・真渕勝　政治過程論 (Pp.107-137) 有斐閣

[7] 平野浩 (2001) 選挙民の中の政党：政党支持　川人貞史・吉野孝・平野浩・加藤淳子　現代の政党と選挙 (Pp.153-173) 有斐閣

党の政策を比較検討するコストを省くことができる．しかし，政党間に大きな違いがない場合や，どの政党も自分の利害や価値観を代表していないと思われる場合には，そうした態度は形成されなくなると考えられる．また，政治不信の高まりによって既成政党を支持しない層が増加することもある．

争点投票と業績投票

アメリカでは1960年代にベトナム戦争や公民権問題などが新たに重要な争点となり，そうした政策争点への態度に基づいた**争点投票**（issue voting）への関心が高まった．また，1980年代になると，政党や候補者の過去の業績評価に基づく**業績投票**（retrospective voting）が行われていると考えられるようになった．なお，争点投票や業績投票には有権者の合理性が認められる，という主張もあるが，そうだとすれば，一般の人たちにエリート層と同様の政治的信念体系を期待することができなくても，デモクラシーを単なる衆愚制とみなすわけにはいかないことになる．

政治的態度から政治的認知へ

政治心理学の歴史については，1940〜50年代はパーソナリティ論の時代，1960〜70年代は政治的態度研究の時代，1980〜90年代は認知心理学の時代だったと言われているが，それ以降も認知心理学的な研究は盛んに行われ，その重要性を増している．

たとえば，政治情報の処理については，認知的簡便法である**ヒューリスティック**（heuristic）についての研究や，スキーマ理論に基づいた政治知識の構造や活性化についての研究が行われている．また，候補者評価についても，メモリベース処理でなくオンライン処理による場合があることが示されている．なお，かつての政治的信念体系という概念は**政治的洗練度**（political sophistication）という概念に発展し，その高低によって，さまざまな政治情報処理の違いが説明されるようになっている[8]．　　　　　　　〔山田一成〕

8）飯田健・山田真裕（2009）有権者の情報処理　山田真裕・飯田健（編著）投票行動研究のフロンティア（Pp.113-140）おうふう

【参考文献】

池田謙一（編著）（2000）シリーズ21世紀の社会心理学6　政治行動の社会心理学　北大路書房

III - 30 迷信

superstition

「ミミズにおしっこをかけると腫れる」「靴下をはいて寝ると親の死に目に遭えない」「3人で写真を撮ると真ん中の人が早死にする」……．誰しもそのような話を聞いたことがあるだろう．いわゆる**迷信**である．その根拠がはっきりしているとはとうてい思えず，しかしそう言われてしまえば，完全に無視することも難しい．「鰻と梅干しは食べ合わせが悪い」と言われれば，それらを一緒に食べるのはやめておこうかということにもなる．学校教育の中で科学教育が重視され，科学的な知識が広く普及しているにもかかわらず，このような迷信は，社会の中から消えてなくなってしまうことはなさそうである．

ところで私たちは，さまざまな**ビリーフ**（belief）を抱いて生きている．西田[1]によれば，ビリーフとは，ある対象と他の対象，概念，あるいは属性との関係によって形成された認知内容である．ある対象Aと別の対象（あるいは概念，属性）Bについての認知があるときに，A＝B（AとBは同じである），A≠B（AとBは同じではない），A∈B（Aは集合Bの要素である），A→B（Aが原因となってBが生じる）といった関係があると認知されていること，それがすなわちビリーフである．

西田はさらに，ビリーフという概念がかなり広義であることを指摘し，野村[2]の主張に沿ってビリーフを，社会的または個人的事実としての「知識」，「……あるべきだ」「……なければならない」といった強い動機づけを含む「信念」，さらに個人的価値体系やイデオロギーへと結晶化した「信仰」に分類するのが有益だとしている．そして知識よりも信念，

1) 西田公昭（1998）「信じるこころ」の科学：マインド・コントロールとビリーフ・システムの社会心理学　サイエンス社

2) 野村昭（1986）所信・イデオロギー　星野命（編）社会心理学の交叉路　北樹出版

また信念よりも信仰のほうが概して変化しにくいものであるという．

　迷信もまた，ビリーフの一種として捉えることができる．「ミミズにおしっこをかける」という行為と「(オチンチンが)腫れる」という結果，「靴下をはいて寝る」という行為と「親の死に目に遭えない」という結果，「3人で写真を撮る」という行為と「真ん中の人が早死にする」という結果は，いずれも両者に因果関係があると認知されているとみなすことができ，2者の関係がそこで言及されているからである．

　ただしその認知の程度は，その信憑性についてほとんど信用しないといったものから，確信を抱いているというものまであるだろう．つまり，ある人にとっては基本的にはあまり信用しない知識としてのビリーフであり，またある人にとってはそれに従うべきだという信念としてのビリーフである．あるいはそれが自分自身の価値体系にまで組み込まれているなら，信仰としてのビリーフになっている場合もあるかもしれない．

　他方，迷信に相対する概念は**正信**である．すなわち「正しい信念」に対して，迷信は「迷わせる信念」として「正しくない信念」を指す．そして迷信はしばしば，実害をもたらすものという意味を含意している．「丙午(ひのえうま)の年に生まれた女性は，鬼になって家族を苦しめる」という迷信があるが，それゆえに，丙午の1966年（昭和41年）に生まれた人々は前後の年に比べて明らかに少なかった[3]．なおかつ，その年の生まれの女性たちは，この迷信ゆえに何らかの不利益を被っているかもしれない．

　ただし，何が正信で何が迷信であるかを区別するのはそれほど単純にはできない．ある宗教への信仰が正信とその宗教の信者は考えるであろうが，その宗教に関係していない他者からすれば，それは迷信に過ぎないと思えてしまうことがある．「手術が必要な怪我を被っても，輸血をしてはならない」ということが，ある宗教の中で大事なこととして固く守られているという．しかし，その信仰ゆえに手術ができずに命を落としたというケースも報道されている．ある宗教団体が他

3) 丙午の年は60年ごとに巡ってくる．次の丙午は2026年であるが，そのときも人々はこのことを気にかけるであろうか．

宗教を邪宗であるとして非難したり攻撃したりすることがあるのも，何が正信で何が迷信であるかを決めることが，一概にできないことを物語っている．

また，迷信にやや似た言葉として**俗信**（folk belief）という言葉がある．俗信とは，「科学的な検証を経ていないにもかかわらず，ア・プリオリ（先験的）に信じられている知識・技術・因果観」と定義されている[4]．この定義に従えば，私たちが有している知識・技術・因果観は，科学的な検証を経たものと，科学的な検証を経ていないものに分類することが概念上可能である．そして私たちはそれらを，必ずしも明確に線引きして区別するということなく日常の中で用いていると考えられる．

俗信は，そこで言及される事柄の関係が本当は明確ではないということが特徴であるが，多くの人にとって科学的な知識・技術・因果観も実は同様である．科学が高度に進歩し細分化したために，その分野の専門家でもなければその知見の中身を正確に説明することは難しい．たとえば日常生活の中で手放せないものとなった携帯電話（携帯端末）やインターネットは，なぜそれがそのように機能するのかを厳密に説明することは，私たちの多くにとって，きわめて困難である．

俗信のみならず科学的と言われる知識・技術・因果観も，必ずしも説明ができないブラックボックスの構造を有しているのである．そしてそのブラックボックスの中身を，通常考えてみようともせず，私たちは携帯電話などを使用している．

いくら科学が発展しようとも，俗信が廃れないのは，そのような構造になっていることに一因があると考えられる．それのみならず，俗信があることによってもたらされるある種の生活の知恵や潤いのようなものが，科学によっては得られないことも一因かもしれない．

筆者はかつて行った調査で，俗信に傾倒する人々のあり方について，次の4点を見出している．

すなわち，(1) 個人は俗信のすべてを妄信的に受け入れているのではなく，信用できるものかどうか自分なりに取捨選択している（選択的）．また，(2) マスコミなどからの情報

4) 野村昭 (1989) 俗信の社会心理　勁草書房

の単なる受け売りではなく，オリジナルな内容を形成していることがある（独創的）．しかし，(3) 信じる俗信の根拠については説明が厳密にはできず，不問に付していることが多い（非絶対的），さらに，(4) マスコミ情報や他の人の考えに影響されやすく，考えが変わりやすい（流動的）．ただし中には，たとえば超能力の存在を肯定する根拠として，「脳の使っていない機能である」とか，「進化の過程でなくしてきた機能」であるといったことをあげる人もいて，俗信とはみなしていない場合もある．

　こうした俗信もまた，ビリーフの一部と考えられる．そして迷信は，俗信の中の一形態と捉えることができるだろう（図30-1）．両者の区別は必ずしも明確ではないが，占いや血液型性格判断などは，通常は迷信と呼ばれないことが多いだろう．先述のように迷信は，実害をもたらすものという意味が付与されていることが多い．実際には占いや血液型性格判断が実害をもたらすこともありうるのであるが，むしろ生活の中で役立ち，コミュニケーションを円滑にするものとみなされているがゆえだろう．

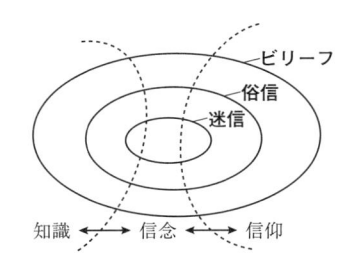

図30-1　迷信・俗信・ビリーフの関係

　ただし迷信と言われるものの中にも，実害をもたらすというよりも，何らかの教訓を含んだものがあることは指摘しておかねばならない．「ミミズにおしっこをかけると腫れる」というのは，生きているものを粗末に扱わないという教えとも解釈できるからである．　　　　　〔伊藤哲司〕

【参考文献】
詫摩武俊・佐藤達哉（1994）血液型と性格：その史的展開と現在の問題点　現代のエスプリ 7，至文堂

III-31 スティグマ

stigma

スティグマ（烙印）は，元来，奴隷や犯罪者や謀反人などの額などに押された，肉体上の徴(しるし)のことであった[1]．その後，より広汎な人々に関して，「健全で正常な人たちから，信頼を損ない，汚れた卑小な人間として貶められるような属性」を指すこととなった．この属性は，欠点，短所，ハンディキャップとも呼ばれる．その種類として，第一に，肉体のもつさまざまな醜悪さのスティグマ，第二に，精神異常，投獄，麻薬常用，アルコール中毒，同性愛，失業，自殺企図，過激な政治運動などから推測される，個人の性格上の欠点のスティグマ，第三に，人種，民族，宗教などの集団的スティグマがある．

クロッカー（Crocker, J.）ら[2]は，スティグマの可視性（visibility）と，統制可能性（controllability）により，スティグマを付与する人，される人の双方にとって，スティグマのもつ意味が変わるとした．また，何が周囲からスティグマ化されるかの判断は，他者との関係や文脈に依存するため，主観的であり，明確な基準がない．誰もがスティグマを付与する人にも，される人にもなりうるのである[3]．

片桐[4]は，ミード（Mead, G. H.）の役割理論に基づき，個人の**役割取得**（role-taking）を円滑に進めるために，類型的な認知的枠組みとなるカテゴリーが用いられるとした．役割がカテゴリー化されていると，自己や他者が誰であるかを解釈でき，お互いの行為や動機を予期しやすくなるからである．そしてスティグマも，こうしたカテゴリーのひとつとして機能する．この考え方は，心理学における認知的（cognitive）アプローチと共通する．そこでは，人間の認知活動は，

1) Goffman, E. (1963) *Stigma: Notes on the management of spoiled identity*. Prentice-Hall. 〔石黒毅（訳）(1970) スティグマの社会学：烙印を押されたアイデンティティ　せりか書房〕

2) Crocker, J., Major, B., & Steele, C. (1998) Social stigma. In D. T. Gilbert, S.T. Fiske, & G. Lindzey (Eds.), *Handbook of social psychology* (4th ed), Vol.2 (Pp.504-553), Boston: McGraw-Hill.
可視性のあるスティグマは，相互作用のあり方を決定する最初の手がかりとなり，スティグマを付与された人は，他者の自分への反応をスティグマに帰属しやすくなる．
統制可能性のあるスティグマを付与された人は，他者から拒絶されやすくなる．

3) ゴッフマンは，アメリカの男性の場合，

情報処理能力に制約があるため，ステレオタイプ的判断をすると考えられている．

ところでスティグマは，社会心理学においては，特定の社会的カテゴリーに属する人々が，他のカテゴリーの人々からもたれる，きわめて否定的，敵意的な**ステレオタイプ**（stereotype），嫌悪感などを伴った態度（attitude）としての**偏見**（prejudice），他のカテゴリーの人々との平等な待遇を拒否される**差別**（discrimination）と関連して研究されてきた[5]．その先駆者は，オルポート（Allport, G. W.）である．彼は，『偏見の心理』[6]の中で，「偏見は窮極的にパーソナリティ形成及びその発達の問題である」という立場に立った．そして，偏見が根強く日常生活に食い込んでいる原因を，あらゆる個人の攻撃心や葛藤，罪悪感，恐怖に帰した．

また，『心理学における人間』[7]では，「普通，ある国，人種，宗教に関して偏狭であれば，外集団（outgroup）全部に関しても偏狭であることが多い」ことに鑑みて，偏見は，以下のような個人の基本的欲求や願望を満たすものであるとした．すなわち，(1) 分類への欲求：人は生きていくために，簡単なレッテルを必要とする，(2) 不安と安全の欲求：自分の安全と地位が脅かされると感じることが偏見を生む，(3) **スケープゴート**（scapegoat）：通常，目標達成行動を阻害した人を攻撃して欲求不満を解消するのだが，その対象者が強者であるとか，特定できないような場合に，しばしば社会的マイノリティなどの弱者を攻撃してしまうため，その結果として偏見が生まれる，(4) 性的葛藤：深いコンプレックスが，**外集団**は非道徳だという非難を生む，(5) **権威主義的**（authoritarian）パーソナリティ[8]：子ども時代に，厳格で懲罰的な親の養育を受けると，懲罰への恐れや敵意が無意識の領域に抑圧される．そして，そのはけ口が弱者に向くことで偏見が生まれる，という具合である．

このように，オルポートは個人のパーソナリティを偏見の原因と考えたが，それ以後は，**接触仮説**（contact hypothesis）にみられるように，集団間葛藤をその原因と考える傾向が強まった．シェリフ（Sherif, M.）ら[9]の**現実的葛藤理論**

「若くて，既婚で，白人で，都会に住み，北部出身者で，大卒で，異性愛者で，プロテスタントで，子持ちで，常勤職につき，顔の色艶がよく，中肉中背で，スポーツの記録保持者」だけがスティグマを付与されないとした．

4) 片桐雅隆（2007）「役割としてのスティグマ」を考える　山岸健（編著）社会学の饗宴Ⅰ　風景の意味：理性と感性（Pp.107-125）三和書籍

5) Biernat, M. & Dovidio, J. F. (2000) Stigma and stereotypes. In T. F. Heatherton, R. E. Kleck, M. R. Hebl, & J. G. Hull (Eds.), *The social psychology of stigma* (Pp.88-125), New York: Guilford Press.

6) Allport, G.W. (1954); (1958) (Anchor Edition) *The nature of prejudice*. New York: Doubleday. 〔原谷達夫・野村昭（訳）(1961) 偏見の心理　培風館〕

7) Allport, G. W. (1968) *The person in psychology*. Boston: Beacon Press. 〔依田新・星野命・宮本美沙子（訳）(1977) 心理学における人間　培風館〕

(realistic conflict theory）によれば，希少資源をめぐる現実の利害関係や賞獲得の競争関係の中では，外集団に対しては嫌悪や敵意や脅威を感じるため，その結果として偏見が生まれるとした．ただし，集団間で接触すると，この対集団間差別や敵対心を解消するとされた．また，**社会的アイデンティティ理論**（social identity theory）によれば，人々は自分の所属する**内集団**（ingroup）から，自己の意味や自己概念，自分のアイデンティティ，すなわち社会的アイデンティティを定義するとみなす．その際，社会的アイデンティティの高揚が内発的に動機づけられるため，内集団に対してはひいきが，外集団に対しては偏見が生まれるとした[10]．

ところで，スティグマを付与された人々は，自らを，社会からスティグマを付与された**マイノリティ**（minority；少数派）と自覚する．そして，内集団を卑下し[11]，否定的，**逸脱的**（deviant）なアイデンティティを確立していくことになる．これらにより，人間関係を深めるのに有効な自己開示（self disclosure）の幅を制限し，自尊心を低下させてしまう．

ただし，スティグマを付与された人同士の間では，スティグマを一時的に認識せずにすむ気楽さがある．さらに，自分に対する否定的結果を，スティグマに原因帰属することもできる．否定的なアイデンティティは強固で，集団凝集性が高い場合も多いが，このように皮肉にも，スティグマによって傷ついた人々にとって，救いになっている場合もある．

スティグマを付与されると，「人間的」とはいえない特殊な相互作用，自己呈示を行うことになる．坂本[12]は，その相互作用の形式として，以下の3つをあげた．第一に，**切り離し操作**（cutting out operation）がある．これは，あるスティグマを付与されると，あらゆる言動の理由がそのスティグマの特徴だけに求められ，それ以外の要因が切り離されてしまうことである．たとえば「精神障害者」というスティグマを付与された人は，「あの人は精神障害者だから」という具合に行動の理由づけをされる．そして，その精神障害者は，それに反論したり，自己呈示したりする機会をもてなくなる

8) Adorno, T. W., Levinson, D. J., Frenkel-Brunswik, E., & Sanford, R. N. (1950) *The authoritarian personality*. New York: Harper & Row.

9) Sherif, M., Harvey, O. J., White, B. J., Hood, W. R., & Sherif, C. W. (1961) *Intergroup conflict and cooperation: The Robber's Cave experiment*. Oklahoma:University of Oklahoma Book Exchange.

10) 岡隆（1999）ステレオタイプ，偏見，差別の心理学　岡隆・佐藤達哉・池上知子（編）現代のエスプリ No.384　偏見とステレオタイプの心理学（Pp.5-14）至文堂

11) Ikegami, T. (1996) Group identification and stereo-typing. Paper presented at the 26th International Congress of Psychology. Montreal, Canada.

12) 坂本佳鶴恵（1986）スティグマ分析の一視角：人間であるための諸形式に関する考察　現代社会学 12, 157-182.

のである．第二に，個人がスティグマを付与されると，その役割以外の別の役割を遂行している自己を，他者に呈示しにくくなることである．すなわち，役割距離をとることの困難さである．たとえば通常であれば，「妻」を演じる人は他の状況では「母」であったりするのだが，「精神障害」というスティグマを付与されると，その人の母としての側面を呈示しにくい．第三に，回避儀礼の欠如がある．これは，スティグマを付与された人の自己領域に，相互作用の相手が侵入することをいう．そして，付与された側の人は，その侵入を回避できない．そのため，自己制御のもとに，自身を他に呈示することもできなくなるのである．たとえば刑務所などの施設にいる人が，私物も氏名も奪われ，日常のあらゆる行為に干渉，監視されることなどがある．

　スティグマから解放される方略としては，以下のものが考えられる．第一に，個人がより多重な役割に従事し，役割を演じ分けることである．これにより，多様な自己呈示により，スティグマとなる役割の影響を小さくすることができよう．第二に，スティグマを示す名前を改変することで，スティグマの意味づけを変えることである[13]．たとえば，身体的・精神的な「障害者」という名前は，最近，「障がい者」とひらがな表記されるようになってきた．「害」を煩う人々という負のイメージを定着させないために，また，バリアフリーや対人サポートなどにより，害に煩わされない方向に向かうことが可能なことを認識させるために，名前の改変は役立つはずである．第三に，外見や声やしぐさなどの身体情報を操作し，身体を介した相互作用を統制することである．これにより，身体的なスティグマの影響をある程度低下させられるであろう．

〔土肥伊都子〕

13）坂本真士は1999年，「精神分裂病」という病名自体が一般の人に誤解を与え，偏見を助長する危険性を指摘した．その後2002年に，「統合失調症」に変更された．
坂本真士（1999）精神疾患患者と身体疾患患者のステレオタイプ　岡隆・佐藤達哉・池上知子（編）現代のエスプリ　No.384　偏見とステレオタイプの心理学（Pp.162-171）至文堂

【参考文献】
ゴッフマン，E.／石黒毅（訳）（1970）スティグマの社会学：烙印を押されたアイデンティティ　せりか書房

III - 32
仮想的有能感

assumed competence

　仮想的有能感という言葉は速水の造語であり，その用語を用いて現代青年の特徴を一般向きの書物として出版したことから知られるようになった[1]．仮想的有能感とは「自己の直接的なポジティブ経験に関係なく，他人の能力を批判的に評価・軽視する傾向に付随して習慣的に生じる有能さの感覚」と定義される．この概念が生まれた背景には，現代の若者は場をわきまえず大声で話をしたり，物を食べたりといった横柄で不道徳な迷惑行為等，膨張した外面が目立つ一方，彼らにうつ病がひろがっていたり，大志を抱くことなく，諸外国の若者に比べ**自尊感情**（self-esteem）[2]や有能感が低いといった萎縮した内面を共有しているという見方がある．この矛盾した両面を説明する概念が仮想的有能感である．すなわち，現代の若者は自分本来の自信のなさを補うために無意識的に勝手に他人を軽視したり，見下すことで偽りの有能感を得ようとしていると考えられる．仮想的有能感は一種の自己肯定感で自己評価が高く利己的な面をもつ点で概念的に自己愛と類似しているが，他者評価の仕方に起因しているところに相違がある．

　仮想的有能感は本来，無意識的なもので直接測定することはむずかしい．そこで，直接的にはそれが意識化している部分である他者軽視傾向を測定することで間接的に仮想的有能感を捉えようとしている．これまでにそれを捉える質問紙ACS（Assumed Competence Scale），その後 ACS-2 が作成されている[3]．現在では ACS-2 が使われる場合が多いが，項目内容はたとえば，「自分の周りには気のきかない人が多い」「他の人の仕事を見ていると，手際が悪いと感じる」「話し合いの場で，無意味な発言をする人が多い」など，11項目か

1) 速水敏彦（2006）他人を見下す若者たち　講談社現代新書

2) 自尊感情の低さについては次の文献を参照．
河内和子（2003）自信力はどう育つか：思春期の子ども世界4都市調査からの提言　朝日新聞社

3) ACS については下記を参照．
速水敏彦・木野和代・高木邦子（2005）他者軽視に基づく仮想的有能感：自尊感情との比較から　感情心理学研究 12, 43-55.
ACS-2 については下記を参照．
高木邦子・速水敏彦・木野和代（2004）仮想的有能感尺度の妥当性検討　日本教育心理学会第46回総会発表論文集 33.
Hayamizu, T. et al. (2004) Assumed-competence based on undervaluing others as determinant of emotions: Focusing on anger and sadness.

らなるもので5段階評定で答える形式をとっている．信頼性については内部一致性や再検査により確認され，妥当性に関して観察結果との対応などにより確認している．さらにACS-2で測定されたものが真の自信や有能感とは異なることを明らかにするため自尊感情との関係を調べ，無相関であることを確認している．ここでいう自尊感情とは通常の意識しうる顕在的自尊感情のことであるが，意識されない**潜在的自尊感情**（implicit self-esteem）とはむしろ正の関係が期待される．実際，潜在的自尊感情をIAT（Implicit Association Test）[4]で測定し，仮想的有能感との関連をみたところ，顕在的自尊感情が低く，潜在的自尊感情が高い場合に仮想的有能感が最も高くなることが示された[5]．

さらにこの質問紙で実際には意識できる他者軽視として測定したものをそのまま仮想的有能感としているが，実は他者軽視をする人の中には実際に真の自信があって他者軽視をする人も含まれている．そこで，自分に自信がなくて他者軽視する人と区分するために，他者軽視と同時に自尊感情[6]も測定し，両者の高低によって4つの有能感タイプに分類している．この4つの有能感タイプは，まず，他者軽視高，自尊感情低群で純粋な意味での仮想的有能感を最も生じやすいと考えられる人たちで**仮想型**という．次にその両方が高い群で現実に有能であることで他者軽視をしていることも想定されるので**全能型**と命名している．また，他者軽視低，自尊感情高群は最も社会的に望ましく適応的なもので**自尊型**，両方とも低い群は現実に自信がなく自己卑下的であるので**萎縮型**としている．ただし，有能感タイプで考えるときの問題はそれぞれの高低群を定める際，その時々の標本のデータの平均値が用いられ，群分けの絶対的基準が今のところ定まっていないことである．

次に仮想的有能感の形成について考えてみよう．文化・社会的要因として第一は**個人主義**の浸透に伴う影響が考えられる．個人主義のもつ自主独立の精神は負の側面としての競争を激化させ，格差を生じさせやすい危険性もはらんでいる．多くの人たちが現実には競争での敗北感を味わうが，負け組

Asia Pacific Education Reviw, 5, 127-135.

4) 潜在的自尊感情の測定の考え方については下記を参照．
Greenwald, A. G., McGhee, D. E., & Schwarz, J. L. K. (1998) Measuring individual differences in implicit cognition: The implicit association test. Journal of Personality and Social Psychology, 74, 1464-1480.

5) 小塩真司・西野拓朗・速水敏彦（2009）潜在的・顕在的自尊感情と仮想的有能感の関連　パーソナリティ研究 17, 250-260.

6) これ以降，単に自尊感情というのは顕在的自尊感情のことである．また，自尊感情の測定にはローゼンバーグRosenberg, M.（1965）の尺度が用いられることが多い．
Rosenberg, M.（1965）Society and adolescent self-image. NJ: Orinceton University Press.

に与(くみ)されるのを避け，体面を保とうとするので無意識的に仮想的有能感が生じるといえる．この十分な証拠とはいえないが個人主義が日本よりも先行していると考えられるアメリカやカナダの大学生は，国際比較研究で日本の大学生よりも仮想的有能感が高い傾向が示された[7]．第二は **ITメディア** の発達である．特に最近の若者はコンピューターの利用に長けており，インターネットを駆使して多くの情報を瞬時に収集できる．まず，そのような技能を有することが自分が有能だという錯覚を引き起こしやすい．さらに携帯メールなどのITメディアを媒介にしたコミュニケーションが他者を無視した利己主義的な感覚を形成しやすい．それは携帯メールを使ったいじめが行われている現実を考えれば十分理解できよう．そして第一および第二の要因はいずれも**人間関係の希薄化**につながり，直接的にはそれが他者軽視を生じさせ，仮想的有能感の感覚につながっているといえる．第三はマスコミなどを通じた人を軽く扱う傾向である．テレビではお笑い番組が増加し，お笑い芸人と呼ばれる人たちの花盛りであるが，相手を笑いのめすような話が多いことは確かである．さらにニュース番組等でも各テレビ局は視聴率をあげるために競っており，社会的に名のある人物が少しでも問題を起こせば，報道の自由を笠に着て視聴者に優越感を抱かせるような報道の仕方をしている．真面目さや勤勉さの軽視も，マスコミを通して伝わることが多いかもしれない．勤勉な国民といわれていた日本人は最近になって不況のせいか運やコネを重視するようになったというが[8]，そのような傾向も最近の若者の仮想的有能感の形成に関係していよう．

次に家庭的要因や親のしつけの要因もあげることができる．現代のように家族にまとまりがなくコミュニケーションが少なく，親からの愛情が欠如すると自信がもてなくなり他者軽視する傾向が強まると考えられる．実際の調査からも家族のコミットメントの程度や互いに助け合う程度が低いほど，また，怒りや攻撃の率直な表現や葛藤の程度が多いほど，さらに親の養育行動としては受容的でなく，統制的な傾向が強いほど，子どもは仮想型になる傾向が示された．家族の崩

7) 木野和代・速水敏彦 (2009) 仮想的有能感の形成と文化的要因：大学生を対象に 日本教育心理学会第51回総会発表論文集 26.

8) 次の文献を参照．大竹文雄 (2010) 競争と公平感 市場経済の本当のメリット 中公新書

9) 家庭的要因に関しては次の2つの学会発表を参照．
高木邦子・木野和代・速水敏彦 (2010) 仮想的有能感の形成に親子関係が及ぼす影響 (1) 日本心理学会第74回大会発表論文集, 1024.
木野和代・高木邦子・速水敏彦 (2010) 仮想的有能感の形成に親子関係が及ぼす影響 (2) 日本心理学会第74回大会発表論文集, 1025.

10) Hayamizu, T., Kino, K., & Takagi, K. (2007) Effects of age and competence type on the emotions: Focusing on sadness and anger. *Japanese Psychological Research*, 49, 211-221.

11) 松本麻友子・山本将士・速水敏彦 (2009) 高校生における仮想的有能感といじめの関連 教育心理学研究 57,

壊が進んでいる今日，今後も仮想的有能感が高まる可能性は高いように思われる[9]．

性差に関しては，日本だけでなく外国でも男性の方が女性よりも仮想的有能感が高い傾向が示されている．男性の方が女性よりも概して競争にさらされる時間が多いこと，さらには女性は男性に比べて概して他者と親和的であることが関係していよう．年齢に関しては速水らの調査では最近の文化の影響を受けやすい若者，特に中・高校生が仮想的有能感が高いことは支持されているが，一方で60歳前後の年齢も中・高校生ほどになることが示された[10]．ただし有能感タイプでみると中高校生と異なり彼らは自尊感情が高く，全能型が多くを占める（図32-1参照）．それに対して若者には仮想型が多い．ただし，これが現代の社会・文化的特徴によるところが大なのか，時代を超えて存在する不安定な思春期の特徴を反映したものかは，今後の縦断的研究の結果をまたねばならない．

仮想的有能感をもつことが問題行動につながることも指摘されている．たとえば，仮想的有能感の高い人はいじめの加害者にも被害者にもなりやすいこと[11]，日常的に抑うつや敵意などの負の感情をもちやすいこと[12]，さらには学習場面では友人に援助を受けたり，与えたりする傾向が少ないこと[13]などが報告されている．

〔速水敏彦〕

432-441.

12) 小平英志・小塩真司・速水敏彦（2007）仮想的有能感と日常の対人関係によって生起する感情経験：抑うつ感情と敵意感情のレベルと変動性に注目して　パーソナリティ研究　15, 217-227.

13) 小平英志・青木直子・松岡弥鈴・速水敏彦（2008）高校生における仮想的有能感と学業に関するコミュニケーション　心理学研究　79, 257-262.

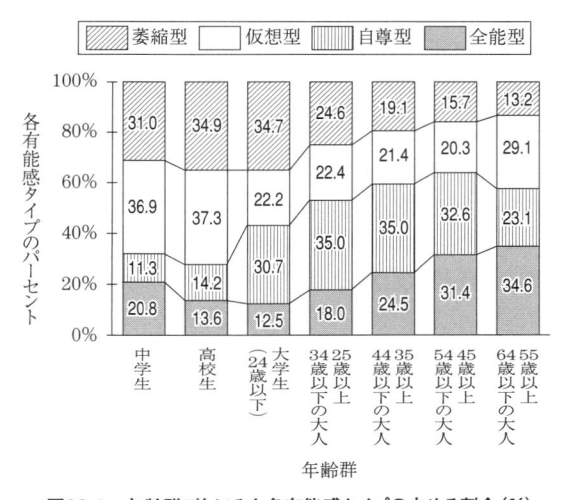

図32-1　年齢群ごとにみた各有能感タイプの占める割合（%）
（Hayamizu, Kino, & Takagi, 2007）[10]

【参考文献】
速水敏彦（2006）他人を見下す若者たち　講談社現代新書
速水敏彦（2009）萎縮しながら膨張する〈こころ〉京都文化会議記念出版編集委員会　川添信介・高橋康夫・吉澤健吉（編）こころの謎 kokoro の未来（Pp.66-90）京都大学学術出版会

III-33 シャイネス

shyness

　社会的な場面で常に無口で目立たない人のことを,「引っ込み思案」とか「恥ずかしがり」などと表現したりするが,社会心理学ではこうした行動傾向を**シャイネス**と呼ぶ.また,シャイネスは単に対人関係が消極的であるばかりでなく,緊張感や気後れなどの対人不安を伴うことが特徴である.それゆえ,チーク(Cheek, J. M.)とバス(Buss, A. H.)[1]はシャイネスを「他者が存在することによって生じる不快感と抑制」と位置づけ,また,リアリー(Leary, M. R.)[2]は「他者から評価されたり,評価されると予想することによって生じる対人不安と行動の抑制によって特徴づけられる感情 ― 行動症候群」と定義している.

　シャイネスの問題が注目された理由の一つは,シャイであることに悩む人が意外に多く存在するという事実であった.ジンバルドー(Zimbardo, P. G.)[3]は,5000人の米国人への調査結果から,8割が人生のどこかの時期にシャイネスを経験し,4割が現時点でシャイであり,また,25％が慢性的にシャイネスであると述べている.また,日本人のサンプルでは,その比率がさらに高いことが報告されている.

　シャイネスが研究されるもうひとつの理由は,シャイな人たちが社会生活の様々な状況で不利な立場に追いやられやすいからである.カスピ(Caspi, A.),エルダー(Elder, G. H.),ベム(Bem, D.)[4]は,10歳から12歳の時点でシャイと評価された男性が,その後どのような生活を送ったかを追跡調査している(図33-1).その結果,男性の場合,シャイな個人はそうでない個人に比べ,結婚や子どもを持つ時期が遅くなることが示された.さらに,定職に就くのが遅れるため,職

1) Cheek, J. M. & Buss, A. H. (1981) Shyness and sociability. *Journal of Personality and Social Psychology* 41, 330-339.

2) Leary, M. R. (1986) Affective and behavioural components of shyness: In W. H. Jones, J. M. Cheek, & S. R. Briggs (Eds.), *Shyness: Perspectives on research and treatment* (Pp.27-38), New York: Plenum Press.

3) Zimbardo, P. G. (1977) *Shyness: What it is, what to do about it.* Reading: Addison-Wesley.〔木村駿・小川和彦(訳)(1982) シャイネスⅠⅡ 勁草書房〕

4) Caspi, A., Elder, G. H., & Bem, D. J. (1988) Moving away from the world: Life-course patterns of shy children. *Developmental Psychology*, 24, 824-831.

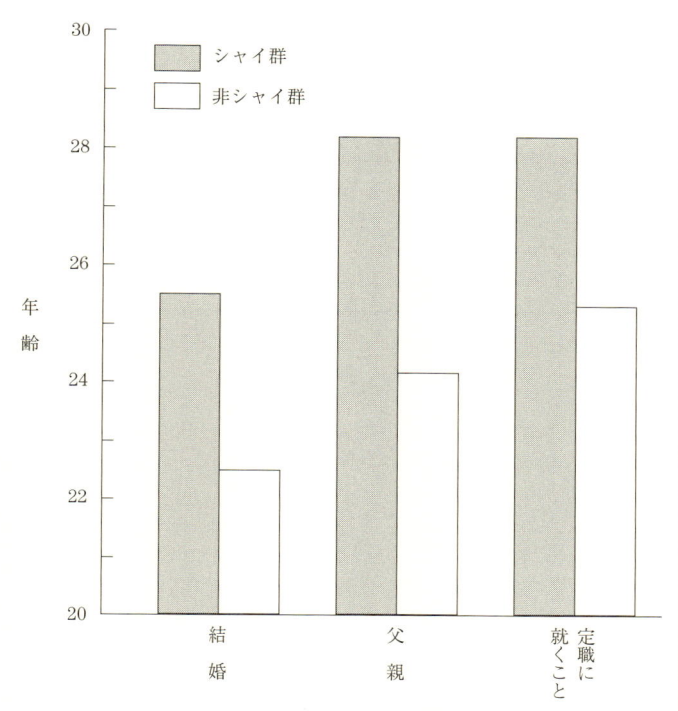

図33-1　結婚した年齢, 父親になった年齢, 定職に就いた年齢とシャイネス
児童期にシャイであった群とそうでない群との平均年齢（Caspi, Elder, & Bem, 1988[4]より）

業的な成功の機会を逃しやすいことも示されている．一方，女性に関しては，明確な悪影響は見られないが，伝統的な性役割規範に基づいた結婚生活を送る傾向が見られたことなどが報告されている．また，シャイな性格ゆえに異性と親密な関係を持てないという悩みは**異性対人不安**（hetero-sexual anxiety）などと呼ばれ，欧米だけでなく日本においても重大な関心を持たれている．このように，シャイな個人は積極的な自己アピールが苦手なため，周囲から長所を理解されにくく，活躍の舞台が与えられないことで不利益を被ることが多くなってしまう．

シャイネスの原因

なぜ，社会的場面で消極的になってしまうのか．一見すると，人と関わることで生じる緊張や不安がその原因であるか

のように思われるが，必ずしもそうとは言えない．たとえば，ピルコニス（Pilkonis, P. A.）[5]は自分をシャイだと認知する人たちに，その理由となる「症状」を尋ねたところ，大きく2つのタイプに分かれることを見出した．積極的に行動できないという行動の側面に悩むグループと，内面的な不安や緊張に耐えているグループである．前者は外から見てもそれと分かるので，**公的シャイネス**（public shyness），後者は人知れず個人的に感じているという意味で**私的シャイネス**（private shyness）と呼ばれている．これらを比較してみると，前者の方が自分のシャイネスをより深刻に感じていることが示されている．シャイネスの問題点は，不安感そのものに対する苦痛よりも，対人場面で自分が目立てず，社会的に活躍できないことの方にあるようだ．

　では，同じように不安が高くても，なぜ回避的行動をとる者とそうでない者とがいるのだろうか．もし，不安傾向は高くても明るく振舞うことができるようになれば，対人不安の悩みはその分軽減できるはずである．シュレンカー（Schlenker, B. R.）とリアリー（Leary, M. R.）は[6]，対人不安のメカニズムを**自己呈示モデル**（self-presentation model）によって説明している．これによると，対人不安は特定の印象を他者に与えようとする動機づけが高いが，そうした印象を呈示できる可能性が低い場合に高まると予測している．菅原[7]は，対人不安傾向と対人消極傾向とを区別して測定する尺度を作成し，欲求や認知的特徴，あるいは社会的スキルがどう関連するかを検討している．その結果，対人不安の方は，拒否的な評価を受けたくないという気持ちが強く，かつ，自分に自信が持てない個人において高まりやすいことが示され，自己呈示モデルとの一致が確認された．しかし，もう一方の，対人的消極傾向と関連していたのは**社会的スキル**（social skill）の低さであった．つまり，人前での自分に自信がなくても，対人関係をうまくコントロールできる技能を身につけていれば，不安は必ずしも逃避的，消極的な行動につながらない．かりに危機的な状況に陥っても，対応能力で切り抜けることができるためと考えられる．

5) Pilkonis, P. A. (1977) Shyness, public and private, and its relationship to other measures of social anxiety. *Journal of Personality*, 45, 585-595.

6) Schlenker, B. R. & Leary, M. R. (1982) Social anxiety and self-presentasion: A conceptualization and model. *Psychological Bulletin*, 92, 641-669.

7) 菅原健介（1998）シャイネスにおける対人不安傾向と対人消極傾向　性格心理学研究 7 (1), 22-32.

こうした知見は，自己意識の活性に伴う行動制御モデル[8]からも説明ができる．行動制御モデルとは，個人が自己を意識し，それを制御しようとする場合の心のメカニズムをモデル化したものである．他者から評価される場面などで自己に注意が向くと，個人は現実の自己像を理想の自己像に一致させるように行動する．ズレが見出された場合，そのズレの解消が可能かどうかの認知的判断が行われ，不可能である場合には当該状況からの物理的，心理的逃避が生じ自己制御は中断される．こうした逃避的反応は本来，不可能な課題にいつまでも固執しないよう，無駄な努力から自己を解放する一種の安全弁である．しかし，こうした逃避的反応が慢性的に生じれば，事態への消極的な態度が固定化されてしまうことになる．シャイネスをこのように説明することが可能である．

シャイネスへの対処

もちろん，シャイネスは病気ではない．個性のうちのひとつであるとも言える．しかし，そうした性格によって本人が多くの不利益を被り，自身がそこから脱却したいと考えれば，改善の道も開かれている．シャイネスや対人不安の改善については，認知行動療法のアプローチが盛んである[9]．ひとつは社会的スキルを修得し，対人場面での適切で巧みな行動パターンを身につけることである．もうひとつは，望ましくない**自動思考**（自動化されて生じる認知判断のプロセス）を解消する試みである．たとえば，シャイな人々は心拍の増大や身体の震えといった緊張の兆候を感じとると，その原因を自分のシャイな性格に帰属し，いつものように自己呈示に失敗すると決めつけてしまう[10]．それが逃避的行動に結びつき，いつまでも，シャイネスという性格傾向から抜け出ることができない．人前での不安や緊張は誰にでも起きる反応であること，そして，不安は「症状」ではなく，あくまでリスクへの適切な対応を促す警戒感であることを理解することが重要といえる．

〔菅原健介〕

8) Carver, C. S. & Scheier, M. F. (1982) *Attention and self-regulation: A control-theory approach to human behavior.* New York: Springer-Verlag.

9) 丹野義彦 (2001) エビデンス臨床心理学：認知行動療法の最前線　日本評論社

10) Brodt, S. E. & Zimbardo, P. G. (1981) Modifying shyness-related social behavior through symptom misattribution. *Journal of Personality and Social Psychology*, 41(3), 437-449.

【参考文献】
ジンバルドー, P. G. ／木村駿・小川和彦（訳）(1982) シャイネス　勁草書房

III-34
ジェンダー・バイアス
gender bias

　性には，生物学的に決定された**セックス**（sex）と，社会的役割として男女に割り当てられた**ジェンダー**（gender）がある[1]．ジェンダーは，男女に対する偏った見方を伴い，性差別や偏見につながることも少なくない．これが**ジェンダー・バイアス**である．ジェンダー・バイアスは，以下のようなことから生じる．第一に，表に現れた男女の違いを，すべて生物学的要因に帰し，それを運命的，本質的なものとみなすことである．言い換えれば，社会的要因によって男女の違いが生じたことに気づかず，ジェンダーの認識に欠けることである．たとえば，男性の性暴力やドメスティック・バイオレンス（domestic violence）は，罪が問われにくく刑が軽くなりがちである．これは，多くの人々が，男性の攻撃性は生来の特性であるとして，許容してしまうのが一因である．第二に，男女のカテゴリーを絶対的なものと考え，性差を過大視することである．二分法で分類されたもの同士には，正反対の性質が付与されやすくなる．

　ジェンダー・バイアスは，労働，マスメディア，法制度，教育，家族関係，セクシュアリティ（後述）などの広範囲の分野で存在している[2]．そして，ジェンダー・バイアスを存続させている原因のひとつが，社会集団の成員が共有するジェンダーの固定観念，すなわち**ジェンダー・ステレオタイプ**（gender stereotype）である．法制度などのハード面での男女不平等は，第一波フェミニズム[3]によってかなり改善されたが，それとは対照的に，慣習や規範などの，顕在化されにくい心理面の不平等は，1960年代後半からの第二波フェミニズムにより，ようやく問題として取り上げられるように

1) 土肥伊都子（1999）ジェンダーに関する自己概念の研究：男性性・女性性の規定因とその機能　多賀出版

2) 伊藤公雄・牟田和恵（編）（1998）ジェンダーで学ぶ社会学　世界思想社

3) 19世紀から20世紀はじめに誕生した．リベラル・フェミニズムともよばれ，近代社会が男性中心の人間観をもつことに異議を唱え，女性の経済的自立，参政権の必要性などを説いた．

なり，その中で，ジェンダー・ステレオタイプの研究も盛んになった．

心理学においては，それ以前にも**性差研究**[4]として，男女の能力や性格特性の差異を見出す研究が先行していた．これが，1970年代以降は，性差を**性役割**（sex-roles）の表れとして捉えるように転換した．そして，個人の性格特性が，いかにジェンダー・ステレオタイプを内面化しているかに注目し，質問紙などで測定する研究が行われるようになった．その先駆的研究として，1974年，ベム（Bem, S. L.）[5]は，**男性性**（masculinity）も**女性性**（femininity）も高い**心理的両性具有性**（psychological androgyny）の概念を提起した．そして，男性性・女性性を測定するための独立した下位尺度からなる，「ベム性役割インベントリー」（Bem Sex Role Inventory; BSRI）を作成した．それ以降，多くの**アンドロジニー・スケール**が生まれた．男性性は，達成，行動力などを含む**作動性**（agency）が，女性性は，親和性，他者との協力などを含む**共同性**（communion）が．その中核概念として考えられている[1]．

アンドロジニー・スケールを用いた実証的研究により，個人の男性性・女性性とさまざまな性格特性，行動傾向，心理的健康，社会的適応などとの関連性が明らかにされてきた[6]．たとえば，男性性も女性性も高いと，自尊心やコミュニケーション能力などに優れ[7]，抑うつを低下させる[8]ことなどが明らかにされている．ただし，多くのアンドロジニー・スケールが，ステレオタイプの肯定面を測定項目としているため，両性具有性が望ましい結果を生むのは，いわば当然の帰結である．ところが実証研究の結果を概観すると，男性性だけが高い場合の方が，むしろ望ましい結果になる傾向が見られるのである．つまり，現代日本社会において，両性具有性が必ずしも肯定的な心理的影響を及ぼさないのであるが，これは，男性に都合のよい，男性優位の社会[9]の表れといえよう．たとえば，職場における近年の業績主義，成果主義は，合理的，客観的，公平なシステムであるように見える．しかし，こうした判断の前提に，女性は家族ケアの役割をしてはじめ

[4] 間宮武（1979）性差心理学 金子書房

[5] Bem, S. L.（1974）The measurement of psychological androgyny. *Journal of Consulting and Clinical Psychology*, 42, 155-163.

[6] Taylor, M. C. & Hall, J. A.（1982）Psychological androgyny: Theories, methods, and conclusions. *Psychological Bulletin*, 92, 347-366.

[7] Hirokawa, K., Dohi, I., Yamada, F., & Miyata, Y.（2000）The effects of sex, self gender type, and partner's gender type on interpersonal adjustment during a first encounter. *Japanese Psychological Research*, 42, 102-111.

[8] Hirokawa, K. & Dohi, I.（2007）Agency and communion related to mental health in Japanese young adults. *Sex Roles*, 56, 517-524.

[9] 青野篤子（2006）社会におけるジェンダーの病理 福富護（編）ジェンダー心理学（Pp.157-177）朝倉書店

て，男性と同じ土俵に立てるというジェンダー・バイアスがあることを忘れてはならない．

　ジェンダー・バイアスは，一見，社会とはつながりの薄い個人的感情経験の中にも潜んでいる．女性は男性よりも身体やファッションなどで異性を意識し，ロマンティックで，恋愛結婚を夢見がちであるとされる．しかしこれは女性が本来，そのような特徴をもつからではない[10]．そこには，女性は「見られる，異性に気に入られる」性で，男性は「見る，異性を気に入る」性というジェンダー・バイアスが存在し，女性が結婚によって男性に扶養されないと経済的に自立困難な立場にあるため，生じたのである．近年，経済的に自立可能となり，男性に依存する必要のない女性たちが，結婚に魅力を感じず，非婚，晩婚化が進行しているが，これは，裏を返せば，多くの人にとって結婚とは，生活の安定，便宜のためのものでもあり，お互いの個性や人間的魅力に惹かれあったという理由だけによるものではないことを示唆している[11]．また，自らの外見への意識過剰によって発生する摂食障害が女性に圧倒的に多いのも，「見られる」性の影響である．

　わが国でジェンダー・バイアスがなかなか問題視されない理由のひとつに，個の自立よりも集団が優先され，集団あってこその個という考え方，いわば集団主義志向があげられる．学校教育においては，「隠れたカリキュラム」の典型として，「技術・家庭」がある．表向きは男女共修であるが，高等学校においては履修内容の領域を選択できるため，旧態依然として男子生徒には技術，女子生徒には家庭科と区別されているのが現状である．家族集団，社会集団を優先させる目的で，女性の役割と男性の役割を分化させ，個人はそのいずれかだけをしていればよいという考え方の表れであるが，そこからは「個」としての自立が困難な，偏狭な人間が作られていくのである．

　この「個」よりも集団を優先する考え方が最も顕著なのは，実は夫婦関係であろう．税金，年金，そして家族手当などでは，「男は仕事，女は家庭」という伝統的な性役割分担をしている夫婦が，社会の一単位として想定されている[12]．そ

10) デビッド, N. (2007)「恋愛結婚」再考：文化としての「ロマンティック・ラブ・イデオロギー」教育・社会. 文化：研究紀要（京都大学）11, 15-33.

11) 市川（1994）は若い女性の結婚意識を，「恋愛感情を持てないような相手もいやだけど，生活のレベルが下がるような結婚もいやだ」と表現した．
市川孝一（1994）夫婦における文化の共生と創造　岡堂哲雄（編）現代のエスプリ別冊　つれあいの心理と幸福（Pp.141-151）至文堂

12) 伊田広行（1995）性差別と資本制：シングル単位社会の提唱　啓文社

のため，必然的に，結婚し，夫婦を中心とした家族集団を作るように仕向けられているのである．そうなると，たとえば既婚女性の労働条件が悪く，男女の賃金格差が依然大きいままの現状も，夫婦単位で考えると，何ら問題ではなくなる．

　ジェンダー・バイアスを解消するために，ポジティブ（アファーマティブ）・アクションなどの女性優遇措置が講じられている．それと並行して，男性問題に注目するのも有効であろう．ジェンダー・バイアスは，長らく婦人問題，女性問題とされ[13]，女性に原因があるかのようにみなされてきた．たとえば，働く母親のための育児施設不足の問題に対しては「働く母親のための」社会政策が作られてきた．しかし実はこの問題は，「働く父親」があまりに育児に関与しないために生じた，男性の労働のあり方の問題でもある．

　最後に，ジェンダー・バイアスは，社会規範からの「逸脱」の場面でも存在する．そして，「男らしさ」から逸脱した男性の方が，「女らしさ」から逸脱した女性よりも，社会的ダメージが大きい[14]．また，女性のライフコースは多様であるが，男性が無職であることや専業主夫になることは許容されにくい．**セクシャリティ**（sexuality）の分野[15]でも，女性同士（レズビアン）の**同性愛**（homosexuality）よりも男性同士（ゲイ）の方が拒否されやすい[16]．セックスに規定される身体的性がジェンダーに規定されやすい心理的性と合わない性同一性障害は，女性がおよそ10万人にひとりに対して，男性は3万人にひとりであるとされ，圧倒的に男性が多い[17]．その主な原因はホルモンであると考えられているが，それに加えて，心理的な原因や社会的環境，養育態度の可能性も指摘されている[18]．この社会は「強制異性愛社会」[19]であると認識し，「逸脱」した同性愛者を容認することで，セクシャリティに関するジェンダー・バイアスが改められると思われる．　　　　　　　　　　　〔土肥伊都子〕

13) 柏木惠子・高橋惠子（2008）日本の男性の心理学：もう1つのジェンダー問題　有斐閣

14) 森永康子（2004）男らしさ・女らしさへの歩み　青野篤子・森永康子・土肥伊都子　ジェンダーの心理学（Pp.69-89）ミネルヴァ書房

15) 上野淳子（2008）セクシュアリティ　青野篤子・赤澤淳子・松並知子（編）ジェンダーの心理学ハンドブック（Pp.149-166）ナカニシヤ出版

16) 和田実（1996）青年の同性愛に対する態度：性および性役割同一性による差異　社会心理学研究 12, 9-19.

17) 山内俊雄（2000）性の境界　岩波書店

18) Harry Benjamin International Gender Dysphoria Association (2001) *Standards of care for gender identity disorders* (6th edition).

19) 小倉千加子（2001）セクシュアリティの心理学　有斐閣

【参考文献】
福富護（編）（2006）朝倉心理学講座14　ジェンダー心理学　朝倉書店
青野篤子・赤澤淳子・松並知子（編）（2008）ジェンダーの心理学ハンドブック　ナカニシヤ出版

Ⅳ 集団

Ⅳ-35 群集

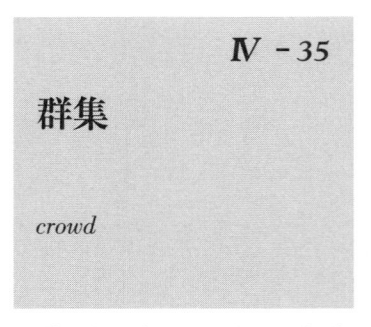

crowd

群れをなす人々の心理や行動は，20世紀以前から多くの研究者が取り組んできたテーマのひとつである．先駆者であるル・ボン（Le Bon, G.）[1]は，フランス革命における暴徒化した民衆の破壊的なパワーとエネルギー（図35-1）に着目し，**群集心理**のメカニズムを明らかにしようとした．彼は，群集の中では個々人の合理性と自己意識が失われ，代わりに「集合心」が支配的になっていると論じた．集合心とは「集合している人すべての感情や思考をひとつにし，同じ方向に向け，意識的なパーソナリティを消失させる」ような，危険な状態を意味していた．

群集とは元来，危険な状態にある人々だけを指す概念ではない．たとえばブルーマー（Blumer, H.）[2]は，**群集**には「日常的群集」（街頭に集う人々），「習慣的群集」（スポーツの試合や劇場の観客），「活動的群集」（革命，リンチ等に参加する攻撃的な人々），「表出的群集」（祭りや踊りに興じる人々）の4つの類型があるとした．またブラウン（Brown, R. W.）[3]は，群集をおとなしい「聴衆」と活動的な**モッブ**（mob）に分け，後者については攻撃的モッブ，逃走的モッブ，利得的モッブ，表出的モッブの4種を区別した．しかし，ル・ボン以降の研究者たちは長い間，群集とは危険で破壊的な暴徒であるか，または容易にそのような存在に変わり得る，という認識のもとに，その心理と行動の探究を進めてきた．

古典的群集理論の系譜

群集が等質的な行動をとるメカニズムを説明する理論に

図35-1 民衆を導く自由の女神（ドラクロワ，1831）
フランス革命を推し進めた群集の激しいエネルギーを描くにあたって，画家ドラクロワは「自由（の女神）が彼らを率いている」と表現した

1) Le Bon, G.（1895）*Psychologie des Foules*. Pares: Alcan. 〔桜井成夫（訳）(1947) 群集心理 岡倉書房〕

2) Blumer, H.（1951）Collective behavior. In A. M. Lee（Ed.）, *Principles of sociology* (Pp.67-121), New York: Barnes & Noble.

3) Brown, R. W.（1954）Mass phenomena. In G. Lindzey（Ed.）, *Handbook of social Psychology*. Vol.2 (Pp.833-876), Cambridge, MA: Addison-Wesley.

は，主として3つの流れがある．第一は「感染」説である．ル・ボンは，群集には匿名性が高まって責任感が欠如する，感情的になり動揺・興奮しやすくなる，暗示にかかりやすく付和雷同的になるといった特性があり，そうした特性のゆえにお互いの感情や思考に容易に感染し，結果的に等質化していくと論じた．ル・ボンの感染説は，タルド（Tarde, G.）[4]が提唱した行動の「模倣」説とともに，群集の行動を説明する最も古典的な理論としてその後もさまざまな議論を呼んだ．

第二の考え方は「収斂」説である．感染・模倣説では感染や模倣の結果として群集が等質化していくプロセスが想定されていたが，収斂説では逆に人々の感情や思考の類似性を先行要件とした．すなわち，等質的な人々が集まり，その類似した特性が強化され，ひとつの方向に収斂されることによって，群集行動として表出されると考えた．オルポート（Allport, F. H.）[5]は，個々人がもともと有している感情や思考が，類似した考え方をもつ他者の存在に基づく「社会的促進」によって増幅されると論じた．とはいえ収斂説においても，感情や思考の感染という現象は必ずしも否定されておらず，むしろ，等質性が高い人々の間では感染が起こりやすいと考えられていた．その意味で，感染説と収斂説は背反ではなく，むしろ相補的な側面をもった考え方であるといえる[6]．

群集行動に対する第三の説明は，ターナー（Turner, R. H.）とキリアン（Killian, L. M.）[7]による**創発規範**（emergency norm）説である．彼らは，群集行動が等質性を帯びるのは，個々人がその群集内に生起した新しい規範に同調するためであると論じた．前述のとおり，ル・ボン以来の古典的な群集理論では，群集内の個々人はその匿名性のゆえに容易に理性を失い，無秩序な行動を起こしやすいと考えられていた．これに対して，群集にも集団同様に規範が生まれ，人々はそれに従って行動するというターナーらの考え方は，群集の異常性，隠れた力の存在などの仮定を一切置かず，集団行動の延長上に群集行動を捉えるものであり，「（群集行動と）他の集団行動との間の連続性を強調することによって，伝統的な群集理論を打破した」と評された[8]．

4) Tarde, G. (1901) *L'opinion et la fourle*. 〔稲葉三千男（訳）（1964）世論と群集 未来社〕

5) Allport, F. H. (1924) *Social psychology*. New York: Houghton Mifflin.

6) Milgram, S. & Toch, H. (1969). Collective behavior: Crowds and social movements. In G. Lindzey & E. Aronson (Eds.), *The Handbook of social psychology* (2nd ed.), Vol.4 (Pp.507-610), MA: Addison-Wesley.

7) Turner, R. H. & Killian, L. M. (1957) *Collective Behavior*. Englewood Cliffs, NJ: Prentice-Hall.

8) Hogg, M. A. & Abrams, D. (1988) *Social identifications: A social psychology of intergroup relations and group processes*. London: Routledge.

古典的群集理論から集合行動論へ

初期の群集研究における感染説や収斂説と，その後に提唱された創発規範説との違いにも現れているように，群集行動をめぐる研究の方向性は，時代の流れとともに変化してきた．近年の研究では，群集とは古典理論が示唆するような非合理的で無秩序な存在ではなく，むしろ環境の変化に適応して能動的に意思決定を行おうとする人々だという考え方が主流になっている．

たとえば，大勢の人々が集まる状況で災害等の緊急事態が発生した場合，一斉に避難しようとする人々が将棋倒し（群集雪崩）になる等の「群集事故」が生起することがある．こうした事故は，理性を失った群集がヒステリックに逃げ惑い，パニック状態に陥ることによって生じると考えられてきた[9]．

しかし，池田[10] は，1983年に発生した三宅島の雄山噴火時の人々の避難行動や，1981年に神奈川県平塚市で起きた地震警戒宣言の誤報に基づく避難騒ぎ等の事例を検証しながら，緊急時の人々の行動は単純な非理性的衝動に駆られたパニックではないと指摘した．クァランテリ（Quarantelli, E.）[11] も同様に，災害の被害者は身近に迫った危険のために大きな恐れを感じるものの，それがただちにヒステリックな麻痺状態や暴徒化した行為を生むものではないと述べた．これらの議論はいずれも，緊急事態に陥った人々が，限られた認知能力を駆使して得られる限りの情報を探索し，できるだけ合理的な意思決定を行おうとしていることを強調している．また，過去の多くの群集事故の現場には，脱出路の不備などの「構造的誘発性」が存在したことも明らかになっている[12]．

群集事故に限らず，群集の行動を理解するうえでは，集合的状況における人々の情報処理や意思決定の特性と，それに関わる環境の特性，ひいては両者のダイナミックな相互作用のプロセスに着目することが求められる．こうした新しい観点に立つ現代の群集研究は，かつてのように「危険」で「異常」な群集行動のみに焦点を当てるのではなく，情報の伝播過程，流行普及過程，消費・投資マーケットの動向，インターネット・コミュニティの成立・拡大など，広範な**集合行動**

9) Smelser, N. J. (1963) *The sociology of economic life*. Englewood Cliffs, NJ: Prentice-Hall.

10) 池田謙一（1986）緊急時の情報処理　東京大学出版会

11) Quarantelli, E. (1990) The mass media in disasters in the United States. *University of Delaware Disaster Research Center Preliminary Paper*, 15.

12) 木下冨雄（2002）群集事故の要因とその制御法　日本リスク研究学会第15回大会発表論文集　201-207.

(collective behavior) を網羅しつつ発展している．

集団と群集の連続性

群集が，集合行動という新たな枠組みで論じられるようになったことと相まって，**集団**と**群集**の連続性を視野に入れた研究も増えている．従来，社会心理学においては，世の中に存在するさまざまな人々の集まりのうち，比較的永続的な組織体に該当するものを集団，一時的で明確な組織をもたない集合体を群集と呼んで，それぞれ別の領域で扱ってきた．しかし本来，集団と群集は明確に区別できるものではなく，両者の中間に位置するようなあいまいな集合体も多数存在している．

たとえば，**社会的アイデンティティ**（social identity）理論の立場に立つ研究者は，「群集は集団の初歩のかたちと考えることができる」[13] という観点から，集団と群集の連続性を指摘している．ホッグ（Hogg, M. A.）ら[14] は，「群集の行動の等質性は，成員が『共通した』社会的アイデンティティに基づいて行動した結果である」と指摘し，集団行動と集合行動を同一のメカニズムによって説明することを試みた．彼らは，群集の中の人々は単に個人的アイデンティティを失って「没個性化」しているわけではなく，個人的アイデンティティに代えて群集成員としての社会的アイデンティティを顕現化させているのであり，そのことによって群集全体としての統制が果たされていると論じた．

さらに，集団行動や集合行動を生み出す規範の創発過程を明らかにするためのコンピューター・シミュレーション研究[15]，人と人との多様な結びつきと相互作用の構造を読み解く社会ネットワークの分析[16]，集団と群集の中間的存在といえるあいまいな集合体を対象としたフィールドワーク[17] など，集団と群集を包括的に理解するための研究は多彩な方法論を用いて行われており，今後とも発展が期待される．

〔村本由紀子〕

【参考文献】
田中淳・土屋淳二（2003）集合行動の社会心理学　北樹出版

13) Brown, R. (1988) *Group processes: Dynamics within and between groups*. Oxford, UK: Blackwell.

14) Hogg, M. A. & Abrams, D. (1988) *Social identifications: A social psychology of intergroup relations and group processes*. London: Routledge.

15) 矢守克也・杉万俊夫（1992）横断歩道における群集流の巨視的行動パターンのシミュレーション　実験社会心理学研究 32, 135-145.

16) Wasserman, S. & Faust, K. (1994) *Social network analysis: Methods and Applications*. New York: Cambridge University Press.

17) 村本由紀子（1996）集団と集合状態の曖昧な境界：早朝の公園で見出される多様なアイデンティティ　社会心理学研究 12, 113-124.

IV-36

集団規範

group norm

　孔子が老熟期の心境として語ったとされる言葉に，「己の欲するところに従いて，矩を越えず」[1] というものがあるが，通常は，集団メンバーそれぞれが，したいようにふるまえば，集団は機能しなくなる．そこで，集団がうまく機能するためには，場面ごとでの正しい行動や考え方と，正しくない行動や考え方を規定し，正しくない行動や考え方に対しては，何らかの罰が与えられ，正しい行動や考え方には，何らかの報酬が与えられ，集団メンバーがその正しい行動や考え方をすることが期待できる状態にしておく必要がある．この，各メンバーが遵守することが期待される行動や考え方が，その集団の**規範**である．規範がどのように形成され，どのようにすれば維持され，どのような機能（メリットやデメリット）を持つのか，ということは長い間社会心理学の重要な研究テーマの一つであった[2]．

　規範の形成について，自動光点運動を用いてシェリフがおこなった実験がある[3]．自動光点運動とは，暗室の中でスクリーンに光の点を提示すると，その光点自体は動いていないのに，自然に生じる眼球運動のため，光点そのものが動いて見える現象である．自動光点運動の量を実験参加者が個々人で判断するときには，大きな個人差がある．しかし3人などの集団になり，1人ずつ順に光点の動いた量を声に出して報告するうちに，自然に各メンバーの報告量が同じ値に収束していった．つまり，報告量を収束させるように，とは一切言われていないのに，他のメンバーと相互に同調した結果，光点運動量が一致していったのである．この実験のように，他者の判断が，準拠・参照すべき情報として，影響力を持ち，

1) 自分が思うままにふるまっても，道に外れたことをしないの意．

2) 規範がどのように形成されるのかについては，シェリフの実験やニューカムの縦断調査など古典的研究があり，また形成された規範がどのように維持されるのかについては，後述するリターン・ポテンシャルモデルなどで説明される．

3) Sherif, M. (1936) *The psychology of social norms*. New York: Harper.

規範が形成されることもある．この場合は，他者と異なる判断をしても罰が与えられないのに，情報的な影響だけで，自然と相互の判断が一致したのである．つまり，利害関係を伴わず，自分の判断を主張し固執する必要がない場合は，自分と異なる判断をする他者に接するだけでも，相互収束過程が生じることが示唆されたといえる．

　この実験設定は，人工的なものであるが，日常生活でも，集団討議をして，さまざまな他者の意見や行動に接することにより，次第に全体としての意見の斉一性が高まる（暗黙のうちに合意が形成される）ことは多い．シェリフの実験では，自動光点運動量の判断という，正解がない，したがって判断の正誤もない中での相互影響過程が観察されたが，実際の規範には，正解が明示されている場合も多い．たとえば，交通ルールのように，赤信号では道路を渡らない，などの規範が正規にあり，ルールを破ると法的に罰が加えられる場合もある．いっぽう，赤信号では道路を渡らない，というルールは共通でも，その解釈が文化や集団により異なる場合もある．たとえば交通ルール厳守の規範があり，信号無視が処罰の対象になるところに対して，信号は交通を円滑にさせるガイドラインにすぎず，自動車がなければ，赤信号でも歩行者が道を渡る規範のところもある．

　この例のように，**正規の規範**（prescriptive norm: 赤信号では道路を横断しない）と**実際の規範**（descriptive norm: 車が来なければ，赤信号でも道路を横断してよい）にずれがあるとき，どちらの規範が守られるのだろうか？　日常生活では，**罰**をともなわないルールも多い．罰や強制力もない場合，基本的には各人の善意や自発的な規則遵守を期待するしかない．また，罰則があっても，すべてのルール違反をチェックできないため，見つからなければ罰則がないのと同じルールもたくさんある．たとえば，学校場面では，「いじめはいけない」という正規の規範があっても，子どもの中に「いじめをしてもよい」という実際の規範がある場合，教師や大人の目を盗み，いじめをする．また，「カンニングをしてはいけない」というルールを破ると厳しい罰則や「ゴミのポイ捨て

禁止」の張り紙があっても，カンニングをする人間やポイ捨てをする人は，あとを絶たない．多くの人が正規の規範を守っても，少数のフリーライダーが，それを破ることで，正規の規範は揺らぎやすい．

そこで，どのようにすれば，ポイ捨てがなくなる（ポイ捨て禁止が実際の規範になる）のかについて，検討した研究がある[4]．この研究では，アメリカの大きな立体駐車場が舞台で，そこに停めてある車のワイパーに挟まれた広告チラシを，ドライバーが帰りがけにポイ捨てすることで，駐車場の床にチラシが散乱した状態が問題になっていた．そこで，まずポイ捨て禁止を呼び掛けるポスターを掲示して正規の規範を示したが，効果は見られなかった．そこで，一度床の清掃を行い，チラシが1枚も落ちてない状態にした．その結果，ポイ捨てがなくなったのである．また，床にチラシがなければ，ポイ捨て禁止のポスターがなくても，ポイ捨てはなかった．つまり，ポイ捨て禁止のポスターによる正規の規範よりも，実際行われている行動が，実際の規範として影響力を持ったのである．

しかしながら，正規の規範よりも，実際の行動のほうが影響力が大きいということは，常には成り立たない．たとえば，実際に周囲で行われていることが，著しく本人の倫理観に反する場合や，実行するにはコストがかかりすぎる場合や，実行することにともなうデメリットが大きい場合には，周囲の人々の行動に安易に同調はしなくなるだろう．

次に，一度身に付いた規範が，どのように維持されるかについて，考えてみよう．規範が一度身に着くと，ふだんは空気を意識しないのと同じように，意識されにくくなる．このことは，もともと英語で「通常の，まともな」を意味する normal という単語は，「規範（norm）にのっとった」，という意味を持っていることからも理解可能である．しかしひとたび規範が破られ，ノーマルではない状態になると，それまで無意識に持っていた規範も明瞭に意識される．とくに，マナーや社会的常識のような規範が守られることは，人々の社会生活が円滑に営まれるために必要であるために，規範を守

[4] Cialdini, R. B., Reno, R. R., & Kallgren, C. A. (1990). A focus theory of nomative conduct: recycling the concept of norms to reduce littering in public places. *Journal of Personality and Social Psychology*, 58 (6), 1015-1026.

らない逸脱者に対しては，さまざまな社会的な罰（サンクション）が与えられ，規範遵守をさせようとする集団圧力が生じやすい．一般に，人は安心できる状態を好むこともあり，社会の安定をおびやかすような逸脱行為に対しては，寛容でなくなる．したがって，ある行動が，どの程度規範に合致しているのか，あるいはどの程度規範から逸脱しているのかを知るには，それらの行動に対して，集団の他のメンバーがどのような反応を返す（リターンする）ポテンシャル（潜在性）をもっているのかを観察すればよい．このような観察をおこなうと，どのような行動には，どのような反応を集団がリターンするのか，さまざまな法則性が見えてくる．こうした考えから，ジャクソン（Jackson, J.）は，**リターン・ポテンシャル曲線**を考案した[5]．リターン・ポテンシャル曲線とは，横軸に規範遵守または逸脱の程度，縦軸に，集団がリターンする報酬または罰の程度をとり，どの程度の行為がどの程度の反応を引き出すのかをグラフ化したものである．規範の種類などにより，リターン・ポテンシャル曲線の形状は異なる．たとえば「電車の中では携帯電話でしゃべらない」などの社会常識的な規範は，遵守されていれば特段プラスのフィードバックはないが，遵守されないと，直接・間接の否定的反応が返ってくる．また，望ましい行為ではあるが，コストがかかりすぎるために多くの人は実行していないような規範を守ると，賞賛が与えられやすい．

また，政治的態度の持続に関して，ニューカム（Newcomb, T. M.）がおこなった，通称ベニントン研究がある[6]．ベニントン大学は保守的政治的態度を持つ家庭からの入学者が多いため，入学時は保守的な学生が多い．しかし学生は革新的な政治的態度が多数派なので，学年が上がるごとに革新的政治的態度の学生が増えること，そして在学中の保守派から革新派への態度変化が，20年余りたっても持続していたことを見出している．このように，集団規範は社会生活に重要な影響を及ぼしているのである． 〔杉森伸吉〕

5) Jackson, J. (1975) Normative power and conflict potential. *Sociological Methods and Research*, 4, 237-263.

6) Newcomb, T. (1967) *Persistence and change: Bennington college and its students after twenty-five years*. New York: Wiley.

【参考文献】
ブラウン, R./黒川正流（監訳）(1993) グループ・プロセス：集団行動と集団間行動　北大路書房

IV - 37
集団構造

group structure

　集団を理解するには,「誰が」,「どのように」行動するかに注目すべきである．言いかえると,集団には構成的な側面と構造的な側面とがある．「誰が」という側面は,男女比や集団サイズ,能力や意見分布など,どんな人々から集団が構成され,そのことが集団行動にどう影響するかであり,集団の構成的な側面である．一方,「どのように」という側面は,リーダーやフォロアーなどの役割・地位や,コミュニケーションの経路,守るべき規範などであり,構造的な側面である．ここでは集団の構造的な側面を中心に,みることとする．

　集団の成員は,何らかの目標を共有するが,目的を共有した集団が,十分にうまく機能するためには,役割や地位などの構造が必要となる．構造がない集団は,ルールを破る成員を罰するものがいなかったり,誰が何をしたらよいのか役割が不明確な状態に陥る．たとえば学級崩壊も,学級集団の構造が不十分なときに生じる．教師と生徒間の教え教えられる関係,生徒間の役割分担,場面ごとに適切な規範が守られること,などが整えば,構造のある学級集団になりやすい．

　役割には,その集団で正規に設けられた**公式的役割**と,公式に定められてはいないが,何らかの必要により自発的に生じた**非公式的役割**とがある．前者の例は,会社でいえば社長,専務,部長などの地位の上下を伴う縦方向の役職や,営業,総務,会計,人事,開発などの横方向の職務などであり,学校の部活動でいえば,顧問,部長,会計,マネージャーなども公式の役割である．いっぽう,若者がよく口にする「キャラ」などは,非公式ながら,個々人に結びつけられた性格役割である．通常は役割を明確に意識しないことも多いが,役

割が守られないときに違和感が生じることで，役割が意識される．この意味では，役割は，それが割り当てられた人々が特定の行動をするという期待である，と定義できる．

役割がずれたときの違和感について，たとえば，多くの日本人になじみがある「サザエさん」で考えてみよう．会社で働いてお金をもらってくるのは（役割は）波平とマスオ，料理を作るのはフネとサザエ，手伝いをよくするのはワカメ，いたずらをするのはカツオ……というのがおなじみのパターンである．いっぽう，会社で働いてお金をもらってくるのがフネとサザエ，料理を作るのが波平とマスオ，手伝いをよくするのはカツオ，いたずらをするのがワカメ……だとすると，磯野家のイメージが全く変わるほどに，違和感が大きくなる．このように，役割は，それが守られているときは空気のように不思議を感じないが，守られないと強い違和感を感じるほど，社会的行為を円滑に運ぶのに重要なのである．

役割が変わると，本人の行動だけではなく，ものの見え方までも変わってしまう．たとえば，ジンバルドー(Zimbardo, F.)らがおこなったスタンフォード監獄実験[1]では，スタンフォード大学の参加希望学生が看守役と囚人役に分けられ，大学地下の模擬監獄で実際の刑務所にできるだけ近づけた生活を送った．いずれの役割に割り当てられた学生も，さまざまな点で等質であったにもかかわらず，看守役の学生は囚人役の学生を支配・統制の対象とみなし，増大した権力を濫用するようになり，囚人役の学生の中にはストレスと絶望感から，わずか数日のうちに耐えがたい急性ストレス反応を示すものも現れるようになり，予定よりも早く実験が打ち切られた．実験後のインタビューでも，囚人役と看守役のいずれの学生も，囚人と看守という役割をとることで，物事の見え方や感じ方が自動的に変化してしまったと述べている．このように役割には地位の上下や社会的勢力の相違などが伴うことで，集団内の人間関係にもさまざまな影響がもたらされる．

この監獄実験は，倫理的な問題を含むとみなされたために，アメリカでは行われないが，実験参加を志願した一般社会人

1) 「Ⅲ-28 服従」参照．

を対象にイギリスでBBCと社会心理学者が協力して近年行われた本格的な監獄実験がある（BBC監獄実験）[2]．この実験では，ジンバルドーらによるスタンフォードの実験とはまったく異なる結果が見られた．この実験には，看守役が5人，囚人役が9人参加した．囚人は3人部屋の監獄に割り振られ，食事なども極めて質素であったのに対し，看守役は豪華な食事で，待遇面の格差は非常に大きかった．看守役の多くは，この地位の格差をかえって持てあました．そして，看守と囚人として，地位の格差をできるだけ平等化しようという思想の看守と，地位格差を明確にしようとする看守との間に，相互不信と葛藤が生じた．

中には，日常では大手のIT企業の社長という役割につき，上下の地位格差をなくし平等主義を重んじて成功している看守役の参加者が，その優しさを弱さととらえて地位の転覆を画策する囚人たちに付け込まれ，この集団構造では，彼の望む平等主義がかえってマイナスに機能することに強い葛藤を感じ，精神を病みかけたこともあった．この例が示すように，集団の構成や目的などにより，集団に適合した構造は，おのずと異なる．IT企業のように，社員の動機づけも高く，集団主義による足並みのそろった行動よりも，個人主義によるアイディアの独創性や生産性を重視する業種の場合は，上下の地位の格差をなくし，平等主義にするほうが生産性も上がりやすいだろう．いっぽう，看守との地位の不平等が不満で，攻撃をしかける囚人役が多い環境では，規律や規範順守を重んじる上下の関係を強化することも重要になる．この実験では，看守側の「弱腰」を見抜いた囚人たちが，看守を心理的に揺さぶり，規則を弱体化し，看守間の亀裂とストレスを深め，最終的には看守と囚人の役割を解体し，平等で各成員が責任を持ち役割分担するコミューンを形成するにいたった．しかし，平穏で平等な役割分担による生活は1日しか持たなかった．なぜなら，役割や規則を守らないフリーライダー（正当な貢献をしないのに，他のメンバーの努力による成果は享受する成員）が出現したからである．平等なコミューンにおいて，それらのフリーライダーを罰する地位の人や仕組

[2] Haslam, S. A. & Reicher, S. D.（2005）The psychology of tyranny. *Scientific American Mind*, 16（3）, 44-51.

みがないことが判明し，メンバー内のフラストレーションが増大し，一部の強権的な反動勢力が再び看守として専制的に他のメンバーを支配しようとするようになった．この専制支配を求める勢力と現状維持を望む他のメンバーが分裂し，コミューン的集団が混とんとした時点で，実験は打ち切られた．このことは，一定の役割分担があるだけでは集団が機能するのに十分とは限らず，役割分担や規則を守らないフリーライダーをコントロールする仕組みも，集団構造を形成し，維持するうえでは重要であることを示唆している．

　このBBC監獄実験で，最終的には専制支配を望む少数派と，平穏で平等なコミューンを望む多数派とに分裂したように，集団内の意見分布の違いが，成員間の相互不信を生み，同じ意見を共有できるメンバーどうしが仲良くなり，意見を共有できないメンバーとは分裂する場合も多い．したがって，適切な集団構造を作り，維持するためには，一定の「仲のよさ」を維持するスキルも必要となる．

　役割と同様に，地位も集団構造の重要な要素である．地位の場合は，地位の高低に，価値づけが伴ってくる．学級集団でいえば，人気がある児童や尊敬されている児童は，地位が高い．誰が人気があるのか，あるいは下位集団どうしの仲が良いのか，孤立している人がいないか，などについて把握する方法の一つに，モレノ（Moreno, J.）が開発したソシオメトリック・テストがある．これは，集団内で一緒に活動したい人と，一緒に活動したくない人を数名ずつ各メンバーが指名し，誰が多くの人から選ばれ（人気があり），どのような下位集団があり，誰が孤立しているかをソシオグラムという図を描くことで把握する方法である．相互排斥が少なく，相互選択が多い場合は，人間関係が良い集団だと言えるだろう．下位集団が複数出現する場合でも，下位集団間での排斥がなければ，比較的集団としてはおおらかでよい状態といえるだろう．

〔杉森伸吉〕

【参考文献】
ブラウン, R./黒川正流（監訳）（1993）グループ・プロセス：集団行動と集団間行動　北大路書房

Ⅳ-38 グループ・ダイナミックス
group dynamics

　人は一人では生きてはいけない．集団および組織の中でわれわれは，多くの人に影響され，また影響を及ぼしながら日常生活を送っている．**グループ・ダイナミックス**とは，こうしたわれわれが所属する集団の持つ基本的な特徴，ないしは法則を実証的な方法によって明らかにする学問である．訳語として「集団力学」と言われることもあるが，現在ではほとんどグループ・ダイナミックスとそのままカタカナで使用されている．そこでは，集団と個人の関係，集団と集団，そして集団と組織との関係が検討される．グループ・ダイナミックスは1930年代後半アメリカにおいてレヴィン（Lewin, K.: 1890-1947）によって創始された．グループ・ダイナミックスという言葉が，最初に使用されたのも1939年のレヴィンらによる「社会的風土に関する研究」[1]の中だと言われている．しかしながら，集団の持つ特性についての研究は，それ以前，たとえば集団規範などの重要性を指摘したホーソン研究（1924～32）[2]の中でのバンク捲線作業[3]などにも見ることができる．

　グループ・ダイナミックスの特徴は，(1) 理論的に意味のある実証的研究の重視，(2) 研究対象として集団の力動性，(3) 社会科学全般への広範囲な関連性，(4) 研究成果の実践可能性等である．その研究領域としては，集団の凝集性，集団規範，集団決定とその効果，集団構造，集団目標と集団業績，リーダーシップなどがあげられている．グループ・ダイナミックスは領域の拡大と共に集団心理学と同義に捉えられることもある．

　グループ・ダイナミックスの研究法の特徴のひとつとして

1) Lewin, K., Lippitt, R., & White, R. K. (1939) Pattern of aggressive behavior in experimentally created social climate. *Journal of Social Psychology*, 10, 271-301.

2) ホーソン研究は1924年～1932年にわたってウェスターン・エレクトリック社のホーソン工場でハーヴァート大学のメイヨー（Mayo, G. E.）を中心に行われた．経営管理における人間関係の重要性を指摘した画期的な研究．

3) 配電器にコイルを巻く作業で捲線工3名と溶接工1名からなる小集団．作業員は会社の決めた標準作業量よりも自分達で決めた作業量（集団規範）を守って作業をした．

実験を重視することもあげられる．現場実験，実験室実験，参加観察法による現場研究などである．

集団と個人 —— 集団規範を例として

グループ・ダイナミックスの問題をここでは集団と個人の問題，集団意思決定とその効果の問題，組織と集団の問題という側面から検討する．

集団規範（group norm）[4]というのは「集団内の大多数の成員が共有する判断の枠組みや思考様式を言う」[5]．集団規範は成員が行動をする場合に守るべきひとつの標準を規定する．この規範は，公式的なものではないが，標準を守らなかった場合には，村八分などの制裁が課せられることがある．集団規範は，規範への同調や圧力に関する研究として古くから多くの研究者の関心を呼んできている．それは組織場面で自然発生的に観察されるものや実験的に作られたものなどがある．ここではカッチ（Coch, L.）とフレンチ（French, J. R.）[6]を紹介したい．

カッチらはパジャマ会社のアイロンかけ工の参加観察をしている．ある新入りの女子工員がアイロンかけ工として職場内に配置された．配置直後はその生産量は低かったが，単純な作業のため10日目ころになると，集団規範の作業量を上回るようになる．この職場では標準作業量とは別に，それよりも少し低い水準として集団規範の作業量が設定され，成員はそれを守るように圧力をかけられている．新入りの女子工員にも他の成員から規範を守るようにという圧力がかかり，女子工員は作業量を調整することになる．この職場では新入り工員が配置されてから20日目に大幅な配置換えが行われた．その結果ベテランの女子工員が他の職場に配置されたために，集団規範が無くなってしまった．その直後から，その女子工員の作業量は急速に上昇することが確認されている．それではなぜこのような集団規範が，標準作業量より低い水準に設定され，成員はわざわざ低い賃金に甘んずるのであろうか．その原因のひとつとして，従業員の経営者側への不信感があげられる．すなわち，標準以上の仕事をした場合，標準作業量の水準そのものが引き上げられることへの警戒感で

[4]「IV-36 集団規範」も参照．

[5] 山口裕幸（1999）集団規範 中島義明（編）心理学辞典 有斐閣

[6] この研究は以下に掲載されている．Cartwright, D. & Zander, A. (Eds.) (1953) *Group dynamics: Research and theory.* Evanston, Ill.; White Plains; N. Y.: Row. 〔三隅二不二・佐々木薫（訳編）（1969）グループ・ダイナミックスⅠ（Pp.383-407）誠信書房〕

ある．したがって，組織の中にあってどのような集団規範，組織文化を作るかということが，管理者・経営者から見れば大きな課題である．

集団規範が実験的に作られ，それが成員の行動に影響する例は，アッシュ（Asch, A.）などの実験によって報告されている[7]．

集団意思決定とその効果

集団および組織で意思決定をする場合，リーダーの独断による意思決定の場合もあろうし，集団成員の全員参加による意思決定の場合もあろう．集団意思決定の持つ有効性としては，(1) 意思決定の質の向上，(2) 参加した成員のモチベーションの向上，(3) 参加したメンバーの能力開発等の点が指摘されている．一方欠点として時間効率の悪い点も指摘されている．特にこの中で成員のモチベーションの向上は多くの研究者に指摘されている．たとえば三隅・原岡[8]は福岡の農村に発生した口角炎を保健所との共同研究というアクションリサーチによって検討している．彼らは婦人会の会員を2群に分け，一方の群には実験者に「口角炎を治す上での米ヌカの食事療法の必要性と料理法」を講義させ（講義法），他の集団決定群には実験者の指導のもとに「米ぬかを食べることの必要性とその場合の問題点」について，(1) 小集団討議，(2) 討議内容の全体会への報告，(3) 実験者の意見および方向づけ，(4) 第2回小集団討議，(5) 自己決定と公約の5段階で指導したのである．そしてその後の米ヌカの料理への両群の使用状況を事前調査も含め1ヶ月程度追跡調査をしている．その結果講義形式は24％の実施率，集団決定方式は95％の実施率という結果を得ている．この研究は食習慣の改善というレヴィン[9]らの一連の研究の流れを汲むものであるが，その実践性と理論的有効性はきわめて大きい．

このほかカッチとフレンチは，変化に対する抵抗の克服ということでアメリカのパジャマ会社の作業方式の変更に対する女子従業員の態度変容の問題を扱っている[10]．ただし前述したように集団決定法は時間的効率が悪いため，問題の性質によって選択すべき方法であろう．

---

7) この研究は同上書の Pp.227-240 に掲載されている．
この実験では，スクリーンの左側の1本の線分（標準刺激）と同じものを右側の3本の線分（比較刺激）の中から選ぶ実験．一人では誤りがほとんどないのにサクラの判断によって誤った回答をしてしまうという研究．

8) この研究は以下の中で詳しく紹介されている．
原岡一馬（1970）態度変容の社会心理学（Pp.166-172）金子書房

9) Lewin, K.（1947）Group decision and social change. In T. Newcomb & E. Hartley (Eds.), *Readings in social psychology*, (Pp.459-473), New York: Henry Holt.

10) 注6に同じ．

組織と集団との関係 ── 有効なチーム作り

組織の中で小集団が有効に活用される場合がいくつかある．その典型的な例はチーム作りである．チームとは個々の成員の総和以上のシナジー効果[11]が期待される小集団の一形態ということができよう．ここではQCサークル活動，プロジェクト・チーム，自立的集団について述べたい．

QCサークル：この種のチームは職場内でのさまざまな問題発見，問題解決を通して職場改善を行う自主的な小集団である．QCは品質管理（quality control）を意味する略語であるが，デミング[12]（Deming, W. E.: 1900-93）によってアメリカから導入された品質管理の手法を日本的な特徴である小集団活動を通して，職場の生産性の向上を狙ったものである．チームは5～6名より成り，チームに名前を付け，職場内の問題点の発見とその解決目標を設定し，3ヶ月を目標にして問題分析，解決策，および解決策が恒常化するための方法を検討する．この取り組みは，元来はトヨタなどの日本の製造業を起点としているが，建設業，サービス業などにも応用されている[13]．

プロジェクト・チーム：この種のチームは，1つの問題解決のために，1つの職場にこだわらず組織横断的に形成される小集団活動である．典型的なケースは製品開発プロジェクトなどで，チームのメンバーが研究開発，製造，営業，経理などの各部署から選出され，創造的で，消費者のニーズ，経費効率化等を考慮した商品開発をめざす．最近では，トヨタ自動車のプリウス開発プロジェクトなどがよく例に出される[14]．

自立的集団：このタイプの集団は，組織の中にあってその自立性が認められる形態である．ミニカンパニーのようなものである．有名なケースとして京セラのアメーバ式経営法がある[15]．アメーバ集団は自由度が高いだけでなく，そこに集団独自の採算性を導入した点に特徴がある． 〔松原敏浩〕

11) synergy effect; 相乗効果.

12) アメリカの統計学者．1950年に来日し，品質管理の手法を教え，日本の製造業の品質向上に大きく貢献した．デミング賞は彼の功績をたたえて創設されたもの．

13) QCサークル誌編集委員会（編）(1991) 事務・販売・サービスのQCサークル活動 日本技連出版社

14) トヨタ・プリウス，革新的製品開発プロジェクトの進め方．http://techon.nikkeibp.co.jp//article/NEWS/2008

15) 稲盛和夫 (2006) アメーバ経営―ひとりひとりの社員が主役 日本経済新聞社

【参考文献】
田尾雅夫（編著）(2010) よくわかる組織論 ミネルヴァ書房
日本社会心理学会（編）(2008) 社会心理学事典 丸善

Ⅳ-39
リーダーシップ

leadership

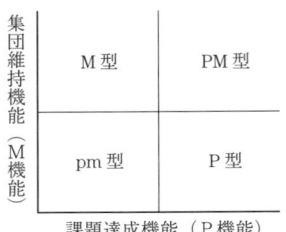

	M型	PM型
集団維持機能（M機能）	pm型	P型

課題達成機能（P機能）

図39-1　PM理論によるリーダーシップ類型（三隅, 1984）

　リーダーシップとは一般に，「集団の目標を達成するために影響力を行使すること」と定義されている．集団が存続し，発展していくためにはリーダーシップが効果的に発揮される必要がある．リーダーシップの定義からすれば，リーダーシップは必ずしもリーダーだけのものではないが，組織を考えた場合，集団の目標達成に最も責任を持つ管理者（リーダー）がその役割をとるのが，職制上期待されている．

　リーダーシップの諸現象は，(1) リーダー自身の特性（資質），(2) リーダーの指導方法，(3) リーダーシップが起こる集団・組織の状況，(4) リーダー・メンバーなどの視点より研究されてきた．以下これらの研究について述べていく．

リーダー特性説

　リーダーシップの科学的研究は100年以上の長い歴史を持つが，その研究はリーダー資質の研究から始まった．**リーダー特性説**である．リーダーに必要な資質としての特性は，能力的側面，性格的側面，身体的側面など多方面に及んでいる．リーダーの特性研究は，多くの研究者[1]によって文献展望がなされているが，その結果は常識的に期待されているものよりも悲観的なものであった．そうした点を踏まえて，多くの研究者によってその改善が図られた．その試みは，(1) 新しい概念の創出，(2) 測定方法の改善，(3) 概念間の関係を考慮した新モデルの提案というように分類される．

　新しい概念としては，**リーダースキル**，**EQ**（emotional quotient），**コンピテンシー**（competency）などの概念が代表的である．とりわけEQまたは情動知能（emotional intelligence）は，ゴールマン（Goleman, D.）[2]によって提案され

[1] たとえば，以下を参照．
Stogdill, R. M. (1948) Personal factors associated with leadership: A survey of the literature. *Journal of Psychology*, 25, 259-269.

[2] Goleman, D. (1995) *Emotional intelligence*. New York: Bantam.〔土屋京子（訳）(1996) EQ こころの知能指数　講談社〕

て以来，リーダーシップ研究者にも関心を持たれ，最近はEQリーダーシップとして注目されている．コンピテンシーは本来「優れた成績をあげる者と平均的成績の者と区別する行動特性」とされているが，これらもリーダーシップの領域に応用されている．

新しいモデルの提案としてはフィードラー（Fiedler, F. E.）[3]の**認知的資源説**が注目されている．この理論はリーダーの知能，経験，リーダーが感じるストレス状況を3つの主要な変数として，リーダーの知能がその能力を発揮できない原因をストレスの大きさとしている．そのほか，測定法も360度評価[4]，アセスメント・センターズ[5]，ビッグファイブ性格検査[6]などをあげることができよう．

このようにリーダー資質は，人間に個人差のあることを前提にした場合，幹部候補生（リーダー）の選抜，能力開発など，実践的にも，その発展が期待されている．

リーダーシップ・スタイル説

リーダーシップの歴史の中で特性説に次ぐものが，リーダーシップ・スタイル理論である．スタイル理論にはレヴィン（Lewin, K.）らの民主的リーダーシップ理論から最近の変革的リーダーシップ理論まで多くのものがあるが，ここではその代表的なものについて述べたい．

民主的リーダーシップ・スタイル理論：この理論は，従来の特性説の持つ限界を打開するためにレヴィンらによって提案されたもので，いわゆるリーダーの能力ではなく，指導方法が集団の成績や集団の雰囲気にどのように影響を与えるかを検討したものである[7]．リーダーシップ・スタイルは民主的スタイル，専制的スタイル，自由放任的スタイルの3つである．その結果，集団の成績については，規準を何にとるかによって若干異なるが，民主的リーダーシップ・スタイルが優れていることを示した．また，集団の雰囲気については民主的スタイルが自主的な雰囲気を醸成するのに対して，専制的スタイルはリーダー依存，またメンバー間で攻撃的な雰囲気を作り出していった．さらに自由放任的スタイルは成績，雰囲気ともに最も劣っていた．この研究は，個人の資質とは

3) Fiedler, F. E. (1996) Research on leadership selection and training: On view of the future. *Administrative Science Quarterly*, 41, 241-250.

4) リーダーの能力向上を上司，部下，同僚など多面的に評価する方法．

5) 幹部候補生選抜方法のひとつ．ペーパーテストだけでなく，実践的な課題を通してリーダーシップ能力の評価をする．

6) Costa, P. T. Jr. & MaCrae R. R. (1992) によって開発された性格検査．日本版は下仲順子ら（1999）によりNEO-FFIとして市販されている．ビッグファイブとは，神経症傾向，外向性，開放性，調和性，誠実性の5特性をいう．

7) レヴィンらの研究は次の著書で紹介されている．Cartwright, D. & Zander, A. (Ed.) (1953) *Group dynamics: Research and theory.* Evanston, Ill.; White Plains; N. Y.: Row. 〔三隅二不二・佐々木薫（訳編）(1969) グループ・ダイナミックスⅡ　誠信書房〕

独立に指導法の変化が，成績および集団の雰囲気を劇的に変えるものとして，多くの研究者に注目されることになった．現在民主的スタイルは参加的スタイル，専制的スタイルは指示的スタイルと言われることも多い．

リーダーシップ機能説：リーダーは集団の目標を達成するためにどのような役割を果たしているのであろうか．かつて経営学者ミンツバーグ（Mintzberg, H.）[8]は管理者の役割として，対人的役割，情報的役割，意思決定の役割を提案している．組織心理学ではリーダーの役割として「課題達成機能」と「集団維持機能」の2つをあげるものが多い．三隅二不二（1924-2002）[9]はこれら2つの機能をもとに2次元構成から成る **PM理論** を提案している．すなわち，横軸に課題達成（performance; P）機能，縦軸に集団維持（maintenance; M）機能をとり，両機能の平均でリーダーのタイプを4分割しようとするものである（図39-1）．そして課題達成，集団維持の両機能とも高いリーダーをPM型，課題達成は高いが集団維持機能は低いのをP型，集団維持は高いが課題達成は低いのをM型，両方共に低いのをpm型としている．リーダーがこのうちどれに分類されるかは，部下の評定による．三隅らのこれまでの研究によれば，生産性を規準とした場合はPM型＞M型＞P型＞pm型となり，従業員の満足度を規準にした場合も同様になるとしている．PM理論は日本に定着したリーダーシップ理論で，単なる記述的なモデルではなく，能力開発にも応用されている実践的なモデルである．

変革的リーダーシップ・スタイル理論：1980年代アメリカの国際競争力にかげりが見え始めたときに注目されたのがバス（Bass, B. M.）ら[10]による変革的リーダーシップである．彼らは従来のリーダーシップを交流的リーダーシップとし，そこではリーダーはメンバーの個人的な欲求を満たすことを通して組織の目標を達成しようというものであった．それに対して変革的リーダーシップは組織の持つ使命を強調し，組織に対する帰属意識，使命感を強調した．変革的リーダーシップは生産性，従業員満足度をともに高める有効なリーダーシップとされている．最近はサーバント・リーダーシ

8) Mintzberg, H.（1973）The nature of managerial work. New York: Harper Collins Publishers Inc.〔奥村哲史・須貝栄（訳）（1993）マネジャーの仕事　白桃書房〕

9) 三隅二不二（1984）リーダーシップの行動科学　改訂版　金子書房

10) Bass, B. M.（1985）*Leadership and performance beyond expectation*. New York: Free Press.

11) サーバント・リーダーシップは，Greenleaf, R. K.（1977）によって提唱され，最近注目されるようになった．リーダーはメンバーのサーバント（奉仕者）として，メンバーの能力開発，権限委譲を通して最大限の能力発揮，満足感を引き出そうとするもの．池田守男・金井壽宏（2007）サーバント・リーダーシップ入門　かんき出版参照．

12) Fiedler, F. E.（1967）*A theory of leadership effectiveness*. New York: McGraw-Hill.〔山田雄一（監訳）（1970）新しい管理者像の探求　産業能率短期大学出版部〕

ップも注目されている。[11]

リーダーシップの状況理論

リーダーシップの状況理論としては，フィードラー (Fiedler, F. E.)[12] のコンティンジェンシー・モデル，ハウス (House, R.) ら[13] のパス・ゴール理論，ハーシー (Hersey, P.) とブランチャード (Blanchard, K. H.)[14] の SL 理論等がある．これらの理論は，いずれもリーダーシップ・スタイルとリーダーの置かれた状況を考慮した理論ないしはモデルとなっている．

フィードラーの**コンティンジェンシー・モデル**は，リーダーシップ・スタイルとしてリーダーの LPC 得点[15] をとり，得点の高いリーダー（高 LPC リーダー）を関係志向的，得点の低いリーダー（低 LPC リーダー）を課題達成志向的としている．一方，集団状況の構成要素として「リーダー・メンバー関係」「課題の構造化」「リーダーの地位勢力」をあげ，これらの組み合わせで「リーダーにとって好ましい状況」「適度に好ましい状況」「あまり好ましくない状況」に分けている．そして高 LPC リーダーは「適度に好ましい状況」下で最も優れた成績をあげ，低 LPC リーダーは，「好ましい」または逆に「好ましくない」状況下で高い成績をあげるとしている．

パス・ゴール理論は部下の視点から見た状況理論である．この理論によれば，部下にとって課題が難しい状況下では，課題達成行動が有効であり，課題に習熟している状況下では，人間関係的な行動が有効であるとしている．

リーダー・メンバー関係理論

リーダー・メンバーの関係を強調したものにグレン (Graen, G. B.) ら[16] の **LMX モデル**（Leader member exchange theory；リーダー・メンバー交換モデル）がある．このモデルは，上司―部下の二者関係はメンバーによって異なり，その質が，メンバーの適応を規定するというものである．

〔松原敏浩〕

13) House, R. J. (1971) A path-goal theory of leader effectiveness. *Administrative Science Quarterly*, 16, 321-339.

14) Hersey, P. & Blanchard, K. H. (1977) *Management of organizational behavior: Utilizing human resources*. Englewood Cliffs, NJ: Prentice-Hall.〔山本成二・水野基成・成田攻（訳）(1978) 行動科学の展開　日本生産性本部〕

15) LPC (Least preffered cowork) とは「一緒に仕事をする上で最も苦手な仕事仲間」という意味で，LPC 得点は，人物特性を表す 18 の形容詞対で LPC のイメージを測定したもの．

16) Graen, G. & Uhl-Bien, M. (1995) Relationship-based approach to leadership: Development of leader-member exchange (LMX) theory of leadership over 25 years: Applying a multi-level multi-domain perspective. *Leadership Quarterly*, 6, 219-247.

【参考文献】
経営行動科学学会（編）(2010) 経営行動科学ハンドブック　中央経済社

IV - 40
社会的手抜き

social loafing

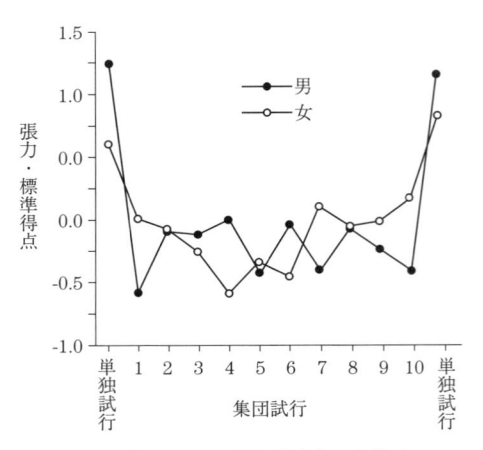

図40-1 綱引きにおける綱を引く力の変動（Kugihara, 1999）[6]
実験参加者の張力の平均値は性差が大きいため，男女別にデータを標準化したうえで比較している．

集団で物事に取り組んだとき，集団が発揮する力は各成員の能力の単純な足し算にはならない．ときには個々人の能力を超えた思わぬ力が出ることもあるが，逆に，個々人が互いに他者を頼り，持てる能力が最大限に発揮されないこともある．後者のように集団状況において個々人の動機づけが低下し，課題遂行量が単独の場合よりも小さくなる現象を**社会的手抜き**という．

集団全体のアウトプットが個々人のインプットの総和より小さくなる現象は，これを最初に指摘した農業工学者リンゲルマン（Ringelmann, M.）の名をとって**リンゲルマン効果**とも呼ばれる．彼は，集団で綱引きをしたときに出る力が個人の力の総和に及ばないこと，両者の差異は集団サイズが大きくなるほど広がりやすいことを見出した[1]．リンゲルマンの実験では，3名集団で綱を引く力は個々人の力から期待される値の85％，8名集団の場合には49％しかなかった．しかし，リンゲルマン効果には，個人の動機づけの低下という社会的手抜きの効果に加え，共同作業時の成員間の調整の難しさによる生産性の低下も含まれていると考えられる．たとえば綱引きの場合，個々人が綱を引くタイミングのずれなどによって最大限の力で引くことが難しい場合がある．

こうした観点から，ラタネ（Latane, B.）ら[2]は，成員間の調整を必要としないように実験状況を工夫し，純粋な社会的手抜きの効果を確認するための実験を行った．彼らは「聴

1) Kraviz, D. A. & Martin, B. (1986) Ringelmann rediscovered: The original article. *Journal of Personality and Social Psychology*, 50, 936-941.

2) Latane, B., Williams, K., & Harkins, S. G. (1979) Many hands make light the work: The cause and consequences of social loafing. *Journal of Personality and Social Psychology*, 37, 822-832.

覚フィードバックが発声の大きさに与える影響を調べる」と称して，実験参加者にできるだけ大きな声を出すよう求めた．その際，参加者が単独で声を出す状況（単独条件）と，何人かの他者と一緒に大声を張り上げていると信じながら声を出す状況（擬似集団条件）とを設けた．擬似集団条件においても実際には参加者は単独で声を出しており，他者の姿が見えることも声が聞こえることもなかったが，実験の結果，参加者1人当たりの音圧（声の大きさ）は，単独条件よりも擬似集団条件において小さくなった．また，実際に参加者を小集団（2名または4名または6名）単位で集め，できるだけ大きな声を出すよう求めた場合にも，やはり単独条件に比して1人当たりの音圧は小さくなった．さらに，集団サイズ（他者の数）が大きくなるほど，音圧が一層小さくなるという傾向も見出された．

社会的インパクト理論による説明

ラタネら[3]は，自らが提唱する**社会的インパクト理論**（social impact theory）に基づいて，社会的手抜きの生起メカニズムを説明した．社会的インパクトとは，他者の存在が人の認知や行動に対して与える社会的影響の強さを意味する．この理論によれば，複数の人々が同時に他者から社会的影響を受ける場合，「インパクトの分割」が生じ，同じ社会的影響を個人が単独で受ける場合よりも個々人が受けるインパクトは小さくなるという．これを集団活動の文脈で捉えれば，集団に対して課題の遂行を求める社会的な圧力のインパクトは，集団成員の間で分割されるため，成員一人当たりが受けるインパクトは単独で課題を遂行する場合に比して小さくなる．結果として，課題遂行に対する個々の成員の動機づけは低下し，社会的手抜きが生じやすくなる．また，集団サイズが大きくなるにつれて個々の成員が受ける圧力のインパクトはさらに小さくなり，社会的手抜きが一層促進されると考えられる．

社会的手抜きの生起に関わる要因としては，社会的インパクト理論による説明のほかにもいくつかの議論がある．たとえば，集団に対する要請は個人に対する要請に比して意欲が

3) Latane, B. & Wolf, S. (1981) The social impact of majorities and minorities. *Psychological Review*, 88, 438-453.

喚起されにくい，集団活動では往々にして個人の貢献度が不明確になるために動機づけが弱まる，他の成員たちに比して自分が過度に努力することを避けようとする等の諸点が指摘されている[4]．

日本で行われた社会的手抜き実験

ところで，日本人を対象として行われた実験では，社会的手抜きに関して必ずしも一貫した知見が得られていない．たとえば，ラタネらの実験を追試し，参加者に大声を出すことを求めた実験では，社会的手抜きの効果が得られないケースもあった[5]．釘原[6]は，日本人学生にとって大声を出すことは気恥ずかしく抵抗があるかもしれないと考え，綱引き課題を用いて社会的手抜き現象を確認した．彼は工夫を凝らした実験装置によって9名集団に綱引きをさせた．12回の試行のうち，最初の1回と最後の1回だけは1人ずつ綱を引く力を測定し，その他の10回は集団で綱を引かせて，各個人が綱を引く力を密かに測定した（参加者は，集団状況では個々人の貢献度は測定不可能であると信じていた）．その結果，図40-1のとおり，日本人参加者が綱を引く力の平均は，最初の単独試行の後の集団状況の第1試行で急激に低下し，最後の単独志向で再び急上昇した．こうした傾向は，女性よりも男性参加者の間で一層顕著だった．

社会的促進と社会的抑制

上述のとおり社会的手抜きは集団状況における個人の動機づけの低下を示す現象だが，正反対に，他者の存在が個人の動機づけを上昇させることもある．課題遂行に際して観察者や共行動者がいる場合に，1人の場合よりも遂行の程度が向上する現象を，**社会的促進**（social facilitation）と呼ぶ[7]．特に，単純な課題や十分に学習された課題を遂行する際には，他者の存在がプラスの効果を生み，社会的促進が起こりやすいという．一方，難しい課題や新奇の課題を遂行する際には，観察者や共行動者の存在が個人の遂行を阻害する場合もあり，これを**社会的抑制**（social inhibition）と呼ぶ．

社会的促進・抑制の生起メカニズムについては，いくつかの異なった考え方がある．このうちザイアンス（Zajonc, R.

---

4) Karau, S. J. & Williams, K. D. (1993) Social loafing: A meta-analytic review and theoretical integration. *Journal of Personality and Social Psychology*, 65, 681-706.

5) Yamaguchi, S., Okamoto, K., & Oka, T. (1985) Effects of coactors' presence: Social loafing and social facilitation. *Japanese Psychological Research*, 27, 215-222.

6) Kugihara, N. (1999) Gender and social loafing in Japan. *Journal of Social Psychology*, 139, 516-526.

7) Allport, F. H. (1924) *Social psychology*. New York: Houghton Mifflin.

B.)[8]は，他者の存在はそれ自体，人の覚醒水準（生理的な興奮状態）を高める効果があると考えた．彼によれば，覚醒水準が高まると，よく学習された優勢反応が表に出やすくなるが，その反応が課題遂行にフィットしていれば社会的促進，していない場合には社会的抑制が生じるという．一方，覚醒水準は単に他者が存在するだけで自動的に高まるものではなく，「評価懸念」（他者から評価されるのではないかと遂行者が感じること）によって高められるのだという立場もある[9]．さらに，他者が存在すると，その他者に対してよい印象を与えたいという自己呈示動機が喚起され，結果的に課題遂行が促進されたり抑制されたりするという考え方もある[10]．

社会的手抜きの帰結

最後に，社会的手抜きがもたらす社会的な帰結について簡単に触れておきたい．集団活動において個々の成員が自己利益を優先させ，「自分ひとりくらいなら……」と考えて手を抜いた挙げ句，結果的に成員の誰にとっても好ましくない帰結がもたらされることがある．綱引きの試合における社会的手抜きを例にとれば，個々の成員が自分ひとりのつもりでわずかな手抜きをしても，全員が同じように考えれば，誰一人望んでいなかった敗北という不利益がもたらされてしまう．こうした現象は**社会的ジレンマ**（social dilemma）と呼ばれる[11]．

近年急速に深刻化しているといわれる地球温暖化も，個人や企業が自らの利便だけを考え，環境保全のための協力行動を怠った結果として生じた社会的ジレンマの一例として理解できる．社会的ジレンマは，こうした環境問題をはじめ，投票行動，いじめ等々，現代社会における多様な問題に関わる概念である．特に，人々の流動性・匿名性が高い都市社会では，非協力的な手抜き行動に対する監視や統制が難しいため，ジレンマが表面化しやすい．社会的ジレンマの解決に向けては，社会心理学者のみならず，社会学，経済学，行動生態学など，さまざまな分野の研究者が学際的な探究を続けている．

〔村本由紀子〕

8) Zajonc, R. B. (1965) Social facilitation. *Science*, 149, 269-274.

9) Cotterell, N. B. (1972) Social facilitation. In C. G. McClintock (Ed.), *Experimental social psychology* (Pp.185-236), New York: Holt, Rinehart, & Winston.

10) Bond, C. F. (1982) Social facilitation: A self-presentational view. *Journal of Personality and Social Psychology*, 42, 1042-1050.

11) Dawes, R. M. (1980) Social dilemmas. *Annual Review of Psychology*, 31, 169-193.

【参考文献】

山岸俊男（2000）社会的ジレンマ：「環境破壊」から「いじめ」まで　PHP新書

IV - 41
意思決定
decision making

意思決定とは,心理学的には,意志を決める心的活動を指すと考えられているが,操作的には,複数個ある選択肢の中から,いずれかを選ぶ「選択」の行為であると定義できる[1].たとえば,店舗でどのような銘柄を購入するかという日常の行為も意思決定である.この定義から,個人の商品の購買決定から,集団や組織や社会における政策の決定,さらには,社会における種々の関係者の意見の一致をはかる**合意形成**(consensus building)も,意思決定の一種と捉えることができる.ここで,個人によってなされる意思決定を,**個人意思決定**,集団によってなされる意思決定を**集団意思決定**ということがある.また,意思決定の環境の性質から,確実性(certainty)のもとでの意思決定と不確実性(uncertainty)のもとでの意思決定に分ける見方もある.不確実性は,さらに,確率がわかっている状況のリスク,確率がわからない曖昧性(ambiguity),どんな結果が起こりうるかもわからない無知(ignorance)などに分けることができる.

意思決定の科学的研究は,少なくとも18世紀におけるベルヌーイ(Bernoulli, D.)のリスクのもとでの意思決定に関する**期待効用理論**(expected utility theory)にまで遡ることができる.彼は,人々が期待値ではなく効用の期待値で意思決定をすることを示唆した.その後20世紀になって,認知科学や認知心理学的な方法論を用いて,この意思決定現象を精力的に研究したのは,サイモン(Simon, H. A.)[2]である.サイモンは,人間が利用し得るかぎりの選択肢から最良のものを選び出す,最大化や最適化の原理によって意思決定するのではなく,情報処理能力の限界のために,ある一定のと

1) 竹村和久(2009)行動意思決定論:経済行動の心理学 日本評論社

2) Simon, H. A. (1957) *Administrative behavior: A study of decision making process in administrative organization.* New York: Macmillan.

ころで満足のいく選択肢を探し求める**満足化**の原理によって意思決定することを指摘した．彼は，その意味で人間が「限定された合理性（bounded rationality）」しか持たないことを指摘した．また，カーネマン（Kahneman, D.）とトゥベルスキー（Tversky, A.）[3]は，2人の共同研究により，人間の意思決定における認知的側面をいくつかの実験を用いて検討して，意思決定の記述的理論である**行動意思決定論**（behavioral decision theory）を発展させ，現代の行動経済学（behavioral economics）や行動ファイナンス（behavioral finance），マーケティングに大きな影響を与えている．なお，これらの意思決定研究への貢献から，サイモンは1978年にノーベル経済学賞[4]を受け，2002年にカーネマンが同賞を受けた．なお，トゥベルスキーは1996年に亡くなっていたため受賞の対象にならなかった．

　サイモン，カーネマン，トゥベルスキーらの行動意思決定論的研究では，個人の意思決定に注目した研究がなされていたが，社会心理学では，伝統的に，集団意思決定の領域で精力的に研究が進められていた．その中でも，重要な知見が，**集団思考**（group think）に関するものである．集団思考とは，集団浅慮とも呼ばれる．ジャニス（Janis, I. L.）[5]は，ルーズベルト，ケネディ，ニクソンなどのアメリカの歴代大統領とその優秀なブレーンたちが，常識では考えられないような誤った政策決定（キューバ侵攻の失敗）をしてしまった過程を，集団思考の例として取り上げている．わが国においても，第二次世界大戦に至るまでの政策決定の過程や近年の政治状況を鑑みても，集団思考と考えられる例がかなり存在する．また，政治的な決定だけではなく，「なんでこんな愚かな集団決定をしてしまったのか」ということは，いろいろな組織や集団で観察されるであろう．集団思考も，意思決定の合理性を満たさない現象であるが，サイモンの言う，満足化による意思決定現象とは，かなり異なっている．というのは，集団思考では，個々の成員は，かなりの程度合理的な判断ができるにもかかわらず，集団の決定状況で非合理的に振る舞ってしまうからである．

[3] Kahneman, D. & Tversky, A. (1979) Prospect theory: An analisis of devision underrisk. *Econometrica*, 47, 263-291.

[4] 正式には，アルフレッド・ノーベル記念経済学スウェーデン国立銀行賞．

[5] Janis, I. L. (1972) *Victims of groupthink: A psychological study of foreign-policy decisions and fiascoes.* Boston: Houghton, Mifflin.

どのような状況で集団思考が生じやすいのかということについては，(1) 成員の集団に対する強い同一視，(2) 隔たった情報処理過程，(3) 集団の能力に対する過信などが指摘されているが，これらの要因によって，集団での合意への強いプレッシャーが働き，集団思考が促進されると考えられる[6]．

集団思考は，さまざまな様相を持っているが，ひとつの側面として，集団極性化（group polarization）の結果として現われることがある．集団極性化は，意思決定や行動の結果が，当初の個々人の単独の意思決定や行動の結果より極端になってしまう現象である．集団極性化現象の中でも，集団状況だと議論が大胆で危険な決定になる現象は**リスキー・シフト**（risky shift）と呼ばれ[7]，逆に，安全志向になる現象は**コーシャス・シフト**（cautious shift）と呼ばれている[8]．つまり，集団討議を経ると，意思決定の結果がリスキー・シフトかコーシャス・シフトのように極端な方向に行ってしまうことがある．

集団極性化現象に対する説明としては，(1) 集団内の討議により各自の責任が分散して極端な意見が影響力を得やすい，(2) 集団内の多数意見がどちらを向いているかということが集団内の規範として捉えられて意見を収斂させる，(3) 集団内の討議によって，多数派の論拠が多く提出されて説得力が増す，などの指摘がなされている[6]．

集団の意思決定状況で，人々が集団思考にならず，優れた意思決定をするためには，集団内の成員間で，当該の意思決定問題についての情報共有（information sharing）をすることが必要である．情報共有が十分になされていないと，一面的な観点から意思決定がなされることになってしまう．経営実務においても，優れた意思決定のために，暗黙知や形式知に関する組織構成員間の情報の共有が前提となっており，情報の共有のための処方箋や技術が論じられている．しかし，これまでの社会心理学の研究では，亀田[9]が説くように，多数派主導の知識形成がなされやすく，情報共有が困難であることがわかっている．このことから，集団決定や合意形成での情報共有をどのように促進したらよいのかという問題を

6) 唐沢穣（2005）集団過程　唐沢かおり（編）社会心理学（Pp.142-162）朝倉書店

7) Stoner, J. A. F. (1961) A comparison of individual and group decisions involving risk. Unpublished Master Thesis. Massachusetts Institute of Technology, School of Industrial Management.

8) Stoner, J., (1968) Risky and cautions shifts in group decisions: The influence of widely held values, *Journal of Experimental Social Psychology*, 4, 442-459.

9) 亀田達也（1997）合議の知を求めて：グループの意思決定　共

解決することが必要になってくる．

　個人意思決定においても，集団意思決定においても，選択肢数が増えたり，考慮する属性の数が増えたり，意思決定に要する情報量が増えると，人々は，多くの情報を処理しなければならないために情報過負荷（information overload）になり，それによる認知的緊張を回避するために，情報処理の負荷の低い単純な決め方をしやすくなっている．ここで言う単純な決め方というのは，必ずしも最適な決定を導かないが単純な簡便法的な決め方（決定方略：decision strategy）である．例えば，満足化による意思決定はその典型である．多くの情報がある状況では，本来は，いろいろな属性に注目をして，多くの情報を処理しなければならないのであるが，むしろ，そのような状況では，一面的な情報のみを検討した浅いレベルの情報処理や，単純なルールに従った紋切り型の反応をしやすい．商品やサービスについての選択肢が限りなくあると思われている資本主義社会においては，複雑な意思決定をする人より，単純な決め方をする人がむしろ適応的になっている[1]．例えば，最善の選択肢を探索しようとする意思決定者の方が，ほどほどの水準で満足して意思決定する者より抑うつ傾向が高いということもわかっている．

　高度に複雑化した情報化社会の中では，情報処理負荷削減のための意思決定のマニュアル化がより促進されている．このような意思決定のマニュアル化は，手続公正の観点からは支持されるが，しかし一方で，意思決定の過度の形式化を生んでおり，社会問題を生んでいるとも言える．このことは，社会政策の意思決定を考える上で留意すべきことであろう．

〔竹村和久〕

【参考文献】
亀田達也（1997）合議の知を求めて：グループの意思決定　共立出版
唐沢穣（2005）集団過程　唐沢かおり（編）社会心理学（Pp.142-162）朝倉書店
竹村和久（2009）行動意思決定論：経済行動の心理学　日本評論社

Ⅳ-42 ワーク・モチベーション
work motivation

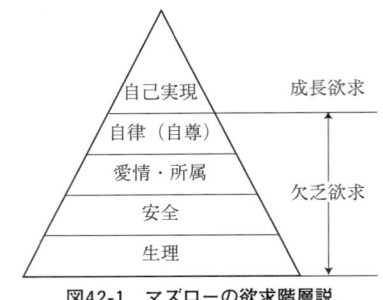

図42-1 マズローの欲求階層説
(自己実現／自律(自尊)／愛情・所属／安全／生理、成長欲求／欠乏欲求)

　人が何かに向かって努力を傾け，達成をめざそうとする姿は，やる気や意欲といった言葉で表される．心理学ではこれを**モチベーション**（動機づけ）という概念で捉える．モチベーションとは，目標に向けて特定の行動を選択し，その達成に向けて努力し，かつその努力を持続させる一連の心理的エネルギーを意味する．

　"motivation"という語は，ラテン語の movere（to move）に始まるとされ，その本性として動きを伴う性質をもっている．モチベーションそのものは実体として目に見えるものではなく，行動を観察することで間接的に類推していくしかない**仮説構成的**な概念である．しかし，この概念の有用性は広く認識されており，用いられる範囲も，心理学のみならず，生物学や生理学，また経営学などに及んでいる．

　日常のさまざまな行動場面を考えても，モチベーションという概念は重要な意味をもつ．すなわち，行動を遂行するためには能力が必要であるが，しかし目標達成に向かう強い意志や持続への熱意がなければ，成果は期待できない．このことは，成果は能力のみでなくモチベーションの働きによっても規定されることを示している．この両者は成果に対して相乗的に作用しており，どちらかが欠けても高い成果を得ることは難しい．ローラー（Lawler, E. E.）[1]は，これを〈業績＝f（能力×モチベーション）〉と表した．したがって，さまざまな機会を通じて能力を育てていくとともに，モチベーションを高める工夫が大切になる．特に，能力が比較的安定的な要因であるのに対して，モチベーションは少しのきっかけで大きく変化する．それゆえに，安定した成果を得るためには，

1) Lawler, E. E. (1971) *Pay and organizational effectiveness: A psychological view*. New York: McGraw-Hill.〔安藤瑞夫（訳）(1972) 給与と組織効率　ダイヤモンド社〕

モチベーションをどのようにコントロールしていくかに注意を払うことが必要となる．

仕事遂行にかかわるモチベーションは，**ワーク・モチベーション**と呼ばれ，組織における人間行動を理解する重要な手がかりとなる．ピンダー（Pinder, C. C.）[2]は，ワーク・モチベーションを「個人の内部および外部にその源をもつ一連の活力の集合体であって，仕事に関連する行動を始動し，その様態や方向性，強度，持続性を決定づけるもの」と定義している．この定義からは，何が仕事への行動を生み出すのか，その行動はいかにして方向づけられるのか，そしてその行動はどのようにして持続し停止するのかという一連のプロセスがワーク・モチベーションに含まれていることがみてとれる．

ワーク・モチベーションに関する研究には，いくつかの分類がある．よく知られているのは**内容理論**（content theory）と**過程理論**（process theory）である[3]．内容理論とは，何（"what"）が人を動機づけるのかという，モチベーションの源泉に着目する一連の理論を指す．その背景には欲求（need）の存在が仮定されている．たとえば，欲求が個人の中で秩序ある階層性をもって存在することを主張したマズロー（Maslow, A.）[4]の**欲求階層説**（図42-1）は，仕事を通じての自己実現をめざす経営思想を生んだ．

マズローの理論に刺激され，マグレガー（McGregor, D.）の**X理論・Y理論**[5]や，アージリス（Argyris, C.）の**未成熟・成熟理論**[6]，アルダファー（Alderfer, C. P.）の**ERG理論**[7]など，欲求系組織理論と呼ばれる理論が展開された．その他，仕事への満足・不満足を連続する次元ではなく異なる次元で捉えたハーツバーグ（Herzberg, F.）の**二要因理論**[8]など，内容理論に連なる理論は多い．

これに対して，過程理論とは，モチベーションがなぜ（"why"），どのように（"how"）変化するのかに着目する一連の理論を指す．たとえば同じ目標に対して，なぜAさんは熱心に取り組むのにBさんは熱意がないのか．あるいはCさんは，初めは意欲が湧かなかった仕事に対して，どのよ

2）Pinder, C. C. (1998) *Work motivation in organizational behavior*. Prentice Hall.

3）それぞれ，内容モデル，過程モデルと呼ばれることもある．

4）最下層の生理的欲求から，安全欲求，愛情・所属欲求，自律（自尊）欲求，自己実現欲求まで，5段階が想定されているところから，欲求5段階説とも呼ばれる．

5）X理論は低次欲求によって動かされる人間観であり，Y理論は高次欲求を重視する人間観である．

6）組織成員を，未成熟の段階からさまざまな経験を経て成熟段階に進み，自己実現をめざす存在と捉える．

7）欲求階層説のひとつで，下から順に，存在（existence），関係（relatedness），成長（growth）の3欲求が仮定されている．

8）充足時に満足感を与えるが不充足時には特段の不満足感を招かない動機づけ要因と，不充足時には不満足感を招くが充足しても特段の満足感を招かない衛生要因の2つが仮定されている．

うにして熱意をもって取り組むようになったのか．過程理論では，こうしたモチベーションの変化あるいは消長を問題にする．たとえば，ヴルーム（Vroom, V. H.）の**道具性期待理論**[9]では，**期待**（expectancy），**誘意性**（valence），**道具性**（instrumentality）の3つの要因で，対象に向かう個々人のモチベーションの強さを予測するモデルを提唱した[10]．ロックとレイサム（Locke, E. A. & Latham, G. P.）[11]が1960年代に提唱した**目標設定理論**では，目標がモチベーションに及ぼす効果を規定する基本的な要因として，具体的で高い目標が設定されること，目標が受容されること，フィードバックがあることなどが明らかにされており，その後現在に至るまで膨大な研究が生まれている．

ミッチェル（Mitchell, T. R.）とダニエルズ（Daniels, D.）[12]による内的（internal）モチベーション・モデルと外的（external）モチベーション・モデルの分類もある．前者は，仕事行動を活性化し，方向づけ，維持するような心理的要因を明らかにしようとするものであり，期待，目標，効力感，欲求や感情など，個人の側の要因が対象になる．後者は，組織成員を動機づけるような仕事上の関連要因（context; 文脈）に焦点を当てるもので，仕事をどのようにデザインするかや，報酬，組織・集団の規範，組織が成員に対して示す公正さ，組織を取り巻く社会，さらには文化的要因などが含まれる．

また，レイサムとピンダー（Pinder, C. C.）[13]は，ワーク・モチベーション研究へのアプローチとして，欲求（needs），個人特性（personal traits），価値（values），文脈（context），人と文脈の適合（person-context fit），認知（cognition），感情的・情動的反応（affective/emotional reactions）の7つをあげている．

経営のグローバル化が進み組織を取り巻く環境が複雑化している今日，組織に働く従業員の行動を理解し，充実した仕事生活を送ることができるようなモチベーション・マネジメントが，一層の重要性を帯びてきている．たとえば，レイサムらがあげたアプローチの中では，従業員の欲求充足という点からマズロー理論への関心の復活が指摘されている．

9) 期待は，努力すれば相応の結果が得られるであろうという本人の見込み，誘意性は，得られる結果のもつ魅力，道具性は，とろうとする行為が結果を得る上で役に立つ見込みを意味する．

10) ローラーは，ヴルーム理論に内在する問題点を補い，新たなモデルを提案している．1）の文献に詳しい．

11) Locke, E. A. & Latham, G. P.（1984）*Goal-setting: A motivational theory that works*. Englewood Cliffs, NJ: Prentice Hall.〔松井賚夫・角山剛（訳）（1984）目標が人を動かす：効果的な意欲づけの技法　ダイヤモンド社〕

12) Mitchell, T. R. & Daniels, D.（2003）Motivation in organizations. In L. W. Porter, G. A. Bigley, & R. M. Steers (Eds.), *Motivation and work behavior*（7th ed.）, Boston, Mass.: McGraw-Hill/Irwin.

13) Latham, G. P. & Pinder, C. C.（2005）Work motivation theory and research at the dawn of the twenty-first century. *Annual Review of Psychology*, 56, 485-516.

内発的モチベーションの視点も有効である．デシ（Deci, E. L.）[14]は，外的（extrinsic）報酬に頼るだけではなく，達成感や充足感といった内的な報酬によって生まれる行動へのモチベーションの重要性を説き，これを**内発的**（intrinsic）**モチベーション**と名づけた．内発的モチベーションは，自分が行動を効果的に処理しているという**有能感**と，自分がその行動を主体的に選び判断しているという**自己決定感**を基本としている．自らが主体的かつ効果的に仕事を遂行しているという感覚を意識することのできる組織づくりも，モチベーション・マネジメントにとっては重要である．

　また，近年わが国の企業組織では，もっている能力や発揮された能力を基準に評価するのではなく，到達した成果を基準に評価する**成果主義**が浸透している．成果主義が機能するためには，目標をどのように設定し，どのようにモチベーション向上につなげていくかが重要であるが，それには目標設定理論からのアプローチが有効である．実際，1980年代からの30年間で，目標設定理論については世界中で1000を超える研究が発表されており，理論の有効性が検証されるとともに，ワーク・モチベーション研究における大きな潮流を形成している[15]．

　ここまで見てきたように，ワーク・モチベーションにはさまざまなアプローチがあるが，関連する領域もまた幅が広い．たとえば，組織への積極的な関与を意味する組織コミットメントや，仕事満足，リーダーシップ，キャリア発達の問題などは，ワーク・モチベーションと深く関わっている．また，急増する職場いじめやセクシュアル・ハラスメントは，ワーク・モチベーションの阻害や低下につながる深刻な問題であり，その発生メカニズムや防止策を研究していくことの必要性が高まっている．

〔角山　剛〕

14) Deci, E. L. (1975) *Intrinsic motivation.* New York: Plenum Press.
〔安藤延男・石田梅男（訳）(1980) 内発的動機づけ　誠信書房〕

15) Locke, E. A. & Latham, G. P. (1990) *A theory of goal setting and task motivation.* Englewood Cliffs, NJ: Prentice Hall.
Latham, G. P. & Budworth, M. (2007) The study of work motivation in the 20th century. In L. Koppes (Ed.), *Historical perspectives in industrial and organizational psychology.* Mahwah, NJ: Lawrence Erlbaum Associates.

【参考文献】
レイサム，G．／金井壽宏（監訳）／依田卓巳（訳）(2009) ワーク・モティベーション　NTT出版

IV-43 パーソナルスペース
personal space

　人が集まればそこの空間を占め，人との空間関係が生まれる．このような空間を介した行動の関心は，動物行動のスペーシングから敷衍し，人間行動の社会関係性のあり方にも関心が寄せられてきた．このように，空間を媒介として人の行動に注目した学問体系を総称して**プロクセミックス**（proxemics）と呼ぶ．そしてここでの中心的概念は，**パーソナルスペース**である．人間の固有空間がそれを取り巻く，他者関係，あるいは物理的空間関係の重要な核となるからである．この用語はもともとは建築心理学からの発想でソマー（Sommer, R.）[1]によって提起された言葉である．これはもち運びのできるなわばり空間で，そこには他者の侵入を許さない個人を取り囲む，見えない境界をもった空間とした．そしてその領域に他者が侵入したときは，それは自我領域の侵入を意味し情緒的にネガティブな反応ももたらすとした．

　このような発想は，ホール（Hall, E.）[2]においては，社会人類学の関心として，人々の間の空間関係の文化間の差異から個体の距離に注目した．これは同種の個体が相互におく正常な空間のことで，その空間は人の防衛領域をなし，あたかも人を取り巻く気泡のように作用するとした．またそれはいつも同じ空間関係にあるのではなく，他者関係によって自在に異動することを示した．それは感覚的情報（体温，声の大きさ，身体接触など）を相手にいかに伝達するか（しないか）の社会関係を明示するコミュニケーションでもある．そこで，これはノンバーバル・コミュニケーションとも関連づけられるものである．ホールは他者関係によって4つの距離ゾーンとそれぞれに近接と遠隔を含む距離関係を考えた．まず**密接

1) Sommer, R.（1969）*Personal space: The behavioral basis of design.* Englekwood Cliffs, NJ: Prentice Hall.〔穐山貞登（訳）(1972) 人間の空間：デザインの行動的研究 鹿島出版会〕

2) Hall, E. T.（1966）*The hidden dimension.* New York: Doubleday.〔日高敏隆・佐藤信行（訳）(1970) かくれた次元　みすず書房〕

距離（15〜75cm）は強く直接的に感覚の情報がインプットされる範囲で，母子関係のようなきわめて密な関係である．**個人距離**（75〜210cm）は相手に腕を伸ばせば届く距離で，話す音量も普通で嗅覚も体温も最小にしかインプットされない距離である．これは友人・知り合いなどでホールの対人距離に相当する．**社会距離**（210〜750cm）は相手に直接触れることができない距離である．話す音量は上がり，コミュニケーション交換もフォーマルにビジネスライクになり，人を互いに遮断して自分の社会をもつことができる距離である．そして**公的距離**（750cm以上）は公的な場においての話し手と聞き手の間の関係としての距離であって，感覚的情報は考慮されない距離である．彼は文化間の差異の関心では，多くの民族の観察記録から，対人的な接触を望ましい積極的な社会的関係性とみなす文化（接触文化圏）とそれらに消極的な文化（非接触文化圏）に分けた．前者はラテンアメリカ地域，中近東で，後者は，北アメリカ，北欧地域とした．しかしその後の実証的研究では必ずしも一貫した結果は認められてはいない．その理由として，社会関係性（たとえば，地位関係），社会規範，コミュニケーションの要因が影響して，対人距離は空間・距離だけでは決定されないとしている．

　パーソナルスペースは情動的意味，自己と世界の境界を意味することでもある．そこで他者関係における距離関係は**対人距離**とし，対人関係のあり様を二者間の距離から検討する．アシュトン（Ashton, N. L.）ら[3]は，実験参加者に一定の距離を示し，友人と見知らぬ人の間の好ましい距離を測定したところ，対人間によって適切な距離が異なることが明らかになり，ホールの距離ゾーンを裏付けた（図43-1）．

　この対人距離は対面の場合を指している．しかし実際の社会行動における対人距離はさまざまである．背面に未知の人が近づいても気にならないが，正面から接近されると後ろへ引くように，二者がどの方向で対面するかによって異なる．正面で向き合うことでは，対人距離は広がり，一方，背中合わせでは狭い距離，さらに側面ではその中間というように対面する方向で異なる．それは対人距離は他の要因（ここでは

3) Ashton, N. L., Shaw, M. E., & Worsham, A. P. (1980) Affective reaction to interpersonal distances by friends and strangers. *Bulletin of the Psychonomic Society*, 15, 306-308.

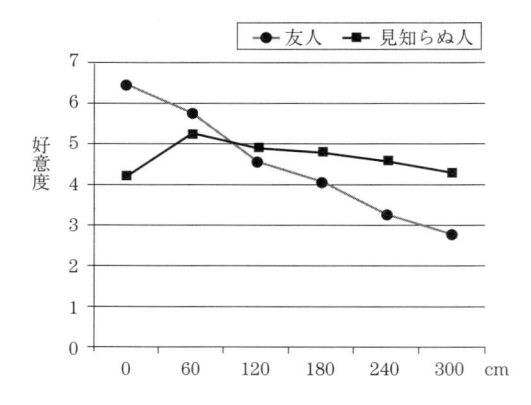

図43-1　対人距離と対人関係の違いによる好意度

アイコンタクトのような情報）が介入し，あたかも卵型のような正面で狭く，背後で広がる距離の構造をもつ．これを異方構造と呼ぶ．このように対人距離を決定するのは二者の関係性が直接の影響であるが，その他アイコンタクト，状況などの要因が絡まり，その間を調整しつつ，対人間の適切な距離を構成するのである．

グループ・エコロジー

グループ・エコロジー（group ecology）とは，空間，生態関係が集団の活動，相互作用に影響を与えることを主たる関心とする学問領域である．つまり物理的空間関係が集団活動にいかなる影響を及ぼすか，あるいは，他者関係のあり方の情報としての空間関係のあり方の検討である．前者の古典的な研究としてはステインザー（Steinzer, B.）[4]によるものがある．集団討議ではメンバーの着席する位置が発言に影響することを示し，ある人物の発言の後は，その向かいの席の人物が発言し，過去に口論した相手は真向かいに着席するなど，討議の発言交換と空間配置には影響があることを明らかにした．特にステインザー効果と呼ばれる現象は，強力なリーダーシップの下ではメンバーは隣の席と話す傾向があり，弱いリーダーシップの下では真向かいの人と話す傾向にあることを指す．またウォード（Ward, C. D.）[5]は空間配置が集団活動を規定することを検討している．討議場面では着席位

4）Steinzer, B. (1950) The spatial factor in face to face discussion. *Journal of Abnormal and Social Psychology*, 45, 552-555.

5）Ward, C. D. (1968) Seating arrangement and leadership in small discussion group environment. *Journal of Social Psychology*, 74, 83-90.

置がコミュニケーションの取りやすさと視野の広がりを規定する．そのため良い位置を占めると，その活動の中心的役割（リーダーシップ）を担いやすいことを明らかにした．つまり全体を見渡せる位置関係がコミュニケーションの交通整理の役目を担い，その結果，そこに着席した人物に参加者の意識が高まるのである．

着席行動（seating behavior）では他者との積極的な相互作用を望むか，それを拒否するかで空間関係が決定される．公共空間（図書館，電車）などにおいてどの位置を占めるかは，空間を介して他者との相互作用を促進するか回避するかが位置，方向を決定する．たとえば電車の座席では，端の席から埋まり，図書館では出来るだけプライバシーが確保される席が好まれる．相互作用を望まなければ，離れた，視線を合わせない位置を占めるだろうし，会話が必要なら対面の位置を占めるだろう．

クラウディング

パーソナルスペースは一定空間での対人間距離である．しかしそれが相互に心的に安定した距離を保てなくなったらどうだろうか．人にとって適切な距離関係を超えると，人に何らかの不快感情，緊張，ストレスを与えることがある．これを混雑感あるいは**クラウディング**（crowding）と呼ぶ．このクラウディングは一定空間と人口密度関係においての主観的ネガティブな感情状態である．この主観的感情は状況（スポーツ観戦・パーティの混雑は楽しい）や当面の集団活動によって異なることが明らかにされている．しかしこのクラウディングが持続することで，個人内のストレスを高め心的安寧にも影響する．さらにこの問題は，都市の人口密度の高い空間（車の渋滞，満員電車，狭隘な住宅）では，今日的課題として環境心理学などとも関連づけられ検討されている．

〔本間道子〕

【参考文献】
ソマー, R.／穐山貞登（訳）（1972）人間の空間：デザインの行動的研究　鹿島出版会

V コミュニケーション

V - 44

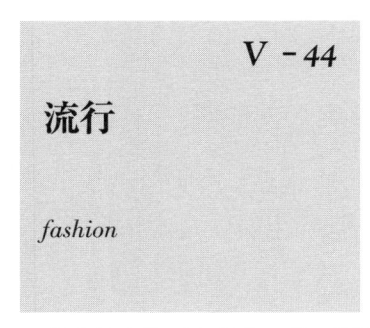

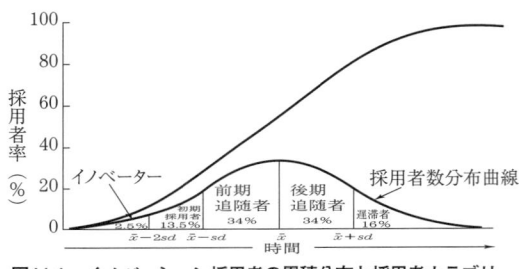

流行

fashion

図44-1 イノベーション採用者の累積分布と採用者カテゴリー

辞書的定義（広辞苑，第5版）[1]によれば，**流行**とは「急にある現象が世間一般にゆきわたり広がること．衣服・化粧・思想などの様式が一時的にひろく行われること．はやり．」である．流行の対象として，衣服・化粧・思想がその代表としてあげられているが，外見・髪型も含めた服飾関係，スポーツ，ゲーム，音楽（流行歌）などの娯楽関係，流行語や若者ことばなどの俗語まで幅広い[2]．

普及過程

事物や行動様式，情報などが人々の間に広く行き渡っていく過程を，**普及過程**（diffusion process）という．一般に，普及過程は，個人が事物や行動様式を取り入れる意思決定（decision making）過程と，人から人へと広く行き渡る普及の過程に分けられる．ロジャーズ（Rogers, E. M.）は，革新的な採用者（イノベーター）を冒険的な人々と呼んだ[3]．また，初期少数採用者を尊敬される人々，前期追随者（多数採用者）を慎重な人々，後期追随者を疑い深い人々，採用遅滞者を伝統的な人々というように5つの類型に分けた（図44-1）．

カイザー（Kaiser, S. B.）は，流行が広まる過程について，図44-2のような3つのパターンを指摘した[4]．1つは，上層階級から下層階級へと浸透していくように，流行が広まるというもので，**トリクルダウン**（trickle down）**過程**と呼ばれている．2番目は，それとは逆に，下位文化から社会全体へと広がるという**滲出**（percolating-up）**過程**である．3番目は，**水平普及**（horizontal diffusion）**過程**であり，同じ階層や文化の中での相互作用によって，水平方向に広まっていく過程である．これらの過程は流行ごとに異なるし，同じ流行

1) 新村出（編）(2009) 広辞苑（第5版）岩波書店

2) 衣服・行動・ことばなどの一時的な流行をファッド（fad）という．

3) Rogers, E. M. (1962) *Diffusion of Innovations.* New York: Free Press of Glencoe; London: Collier Macmillan.〔青池愼一・宇野善康（監訳）(1990) イノベーション普及学 産能大学出版部〕

4) Kaiser, S. B. (1985) *The social psychology of clothing and personal adornment.* New Jersey: Prentice Hall college Division.〔高木修・神山進（監訳）／被服心理学研究会（訳）(1994) 被服と身体装飾の社会心理学：装いのこころを科学する（上・下）北大路書房

5) モリス，D.／藤田統

図44-2 流行の普及過程（カイザー，1985）[4]

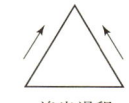

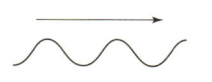

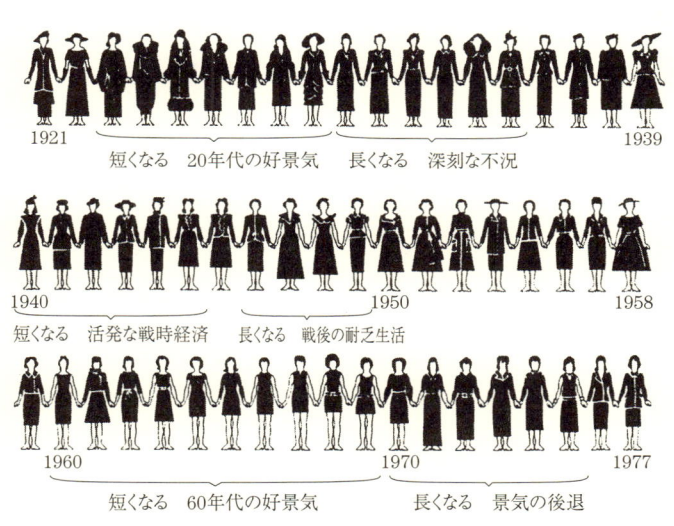

- トリクルダウン過程（下方向への流れ）
- 滲出過程（上方向への流れ）
- 水平普及過程（水平方向への流れ）

1921 ─ 短くなる　20年代の好景気　長くなる　深刻な不況 ─ 1939

1940 ─ 短くなる　活発な戦時経済　長くなる　戦後の耐乏生活 ─ 1958

1960 ─ 短くなる　60年代の好景気　長くなる　景気の後退 ─ 1977

図44-3 スカート丈の流行（Morris, 1977／藤田（訳），1980）[5]

でも異なる過程を経ていくものと考えられている．

服飾・化粧の流行

服装や化粧，趣味などは個人的な行動様式ではあるが，少なからずその時代の社会的な影響を受けている．

少し資料が古いが，モリス（Morris, D.）はスカート丈の流行が経済状態と関係していることを示した[5]．「西洋女性のスカート丈は，経済のバロメーターであり，すそが上がり下がりした時は，国の経済状態も上がり下がりしている」という．「短いスカートは国民生産が高い時に出現し，長いスカートは耐乏期や景気の後退期に見られる」（図44-3）．

村澤によれば，「伝統的な外見による価値観は戦後，若者文化の台頭のなかで徐々にあいまいになっていったが，1980年代に入り，急速に変化していった」という[6]．その変化の

(訳)（1980）マンウォッチング：人間の行動学（Pp.220-221）小学館．

6) 村澤博人（2005）美と装身の消費者行動　発表2　顔・化粧・美：消費者側の変化と産業側の変化（社会・文化的視点から）産業・組織心理学研究　第19巻，第1号，55-59．

表44-1 平成以降の流行語, 流行歌など

年号	流行語大賞	今年の漢字	レコード大賞	主な出来事
1989年(平成元)年	セクシャル・ハラスメント	—	淋しい熱帯魚(Wink)	昭和天皇崩御, 天安門事件, ベルリンの壁崩去
1990年(平成2)年	ファジィ	—	恋唄綴り(堀内孝雄), おどるポンポコリン(B. B. クイーンズ)	新天皇陛下「即位の礼」, 東西ドイツ統一
1991年(平成3)年	…じゃあ〜りませんか	—	北の大地(北島三郎), 愛は勝つ(KAN)	湾岸戦争, 雲仙普賢岳大火砕流発生
1992年(平成4)年	きんさん・ぎんさん, うれしいような, かなしいような, はだかのおつきあい	—	白い海峡(大月みやこ), 君がいるだけで(米米club)	「のぞみ」運行開始, 山形新幹線「つばさ」開業, バルセロナ五輪, 毛利衛さん日本人初宇宙飛行
1993年(平成5)年	Jリーグ	—	無言坂(香西かおり)	皇太子さま「結婚の儀」, 曙が外国人力士として初めて横綱に昇進
1994年(平成6)年	すったもんだがありました, イチロー(効果), 同情するならカネをくれ	—	innocent world(Mr. Children)	長野県松本サリン事件, 中華航空機名古屋空港着陸失敗炎上
1995年(平成7)年	無党派, NOMO, がんばろうKOBE	震	Overnight Sensation〜時代はあなたに委ねてる〜(trf)	阪神・淡路大震災, オウム真理教事件
1996年(平成8)年	自分で自分をほめたい, メークドラマ, 友愛／排除の論理	食	Don't wanna cry(安室奈美恵)	O-157食中毒事件, 狂牛病の発生, アトランタ五輪
1997年(平成9)年	失楽園する	倒	Can You CELEBRATE?(安室奈美恵)	消費税3%から5%に, 山一證券廃業, 酒鬼薔薇事件, ダイアナ妃事故死
1998年(平成10)年	ハマの大魔人, だっちゅーの, 凡人・軍人・変人	毒	wanna Be A Dremmaker(globe)	長野冬季五輪, 和歌山カレー毒物混入事件, 若貴兄弟横綱
1999年(平成11)年	ブッチホン, リベンジ, 雑草魂	末	Winter, again(GLAY)	世紀末, 台湾中部大地震
2000年(平成12)年	おっはー, IT革命	金	TSUNAMI(サザンオールスターズ)	シドニー五輪で金メダル(高橋尚子, 田村亮子など), 二千円札発行
2001年(平成13)年	恐れず怯まず捉われず, 骨太の方針, ワイドショー内閣, 改革の痛み	戦	Dearest(浜崎あゆみ)	東京ディズニーシーがオープン, 米国同時多発テロ, アフガニスタンへの空爆, 皇太子妃雅子さま第1子ご出産
2002年(平成14)年	W杯, タマちゃん	帰	Voyage(浜崎あゆみ)	欧州単一通貨「ユーロ」流通, サッカーW杯日韓共同開催, 北朝鮮に拉致された5人が24年ぶりに帰国
2003年(平成15)年	毒まんじゅう, なんでだろ〜, マニフェスト	虎	No way to say(浜崎あゆみ)	阪神タイガース18年ぶりにセ・リーグ優勝, イラク戦争勃発
2004年(平成16)年	チョー気持ちいい	災	Sign(Mr. Children)	台風・地震・豪雨・猛暑など記録的な天災, アテネ五輪, 一万円(福沢諭吉)・五千円(樋口一葉)・千円(野口英世)新札発行
2005年(平成17)年	小泉劇場, 想定外(内)	愛	Butterfly(倖田來未)	万博(愛・地球博), JR福知山線脱線事故, 耐震強度偽装問題
2006年(平成18)年	品格, イナバウアー	命	一剣(氷川きよし)	ライブドア事件, 秋篠宮紀子さま親王「悠仁さま」ご出産, 冬季トリノ五輪(荒川静香が金メダル)
2007年(平成19)年	どげんかせんといかん, ハニカミ王子	偽	蕾(コブクロ)	食肉や野菜の産地偽装, 食品表示偽装, 郵政民営化
2008年(平成20)年	グー！ アラフォー	変	Ti Amo(EXILE)	サブプライムローン問題による世界経済の大変動, 中国製ギョーザ食中毒事件, オバマ大統領選出, 北京五輪
2009年(平成21)年	政権交代	新	Someday(EXILE)	政権交代, 新型インフルエンザ流行, 野球日本代表「侍ジャパン」WBC連覇
2010年(平成22)年	ゲゲゲの	暑	I Wish For You(EXILE)	記録的な猛暑, 尖閣諸島事件, チリ落盤事故全員救出

著しいものは外見による男女の違い，境界の不鮮明化である，と指摘している．1980年代後半にシャワーの普及によって，いわゆる「朝シャン」の流行が清潔志向に拍車をかけた，と述べている．さらに1993年頃に，「茶髪」という言葉が登場し，染めていない人が少数派になった一方で，紫外線予防関連の商品が登場して白肌志向が流行したと考察している．

流行語

時代を映すものとして，その時々に流行した言葉がある．

自由国民社発行の『現代用語の基礎知識』[7]の読者審査員のアンケートから，上位語がノミネートされ，編集委員らによって構成された審査委員会で，ユーキャン新語・流行語大賞が決められる．この賞は，1年の間に発生したさまざまな「ことば」の中で，軽妙に世相を衝いた表現とニュアンスをもって，ひろく大衆の目・口・耳をにぎわせた新語・流行語を，1984年から選んでいる．

また，(財)日本漢字能力検定協会が，その年をイメージする漢字一字を，その年の世相を表す「今年の漢字」として，毎年12月12日の「漢字の日」に清水寺で発表している．

平成以後の流行語大賞，今年の漢字は，表44-1に示した．それぞれの年の世相を反映したことばとなっている．

流行歌

「歌は世につれ，世は歌につれ」と言われるように，流行歌も時代を映すものの1つである．日本レコード大賞は，1959年に始まったわが国でもっとも有名な音楽に関する賞であり，毎年12月末に発表されている．これも表44-1に，平成になってからのものを示した．

流行が普及するためには，現在ではマス・メディアの力が絶大である．流行を絶えず作り出していく商業主義と呼応して，流行の回転率を高めるのに，大きな役割を果たしている．現代の流行の多くは，生産者側によってあらかじめ計画的に創造され，人為的に普及されていく側面がある．〔二宮克美〕

7) 1948年10月に，「自由国民」第14号として時局日報社から発行された．以来，今日まで毎年改定を重ね創刊63周年を迎えた．

【参考文献】
高木修（監修）神山進（1999）被服行動の社会心理学　北大路書房

V-45
広告
advertising

広告とは「明示された広告主が，目的を持って，想定したターゲットにある情報を伝えるために，人間以外の媒体を料金を払って使用して行う情報提供活動」であるとされる[1]．

また，広告に類似したものに，**パブリック・リレーションズ**（public relations: PR）と**プロパガンダ**（propaganda）がある．パブリック・リレーションズとは，企業や団体が利害関係者との間に良好な関係を作り出すプロセスのことであり，広報と言われることもある．これに対しプロパガンダとは，政治思想や宗教思想を広めるための説得的コミュニケーション活動である．なお，日本では宣伝という言葉が広告と同義の言葉として用いられてきたが，近年では，宣伝はプロパガンダの訳語として用いられることの方が多い．

広告効果

広告には，到達効果，心理的効果，購買効果があるとされるが，それらを段階的に位置づけたのが広告効果階層モデルである．**広告効果階層モデル**は複数あるが，原点と言えるのが **AIDA**（アイーダ）である．AIDA とは，オーディエンスが広告に注目（attention）し → 関心（interest）を持ち → 欲求（desire）を持ち → 購買（action）する，という各段階の頭文字を順番に並べたものである．また，AIDA の欲求と購買行動の間に記憶（memory）を入れたモデルは **AIDMA**（アイドマ）と呼ばれ，広告効果階層モデルの代表とされてきた．なお，これらとともに，未知 → 認知 → 理解 → 確信 → 行動という階層を仮定した **DAGMAR**（ダグマー）というモデルもある[2]．

ただし，こうした広告効果階層モデルは現実の広告効果プ

---

[1] 嶋村和恵（2006）広告とは何か 嶋村和恵（監修）新しい広告（Pp.9-25）電通

[2] 名称は，1961年に全米広告主協会が行った広告効果測定についての本のイニシャルに由来する．
Colley, R. H.（1961）*Defining advertising goals for measured advertising results*. New York: Association of National Advertisers.

ロセスを心理学に基づいてモデル化したものというよりも，よりよい広告管理のために，購買行動以外にもコミュニケーション目標（効果目標）を置くことを目的として作成されたものであると考えられる．

単純接触効果

広告はいろいろな心理的効果を持ちうるが，そうした効果を生む心理機制として最初にあげるべきなのは**単純接触効果**（mere exposure effect）である．

アメリカの社会心理学者ザイアンス（Zajonc, R. B.）[3]は，刺激に反復接触するだけで刺激への好意度が高まると主張したが，こうした効果は広告についても起こりうる．また，刺激を閾下で呈示すると，同様の現象が起こるだけでなく，むしろ好意度が高まるという結果も報告されている[4]．

こうした現象が起こるのは，**知覚的流暢性**（perceptual fluency）の原因の誤帰属によるとする説が有力である[5]．知覚的流暢性とは，刺激を容易に認知できることを指し，刺激が反復して呈示されることで生じる．しかし，その原因が反復呈示にではなく，刺激の好ましさに誤って帰属されると，刺激の好意度が増すことになると考えられる．

ただし，広告が主に単純接触効果を狙って出稿されているかというと，必ずしもそうではない．たとえば，テレビCMには多くの人が反復接触するが，テレビCMは伝達効果を達成するために，リーチとフリクエンシーを考慮して出稿されている．

リーチとは出稿期間中に1回以上広告に接触した人の数または割合であり，フリクエンシーとは出稿期間中のターゲット・オーディエンスの平均広告接触回数である．そして，テレビCMは，1回の出稿でリーチ100％を達成できないために複数回出稿されることになるが，それが結果として，単純接触効果をもたらす格好になっている．

なお，広告の単純接触効果の実証研究としては，サウンドロゴ[6]やバナー広告[7]に関する研究も行われている．

説得の2過程モデル

広告を説得的コミュニケーションとして捉える場合には，

3) Zajonc, R. B. (1968) Attitudinal effects of mere exposure. *Journal of Personality and Social Psychology Monograph*, 9, 1-27.

4) Kunst-Wilson, W. R. & Zajonc, R. B. (1980) Affective discrimination of stimuli that cannot be recognized. *Science*, 207, 557-558.

5) 宮本聡介・太田信夫（編著）（2008）単純接触効果研究の最前線　北大路書房

6) 松田憲・楠見孝・山田十永・西武雄（2006）サウンドロゴの反復呈示とメロディ親近性が商品評価に及ぼす効果　認知心理学研究 4, 1-13.

7) 松田憲・平岡斉士・杉森絵里子・楠見孝（2007）バナー広告への単純接触が商品評価と購買意図に及ぼす効果　認知科学 14, 133-154.

説得の2過程モデルが重要となる．具体的に言えば，**精緻化見込みモデル**（elaboration likelihood model: ELM）[8]と**ヒューリスティック・システマティックモデル**（heuristic systematic model: HSM）[9]である．

まず，精緻化見込みモデルについて説明する．精緻化見込みとはメッセージの内容を精緻（elaboration）に調べる可能性（likelihood）のことであり，オーディエンスに精緻化する能力や動機づけがある場合には，その可能性が高くなる．そして，精緻化が起こる場合には，説得効果が生じるかどうかはメッセージの内容次第ということになる（こうした情報処理の経路は**中心ルート**と呼ばれる）．

これに対し，能力や動機づけがない場合には精緻化が起こらず，メッセージの内容ではなく，メッセンジャーの特性やメッセージの長さなど，周辺的な手がかりによって説得が生じるとされる（**周辺ルート**と呼ばれる）．

こうしたモデルに従えば，低関与で視聴されるテレビCMの説得効果は，内容よりも誰を起用するかで大きく変わることになると考えられる．

また，もうひとつのヒューリスティック・システマティックモデルも，メッセージ内容を熟慮するかどうかに注目したモデルである．ヒューリスティックとは認知的簡便法のことで，「一流企業の商品は良い」とか「みんなが使っているから大丈夫」などといった手がかりによって情報を処理することを**ヒューリスティック処理**と呼ぶ．

そして，オーディエンスが広告内容に対する態度を形成する際に，ヒューリスティック処理で十分であれば，その段階で態度が形成される．しかし，十分でなければ，さらに精緻に広告内容を処理することになるが，それが**システマティック処理**と呼ばれる．

なお，これら2つの処理は並行して生起しており，それらがそれぞれ独立に態度に影響を与える（加算される）こともあれば，ヒューリスティック処理の影響がシステマティック処理によって抑えられる（減弱される）こともあると考えられている．

[8] 精査可能性モデルとも訳される．Petty, R. E. & Cacioppo, J. T.（1986）The elaboration likelihood model of persuasion.In L. Berkowitz (Ed.), *Advances in experimental social psychology*, Vol.19（Pp. 123-205), New York: Academic Press.

[9] Chaiken, S.（1980）Heuristic versus systematic information processing and the use of source versus message cues in persuasion. *Journal of Personality and Social Psychology*, 39, 752-766.

サブリミナル効果

広告効果としてよく話題になるのが**サブリミナル効果**（subliminal perception effect）である．サブリミナル効果とは，意識できない刺激である閾下刺激（サブリミナル刺激）の知覚から，何らかの影響を受けることを指す．

サブリミナル効果の実例として広く知られているのは「映画のなかに『ポップコーンを食べよう』とか『コカコーラを飲もう』といったメッセージを3,000分の1秒入れたところ，実際に売り上げが伸びた」というエピソードである．しかし，このエピソードは捏造されたものである可能性が極めて高く，そのことは公表されてもいるが，未だにそうであると知らず，効果の存在を信じている人も少なくない[10]．

なお，サブリミナル効果の実証研究をレビューした研究者たちは，閾下刺激の知覚は存在するが，それが商品への動機づけを高めたり，購買行動を促すような効果を持つとは言いがたい，との結論に達している[11]．

ネットワーク社会と広告

近年ではインターネットの普及により，AIDMA型のモデルでは広告効果を把握することが難しくなり，新たに**AISAS**（アイサス）というモデルが提唱されている[12]．AISASとは，注目 → 関心まではAIDMAと同じプロセスを踏みながら，その後に検索（search）→ 購買行動（action）→ 共有（share）という段階が想定されたモデルである．なお，ここで言う検索とは商品情報のネット検索を指し，共有とはSNS（social networking service）[13]やブログなどのCGM（consumer generated media）によって多くの消費者と情報を共有することを指す．

AISASが示すように，ネットワーク社会においては，広告とクチコミの両方を，ソーシャルネットワークのなかで捉えなおす必要があると考えられている． 〔山田一成〕

10) 鈴木光太郎（2008）オオカミ少女はいなかった：心理学の神話をめぐる冒険 新曜社

11) Pratkanis, A. R. & Aronson, E.（1992）*Age of propaganda: The everyday use and abuse of persuasion.* New York: W. H. Freeman.〔社会行動研究会（訳）（1998）プロパガンダ：広告・政治宣伝のからくりを見抜く 誠信書房〕坂上章・森津太子・坂元桂・高比良美詠子（編）（1999）サブリミナル効果の科学：無意識の世界では何が起こっているか 学文社

12) 秋山隆平・杉山恒太郎（2004）ホリスティック・コミュニケーション 宣伝会議

13) 人と人とのつながりをインターネット上で構築・維持・拡大するサービス．

【参考文献】

仁科貞文・田中洋・丸岡吉人（2007）広告心理 電通
池田謙一（編）（2010）クチコミとネットワークの社会心理：消費と普及のサービスイノベーション研究 東京大学出版会

V-46
マス・コミュニケーション
mass communication

　マス・コミュニケーションとは，個人間あるいは少人数間で行われる**パーソナル・コミュニケーション**に対置された概念であり，不特定多数の大衆〈マス〉に対して，公開されたかたちで（多くの場合は一方向的に）行われるコミュニケーションを指す．それを担う媒体でありまたそのための専門組織がいわゆる「マスメディア」であり，新聞や書籍・雑誌出版などの印刷メディアから，ラジオ，テレビなどの電子メディアなどが代表的なものとしてあげられる．20世紀初頭の代表的マスメディアは新聞であったが，およそ1920年代の戦間期ころからラジオの急速な普及が始まり，続いて戦後1950年代から同様にテレビが急速な拡大を見せた．そして1990年代末になると，マスメディアの機能も包含する可能性を持つインターネットが広まり始めるなど，20世紀は全体にわたってマス・コミュニケーションの領域が大幅に拡大した時期であると言ってよい．

　では，マス・コミュニケーションはなぜ社会心理学において重要な検討対象となるのだろうか．それは個人，集団，そして社会のレイヤー（階層）それぞれに対してさまざまな影響を与える可能性があるからである．まずマスメディアを通じ，人々は自ら直接体験する範囲を超えた，広く社会についての認識を得ることとなる．自らが犯罪の被害にあったことがなく，また自分を含め周囲に誰も新商品を持っているものがなくとも，報道や各種番組を通じ，最近の世の中は物騒だ，こんなものが流行っているといった理解が形成されている．さらに，マスメディアを通じた情報は，周囲の人間と自分を取り結ぶ共通基盤となる．テレビで見た内容についてしばし

ば会話をするように，パーソナル・コミュニケーションの前提としてマス・コミュニケーションが機能することは少なくない．さらに，**世論**や**流行**といった社会現象は，各個人の選好や行動をマスメディアが集約することによって成立し，また同時にそれをマス・コミュニケーションが広く社会に伝えることで世論や流行そのものに影響を与えているプロセスが想定できる．すなわち現代ではマス・コミュニケーションが個人と社会を取り結ぶ役割を果たしており，それはまさに社会心理学が中心の検討対象とする課題を取り扱うものである．

マス・コミュニケーションの影響をめぐる心理学的研究は，ラジオの普及を契機に始まった．一般にこの「メディア効果論」研究史は三期に区分して捉えることに多くの研究者が合意している[1]．第1期はおよそ1930年代を通じて続き，その時期の捉え方を総称して強力効果論と呼ぶ．この時期は，メディアが受け手に対して即効的で強大な影響力を及ぼすと考えられていた．続く第2期は研究技法が洗練される中で，メディアの影響力を実証的に捉えるアプローチがさまざまに展開された．そこで明らかになりまた確立していった知見は，メディアの影響力は強力効果論が想定したほどの強さは必ずしもなく，また受け手も受動的とは限らず自らの選好や動機に応じて能動的なメディア接触を行っているというものであった．特に，ラザースフェルド（Lazarsfeld, P. F.）ら[2]を中心として提案された，メディアの影響はオピニオンリーダーを介しフォロワーに伝わるという「コミュニケーションの二段階の流れ」（two-step flow of communication）モデルは限定効果論の代表的な理論として知られるが，メディアの影響力の間接性と，それを媒介するメカニズムとして人々の形成するパーソナル・ネットワークの役割を指摘したものである．ここで1960年代後半以降，主軸のメディアがラジオからテレビへと変化する中で限定効果論が批判的に検討されるようになる．特に，限定効果論において関心の中心を占めていたメディア効果＝態度の改変に対して，異なる領域に及ぼす影響やメディア情報の認知処理の過程を意識したこれらの理論は，**新（強力）効果論**と総称されることが多く，現在も

[1] このような区分には批判もある．以下を参照．
竹下俊郎 (1998) メディアの議題設定機能：マスコミ効果研究における理論と実証　学文社

[2] Lazarsfeld, P. F., Berelson, B., & Gaudet, H. (1944) *The people's choice*. New York: Columbia University Press.
〔有吉広介（監訳）(1987) ピープルズ・チョイス　芦書房〕

展開されているマス・コミュニケーション効果研究の出発点となっている．以下ではこれら新効果論の代表的な主張について取り上げていく．

　このような理論の代表的なもののひとつとして，まずメディアの**議題設定機能**（agenda setting function）があげられる[3]．これはマスメディアが強調し繰り返した争点を，受け手も重要だと認知するようになるという仮説である．これはメディアが影響する領域を思考の「内容」ではなく，その「対象」であると考えるもので，「影響」の発生するレベルを態度ではなくその前段階の認知として捉えようとしたものであると言うことができる．この議題設定機能は後続する多くの実証研究を生み出すことになったが，派生したこれに深く関連する仮説として，メディアが強調した争点が，政治家等の業績評価をその後行う際の基準として用いられやすくなる（その争点における有権者の態度と，政治家等の評価が連動するようになる）という**プライミング**（priming）**効果**[4]，またメディアが争点を描写する際に用いた枠組みによって，たとえば貧困問題を個人のエピソード中心に描いた場合と，政府の統計や施策などの一般的な観点から論じた場合とでは，前者は貧困の原因を個人に，後者では社会に帰属させやすくなるという**フレーミング**（framing）**効果**[5]などがある．

　ニュース・報道だけではなく，ドラマ等も含めたテレビ一般の表現の歪み・偏りが個人の社会認識に及ぼす影響を議論したものとして，ガーブナー（Gerbner, G.）ら[6]による**培養理論**（cultivation theory）がある．テレビが現実よりはるかに暴力の多い虚構の世界を描いていることから，受け手が現実をその方向で歪んで認識するようになり，たとえばテレビの長時間接触者と短時間接触者とを比較すると，前者の方が社会の危険性をより意識し不信感を強く抱くようになるという結果が示されている．

　議題設定機能や培養理論などの理論は人々が社会を捉える認識枠組みそのものに対してマス・コミュニケーションがどのように作用するかに関心の焦点があると言える．これに対し人々の個別の意見と社会における世論がいかにマスメディ

[3] McCombs, M. & Shaw, D. (1972) The agenda-setting function of mass media. *Public Opinion Quarterly*, 36, 176-187.

[4] Iyengar, S. & Kinder, D. R. (1987) *News that matters: Television and American opinion*. Chicago: University of Chicago Press.

[5] Iyengar, S. (1991) *Is anyone responsible? How television frames political issues*. Chicago: University of Chicago Press.

[6] Gerbner, G. & Gross, L. (1976) Living with television: The violence profile. *Journal of Communication*, 26 (2), 172-199.

アによって結びつけられているかをモデル化したのがノエル＝ノイマン（Noelle-Neumann, E.）[7]による**沈黙の螺旋**（spiral of silence）**理論**である．ここでは，人間には孤立への恐怖があること，また人間には周囲を観察しその意見の動向を把握する準統計的能力が存在するという仮定の下で，自分の意見を多数派・優勢だと認知したものは公にその意見を表明しやすくなる一方，少数派・劣勢と認知すると孤立を恐れて意見を表明しにくくなると想定された．どの意見が多数派でありまた少数派であるのかはマスメディアが持続的に提示することが多く，公的な表明また沈黙が，らせん状に増大することによって世論の収斂が起こると考えるのがこの理論の提案したプロセスである．なお，メディアの影響と周囲の他者の動向観察については，マス・コミュニケーションは自分あるいは同類の人よりも，その他の第三者に強く影響を及ぼすと認知し，またそれを踏まえて対応的な行動をとるという**第三者効果**（third person effect）[8]や，メディアが自分の立場とは逆の方向にバイアスを持っていると認知する傾向である**敵対的メディア認知**（hostile media phenomenon）[9]などが関連して提案されている．

　ここまで紹介してきた理論は，現代のマス・コミュニケーション効果研究の基盤となっているものであるが，インターネットの登場によって再びメディア状況も大きな変化の途上にあることは注意が必要である．インターネットは個人間のコミュニケーションのみならず，既存の大手メディアを中心にマス・コミュニケーションとしてのサービスが提供されているほか，それに加えてブログや掲示板等によって多くの人の発信が不特定多数に届けられる可能性を生み出しており，マス・コミュニケーション概念の捉え直しや，そのような新たなコミュニケーション過程を含んだ理論的展開が要請されていると言える．新効果論の枠組みをインターネットに適用するような研究も生み出され始めており，さらなる実証，考察の作業が必要である．　　　　　　　　　〔柴内康文〕

7) Noelle-Neumann, E. (1984) *The spiral of silence: Public opinion — Our social skin* (2nd ed.). Chicago: The University of Chicago Press.〔池田謙一・安野智子（訳）(1997) 沈黙の螺旋理論：世論形成過程の社会心理学（改訂版）　ブレーン出版〕

8) Davison, W. P. (1983) The third-person effect in communication. *Public Opinion Quarterly*, 47, 1-15.

9) Vallone, R. P., Ross, L., & Lepper, M. R. (1985) The hostile media phenomenon: Biased perception and perceptions of media bias in coverage of the Beirut massacre. *Journal of Personality and Social Psychology*, 49, 577-585.

【参考文献】
田崎篤郎・児島和人（編）(2003) マス・コミュニケーション効果研究の展開　改訂新版　北樹出版

V-47 プラグマティックな言語使用
pragmatic language use

図47-1 ピクトグラムの例
（非常口のサインは国際標準）

コミュニケーション（communication）[1]は，社会心理学にとって最も重要なテーマのひとつであるが，その認知過程からみると，それは言語的コミュニケーションと非言語的コミュニケーションに大別される．後者については，ノンバーバル・コミュニケーションとして次項で取り上げられる．この項では言語的コミュニケーション（verbal communication）について考えていくが，後半部では特にプラグマティックな言語使用の問題に焦点を当てる．

言語メディアの種類

言語的コミュニケーションのメディアには，聴覚を利用する音声言語，視覚を利用する文字言語，サイン言語，ピクトグラム，および，触覚を利用する点字等が区別される．以下，それぞれの特性についてまとめる．

音声言語（spoken language）は，喉頭部にある声帯を肺からの空気によって震わせることによって出す音に基づいて産出される言語である．さらに口腔，鼻腔，舌，歯，唇などの器官を用いた調音機構によって細かな母音および子音が区別される．元来は，原則として話し手と聞き手が同時に同じ音を聞くことによって成り立つコミュニケーションであるが，テープレコーダ等の音声記録システムの開発により，時間と空間を超えたコミュニケーションが可能になった．

文字言語（written language）は，**書記言語**ともいい，音声言語の単位に対応する視覚的図形としての文字を用いた言語である．文字言語は，基本的に音声言語に基盤をおいて存在するものである．文字言語は，聴覚障害者が関わる「筆談」などの数少ない場合を除けば，送り手と受け手が同時に同じ

---

[1] コミュニケーションは情報分野でも用いられ「通信」と訳されている．しかし，人間同士の場合，心が通うという意味では「通心」と訳したいところである．

場所にいる必要はなく，時間と空間を超えたコミュニケーションを可能にするものである．そのため，古来，文字言語は情報の記録と保管のメディアとして用いられてきた．

サイン言語（sign language）は，指，手，腕など身体で作り出す形態によって意味をあらわす言語である．日本語では，聴覚障害者が用いる**手話**[2]がその代表例である．しかし，サイン言語の用途はもっと広く，音の伝わりにくい水中で潜水士が信号を送るための「水中手話」や，市場のような騒音の大きい場所で買い手が購入したい品物の値段や数量を指で示す「せり」のサインなどもある．

ピクトグラム（pictogram）は，文字を十分に理解できない子どもや外国人でも見ただけでわかるように作られた，情報や注意を分かりやすい図形であらわした絵文字であり，駅・空港や劇場・デパートなど不特定多数の大勢の人が集まる建築空間の中で用いられる．図47-1の非常口，あるいはトイレ，エレベータ，禁煙に指定された場所などを示すピクトグラムはその例である．

点字（braille）[3]は，主として視覚障害者が指先の触覚で読む言語であり，点字板と点筆，あるいは点字タイプライター等を用いて厚紙に打たれた点の盛り上がりのパターンによって，文字や数字を表すものである．一般的に用いられている点字は，3行×2列の6つの点で表される形式のもの（6点点字）である．視覚障害者が使う点字に対して，晴眼者が使う通常の文字を墨字と呼ぶ．

言語学的アプローチ

言語的コミュニケーションについては，伝統的には言語学からのアプローチが行われてきた．その観点は，大別すると音声学，音韻論，統語論，意味論，語用論の5つになる．

音声学（phonetics）は，発声・発音という言語の音声的側面から言語的コミュニケーションにアプローチする．たとえば，声の大きさ，発声音の高低，発音の明瞭さなどは，その発言の説得性や話者の好感度など，コミュニケーションの効果にも大いに影響を及ぼすものである．

音韻論（phonology）は，音素の種類と音素同士の結合規

---

[2] 手話にあたる英語はやはり"sign language"である．手話が立脚する言語体系によって"American Sign Language"というような細かな区別が行われている．

[3] 点字は，開発者のフランス人のルイ・ブライユ（Braille, L: 1809-1852）の名をとって"braille"と表記される．その発音は，フランス語では「ブラーユ」，英語では「ブレイル」である．

則から言語的コミュニケーションにアプローチするものである．たとえば，方言はその発話に含まれる訛り（accent）の要素から，その人の出身地や階層をあらわすものとなる．

統語論（syntax）は，語・句・文の配列や構成の規則，すなわち文法構造から言語的コミュニケーションにアプローチするものである．たとえばイギリスの言語社会学者バジル・バーンステイン（Bernstein, B.: 1924-2000）は，社会階層によって発話の文法構造の複雑さが異なることに注目し，文脈に依存する制限コード（restricted code）と，論理的分析的に述べる精密コード（elaborated code）に分け，ミドルクラスでは両コードが用いられるのに対し，労働者クラスでは主に制限コードしか使用されないという対比を行った．

意味論（semantics）は，語・句・文が指示したり表したりする事物（対象と状況）の意味を分析する観点から言語的コミュニケーションにアプローチするものである．意味論は，語あるいはその構成部分としての形態素[4]のレベルでの意味の分析を行う語彙意味論（lexical semantics）と呼ばれる分野が中心となっている．たとえば，語の辞書的意味の共通理解が言語的コミュニケーションを支えている．

語用論（pragmatics）は，言語表現とその使用者ならびに文脈との関係から言語的コミュニケーションにアプローチするものである．発話の文脈に対応した意味の理解過程において，発話の正しい意味が伝われば問題ないが，往々にして，別の意味に取り違えられたり，意味が伝わらなかったりする．また，話者の意図や文脈によって，同じ発話がさまざまな意味に変化し，時には真反対の意味になることもある[5]．以下では，「プラグマティックな言語使用」という表現を用いて，言語的コミュニケーションに対する語用論的なアプローチについてさらに検討しよう．

プラグマティックな言語使用

発話とその意味の関係は，以下の4パターンに分類できる．
(1) 発話が話者の意図することがらをそのまま表現する文字通りの表現（literal expression）．たとえば，室内が暑いので窓をあけてほしいときに，「その窓をあけてくだ

---

4) 形態素（morpheme）は，語を構成する意味の最小単位をいう．たとえば，「社会心理学」という語は，「社会」「心理」「学」の3つの形態素に分かれる．

5) たとえば，「結構です」は肯定，否定のいずれの意味でも使われる．

さい」と言うのは，意図したままの文字通りの表現である．
(2) 発話に，文字通りの意味に加えて，話者の意図する真の意味が別にある**間接発話**（indirect speech）．たとえば，室内が暑いときに，「今日は蒸しますね」と言うのは，室温について聞き手の同意を求めると同時に，むしろクーラーのスイッチを入れるなどの対処を要求している場合がある．
(3) 発話の表現していることがらがまったく別のことがらを意味する文字通りでない表現（non-literal expression）．たとえば，「時は金なり」などの**メタファー**（比喩）や，大失敗した相手に対する「頭脳的プレーだな」などの**アイロニー**（皮肉）は，文字通りでない表現のカテゴリーに入る．
(4) 発話が特定の明確な意図を表さない表現．たとえば，日本語の「どうも」は，「ありがとう」「こんにちは」「すみません」「いりません」などの意味で自在に使える大変便利な言葉である．同様に，英語の「チアーズ（Cheers!）」は，もともとの「乾杯」という意味だけなく，「こんにちは」「ありがとう」「さようなら」「よかったね」など，場面に即してさまざまな意味で使われている．

プラグマティックな言語使用が特に関与するのは，(2)の間接発話や(3)の文字通りでない表現のケースである．そこにおいて重要なことは，発話の文脈（context）の理解と，話者の意図の読み取り，あるいは**読心**（mind-reading）である．イギリスの心理学者バロン＝コーエン（Baron-Cohen, S.）らは，自閉症者における話者の意図の読み取り能力を測定する方法として，**失言**（faux pas）**検出課題**を考案した[6]．ここで「失言」とは，会話の話し手が言った言葉の内容が聞き手の知らなかったことがらを含んでおり，その発話が話し手の意図しなかったネガティブな結果を生み出すもの，と定義される． 〔子安増生〕

[6]「失言」という言葉は，フランス語の「フォーパ（faux pas）」が用いられている．この研究の出典は下記である．
Baron-Cohen, S., O'Riordan, M., Stone, V., Jones, R., & Plaisted, K. (1999) Recognition of faux pas by normally developing children and children with Asperger syndrome or high-functioning autism. *Journal of Autism and Developmental Disorders*, 29, 407-418.

【参考文献】
子安増生（2007）「心の理論」とメタファー・アイロニー理解の発達　楠見孝（編）メタファー研究の最前線（Pp.61-80）　ひつじ書房

V-48
ノンバーバル・コミュニケーション
nonverbal communication

　コミュニケーションは人々の間を仲立ちするものだが、それは意味をそのまま解釈できる言語的なものによってのみ成り立っているわけではない．たとえば舌打ち，ウィンクや指さし，距離を取る・詰める，あるいはフォーマルな装いをするなど，さまざまな手段あるいは行為を通じて，われわれは他者の意図的，あるいは非意図的なメッセージを読み取っている．それは言葉の意味を補足したり，またとりわけ言葉では伝えにくい感情を伝達したりするためにも用いられることが多い．**ノンバーバル・コミュニケーション**（NVC）とは，このような言語によらないコミュニケーションの総称である[1]．

　大坊[2]によれば，対人コミュニケーションのチャネルは音声的なものと，非音声的なものの二種に大別される．音声的チャネルにおいては，(1) 言語的，(2) 近言語的なコミュニケーションが行われる．ここで近言語的コミュニケーションとは，声の大きさ，高さや間の置き方，さらには発言のタイミングや沈黙の長さなどが含まれており，発言の意味内容ではなく，その形式的特性を指す．非音声的なコミュニケーションはさらに，(3) 身体動作，(4) プロクセミックス，(5) 人工物の使用，(6) 物理的環境の4種に大別されている．身体動作とは視線やジェスチャー・姿勢，身体接触，表情などが含まれ，ボディランゲージのような呼称もある．プロクセミックス（proxemics）とは対人距離や着席位置など，空間行動によるコミュニケーションを指す[3]．人工物の使用とは化粧や被服，アクセサリーなどを用いることであり，さらに物理的環境としては，部屋の温度や湿度，家具などが含まれる．このような多様なチャネルを通じてメッセージが記号化，

1) 関連して手話（sign language）は，身体動作を用いた，固有の文法を持つ視覚言語である．

2) 大坊郁夫（1998）しぐさのコミュニケーション：人は親しみをどう伝えあうか　サイエンス社

3) プロクセミックスを著書『かくれた次元』にまとめたホール（Hall, E. T.）は対人距離を，密接距離から公衆距離にいたる4種類と，それぞれの近接相・遠方相の組み合わせの8つに分類して捉えた．「Ⅳ-43 パーソナルスペース」も参照．

伝達されまた解釈されていることは，われわれが日常的に経験していることである．大きくまとめた場合，言語的コミュニケーション以外の（2）〜（6）全体をノンバーバル・コミュニケーションとして，それぞれの機能や特徴についての研究が行われている[4]．

エクマン（Ekman, P.）ら[5]は，上記のような多様なかたちをとる非言語行動の持つ機能や用法，起源からそれらを表象（emblem），例示（illustrator），情動表示（affect display），調節（regulator），適応（adaptor）の5つに分類している．表象とは，左右の指をクロスすることによって終了・拒否を表現するなど，特定の単語的な意味を持ち言語の代わりをするような行為である．これに対して例示とは，物の大きさについて話しながら腕を広げるなど，むしろ言語と結びつきそれを補足するような行為である．情動表示とは，まさに表情などを用いた感情の表出を指す．調節とは一連の会話の流れや交代がスムーズに進むように，視線や身振り，また声の調子を利用することで，たとえばうなずいたり眉を上げたりするなどの行為が含まれる．最後に適応とは，手で目を覆う，髪をかくなど，成長，発達の過程の中で学習された習慣的・非意図的動作のことである（ただし，当然に他者が解読する対象ともなるだろう）．これらのうち，表象と例示は身振りが，情動表示は顔面表情が，適応は身体的接触がそれぞれ主になう動作であると考えることができ，また調節については多くの非言語的さらに近言語的コミュニケーションが組み合わされていると言える．

社会心理学において関心の集まるテーマのひとつとして，NVCと文化との関係があげられる．NVCは相互に共有されていてはじめて理解可能であり，その利用や意味は文化の影響を強く受けていると考えられるからである．たとえば指を用いた表象的ジェスチャーにはそれぞれさまざまな意味があり，親指と人差し指を用いて丸めるサインは，オーケーやゼロ，穴のような意味に加え，さらに日本では金銭を指す意味も持ち得るし，また国によってはゼロになる，から波及して「脅し」を示す意味も持つという．言語コミュニケーション

4) 近言語（paraverbal）コミュニケーションはノンバーバル・コミュニケーションに含めないという立場もある．

5) Ekman, P. & Friesen, W. V. (1969) The repertoire of non-verbal behavior: Categories, origins, usage, and coding. *Semiotica*, 1, 49-97.

に付随する調節的行為も，文化圏で大きな違いを持つことが知られている．会話中におけるうなずきについて，日本においては基本的に注意が持続していることを示す中立的な意味合いを持つのにとどまるが，北米におけるそれは加えて同意も意味しているとされ，うなずきながらずっと話を聞いていた日本人が，その直後に全面的に反論するような行為に対して北米の人は強い違和感を覚えるなどの事例は一般にもよく知られている．顔面表情については，喜び・驚き・恐怖・怒り・悲しみ・嫌悪といった基本感情についてその表出，また解釈に一定の通文化性があることがこれまでの研究で明らかとなっており，表情による感情表出にはいわば生物学的基盤があることが想定できる．しかしその表出スタイルについては，やはり文化差があることが指摘されている．日本人と米国人の実験参加者にストレスを喚起させる映像を見せた場合，どちらも基本的に同様のネガティブな表情を示したが，その後に実験者と同席していた場合には，米国人は単独時と同様であったものの，日本人の多くがネガティブな表情を減らしており，他者が存在する場合にネガティブな感情を表すのを避けようとする文化的表出ルールが存在することが想定された[6]．

ここまでに説明してきたように，NVCの多くは視覚的チャネルを通じて伝達されている．一方で，近年発達しその領域をますます拡大させている携帯電話やインターネットのようなメディア・コミュニケーションは，さまざまな非言語的チャネルを切り捨てることによってはじめて成立し，またそれと引き替えにして，時間・空間を共有しない状況でのコミュニケーションを可能としているという側面がある．たとえば電話は，音声的チャネルすなわち言語的，近言語的コミュニケーションを行うことはできるが，主に視覚的な，非音声的チャネルを用いることはできない．電子メールにおけるコミュニケーションは，音声に関わるさまざまなチャネルを用いることができず，純粋に言語的内容のみによってコミュニケーションを行うこととなる．さらにはオンライン・コミュニケーション等で典型的な（^_^）のような顔文字・絵文字

[6] 以下に引用されたエクマンらの実験による．
Matsumoto, D., & Kupperbusch, C. (2001) Idiocentric and allocentric differences in emotional expression and experience. *Asian Journal of Social Psychology*, 4, 113-131.

[7] 各種のオンライン・コミュニケーションにおいて用いられる，自分の分身を示す

やアバター (avatar)[7]の使用も，NVCの欠如によって感情伝達がしにくいという感覚に対するユーザー側の積極的な対応行動であると考えることもできるだろう[8]．メディア・コミュニケーションの普及発達初期から，それを対面（face-to-face; FtF）コミュニケーションと比較する研究が多く行われてきており，そのような知見は欠落した状態の考察を通じてNVCの機能や役割を逆説的に浮き彫りにしているとも言える[9]．それらによると，メディアを介したコミュニケーションは，NVCを通じた社会的・非言語的手がかり等の伝わりにくいため，相手の**社会的存在感**（social presence）が感じにくく，しばしばコミュニケーションを（社会志向的に対して）課題志向的なものにするとされた．特に電子コミュニケーションについて検討を行ったキースラー（Kiesler, S.）ら[10]は，そのような特性が社会的規範の影響を弱めることにより，グループ・コミュニケーションにおける平等な参加をもたらしやすくなる一方で，敵対的な言語行動である**フレーミング**（flaming）[11]や**集団極性化**（group polarization）[12]を対面に比べて引き起こしやすくするとした．ただしこれらの知見については，コミュニケーションの時間的長さや文脈によって結果が大きく異なるなどの批判も少なくない．

このようなメディア・コミュニケーションにおいてNVCが欠如することは技術的限界による欠陥とは限らない．携帯電話で通話できる状態であっても積極的に電子メールを利用することが日常的であるように，NVCを欠いた状態をユーザーが積極的に選択して利用することも少なくないからである．特に非言語的チャネルを通じた意図せざるメッセージを送らず戦略的な自己呈示が可能という側面が，メディア・コミュニケーションの利用を促進しているという側面もあるだろう．テクノロジーとコミュニケーションの問題について検討する際にも，NVCの機能についての考察が求められている．

〔柴内康文〕

[7] 三次元，あるいは二次元のキャラクター．

[8] 顔文字のことを，英語ではemoticon (emotion+icon)と呼ぶことがあり，表情が感情を表現しているという認識がそこには示されている．

[9] この種の研究の最初期のものに，電話を研究した下記の成果がある．
Short, J. A., Williams, E., & Christie, B. (1976) *The social psychology of telecommunications*. London: Wiley.

[10] Kiesler, S., Siegel, J., & McGuire, T. W. (1984) Social psychological aspects of computer-mediated communication. *American Psychologist*, 39, 1123-1134.

[11] 炎（flame）の燃えさかるさまから転じて，オンライン・コミュニケーションで観察される暴言や誹謗中傷などの発言（行動）．

[12] 集団討議の結果が，討議前の個々人の意見の平均よりも極端なものになるという集団過程上の現象．

【参考文献】
大坊郁夫（1998）しぐさのコミュニケーション：人は親しみをどう伝えあうか　サイエンス社

V-49 化粧行動

makeup behavior

```
               自分を変える
                  ↓
   日常からの脱出／特別な自分を発見したい（美と非日常の追求）
   〈日常を前提にした冒険（ハレ），隠された自己の姿を表出〉
                  ↓
       自己の可能性の確認（自己概念の可能性）
                  ↓
            日常的な化粧に戻る
   〈自己の表現範囲を確認し，切り替えできる自己表出の作用を確
   認することによって，自己評価を高める，切り替えの繰り返しを
   続ける〉
```

図49-1 化粧行動は，こころの変身の試み

具体的な化粧の内容にも左右されるが，**化粧**することによる心理的効果は**自尊心**の上昇と，社会的な**幸福感**（well-being）の向上である．

化粧することによって，自分の不得手の身体的特徴をカバーし，自己呈示したい特徴を増強することができる．そして，自信を持って，積極的な社会的行動が可能になる．このことは，自己評価を高め，社会的積極性を高めることになる．自己充実感と共通するものであり，幸福感が高まることになろう．

なお，「自己満足感」は，年代的には30歳代後半で特に多く認識されており，その後しだいに習慣性のものというイメージが強くなっていくことからしてもそれ以前の若い時期の対人的な積極性，魅力の強調という，「ときめき」（覚醒）への指向から鎮静効果指向へと変化していくものとも考えられる．

化粧することによって適度な緊張が生じ，気持ちの切り替えがしやすく，鏡に向かうことによって自己意識が高まることなども内省傾向を高めることになろう．また，自分の欠点を改善できるならば，他者に対する積極性も増すことも知られている．つまり，懸念されていた特徴の改善が大きな効果を持つことの意義は大きく，持続的な心理的効果をもたらすことが十分に考えられる．化粧の主要な効果は，心理的安定性と社会的積極性にあると言えよう．

また，うつ病，老人性の認知症患者などを対象にして行った化粧指導・体験によって，平板化した感情を活性化でき，社会復帰が促進されることが示されている[1]．

このように，化粧自体がそれぞれの疾患を改善するということよりは，化粧する・されることによって自分への関心を

1) 伊波和恵（2004）顔と化粧 竹原卓真・野村理朗（編）「顔」研究の最前線（第9章, Pp.171-185）北大路書房

強め，行動が積極性を生み，また，この指導による集中的な自分に向けられる注目，さらに化粧した姿に向けられる家族やその他の人々からの注目と言語的フィードバックが自己の内発的な社会性を促していくと考えられる．対象者の特性と関連するが，このような治療的意義は大きい．

また，化粧することによって，当事者のパーソナリティによっても期待するイメージに違いが考えられる．化粧行動は，社会的承認欲求や自尊心と結びついてくる問題と位置づけることができる．この点から，衣服を含め，多様な自己呈示的行動とも広く関連させた検討が必要であろう．

化粧することによって生じる自己意識や自己認知の変容を探るために，タイプの異なる化粧法を女子大学生に施し，その効果を比較検討した研究がある[2]．状態不安の得点を比較すると，ヘビーメイク≒ノーメイク＞ナチュラルメイクであり，発話量については，ナチュラルメイク＞ヘビーメイク＞ノーメイクの順であった．また，ヘビーメイクは感じ悪く，親しみ難い，下品，冷たいなどと否定的に評価されるが，社会的には積極的と評価されている．また，ナチュラルメイクではリラックス度が，ヘビーメイクでは緊張が最大であった．さらに，ヘビーメイクは好意度が低く，外向度は高いものであった．なお，ノーメイク条件では化粧後の発話数が最少であった．心理的安定度については普段しなれている，ナチュラルメイク条件で高いものであった．

化粧する動機には，先に述べたように，他者への印象管理をめざす積極的動機と自分の欠点を補うという消極的な動機が示されている．さらに，化粧することによって自分を好意的に受け入れて欲しいと期待し，自信を持ちたいという欲求は，他者・世間への関心を前提とし，そして，他者との関係の調和を図る動機が基本にあると言えよう．また，このことは化粧の種類による違いも示されている．岩男・松井・菅原[3]によれば，メイクアップ化粧をよくする人は，外向的であり，一方，基礎化粧にウエイトをおいている人は内向的である．内向的な人にメイクアップ化粧を施すと，社会的に積極的な行動が有意になされるとも報告されている．これは，メイク

2) 大坊郁夫（1996）化粧心理学の動向　高木修（監修）／大坊郁夫・神山進（編）衣服と化粧の社会心理学（Pp.28-46）北大路書房

3) 岩男寿美子・松井豊・菅原健介（1985）化粧の心理的効用(Ⅳ)―化粧行動と化粧意識　日本社会心理学会第26回大会発表論文集，102-103．

アップ化粧することは基本的に対人的関与度を高めるため，社会的動機が活性化されることを示している[2]．

なお，公的自己意識を強く意識する人は，化粧使用量が多く，化粧することによって対人関係が円滑に進むとの考えを持っていることも知られている[2]．

化粧のプロセス

化粧を行うプロセスは，大坊によれば，まず，所属する文化や集団による表現やコミュニケーションに関わる基準が与えられている．その所属性に由来する同一性や社会的スキルに基づく表現力と社会的関心，そして，遂行行動が影響されると考えられる．このように，化粧への関心と実際の化粧行動は多段階のプロセスをなしている[2]．

多くの場合，化粧の内容，出来によって認知の具体的な内容は異なるが，化粧することによって身体的魅力が増すと期待され，信じられている．

直接的に創造的行為を介しての自己効用，満足感と対人的な効用と言える役割遂行，自己呈示を通じての自尊心の向上，他者からの評価の向上による満足感とにまとめられよう．したがって，化粧は，基本的には2通りのルートによる，他者との関係を前提としながらも「自己」の価値を高めることをめざした動機による行動結果の「満足」，役割による化粧行動によって他者を介しての満足づくりの手段とも言えよう．化粧は，自分への肯定的評価を期待しての他者への働きかけであると同時に，他者に受け入れられることによって満足感が高まり，自尊心が増す効果を循環的に有し，結果的に自尊心維持に結びつくことである．自分の弱点克服の装いや個性強調の化粧も，他者との協調的な化粧も，その効果は自分に戻ってくる．この効用は，自分の価値を高め，社会的な適応をよくすることにあると言える．化粧の対人的効用と自分の弱点をカバーする，日常的な手入れとしての化粧に込められる自己効用も循環しており，化粧の自己効用と対人的効用は一体的である．

変身と手直しの化粧

化粧には基本的に2つの「変革」がある[4]．ひとつは，

4) 大坊郁夫（2001）化粧と顔の美意識　大坊郁夫（編）化粧行動の社会心理学（序章，Pp.1-9）北大路書房

「変身する」ことである．具体的には，演劇において一般化されていることにその典型を見ることができるが，多くの人は現状の生活の社会的役割への不満，不快などに由来して見られる願望の達成の意味である（図49-1）．

　一般に，素顔に色彩を施し，眉を作り，睫毛を長くするなどして，顔の特徴を操作し，印象を変えようとする意図が込められる．髪型などにも手が加えられることが多い．日常の自分と特別な自分との切り替え，日々の自分から抜け出す，変身することによって抑制されている自分の別な側面をさらす．そうして，柔軟な自分を作ろうとする．仮面舞踏会やハロウィンの仮装などは，「祭り」のときに，あえてこの変身願望の定例化したものとも言えよう．時間の長短はあれ，日々の生活が前提であり，祭りのような「ハレ」[5]は一時的なのである．極端な場合には美容整形，あるいは外出の目的によって入念になされる「メイクアップ」化粧が該当するであろう．

　2つ目は，「手直し」することであり，ふだんの自分の弱点に手を加え，強調したい特徴を磨く，自尊心の向上をめざす，自己を改善するための化粧である．これは，自分の特徴を強調したり，魅力を増すための作業をすることによって，日々の自分の見え方を管理しようとするものである．

　いずれにせよ，基本的には，自分を他者に「このように認めて欲しい」との社会的な承認欲求の期待の表れであり，背景には評価懸念があると言えよう．

　化粧行動の内容自体は文化や時代によって変化する．しかし，それは，他者との関係を前提としながら「自己」の価値を高めることをめざした「満足」をもたらすものであり，また，役割による化粧行動によって形成される対人的有用感という「満足づくり」の手段でもあることに違いはない．

〔大坊郁夫〕

5)「ハレ」は「褻晴れ」と言うように「ケ」と対比される．日常の時と特別な時という区別．

【参考文献】
大坊郁夫（編）(2001) 化粧行動の社会心理学　北大路書房
大坊郁夫 (1997) 魅力の心理学　ポーラ文化研究所
伊藤学而・島田和幸（編）(2007) かお・カオ・顔：顔学へのご招待　あいり出版
高木修（監修）／大坊郁夫・神山進（編）(1996) 衣服と化粧の社会心理学　北大路書房

V – 50
表現行動
expressive behavior

表現行動とは，個人の認知・感情・思想・芸術[1]など内面的なものを，言葉・身体動作・作品など外面的なかたちで表わし示すことをいう．よく似ているが，**表現芸術**（performing arts）は，自身の音声・表情・手・足などを用いる芸術的な表現行動であり，朗読・演劇・スポーツ・舞踊・パントマイム・人形劇・音楽・奇術・サーカス・大道芸[2]などのジャンルがある．これに対し，**造形芸術**（plastic arts）は，書道・絵画・彫刻・建築などのように，墨・絵具・土・木・石・骨・金属など成形可能な物質を用いて行う表現行動である．

表現行動が政治・経済・社会等に関する主張の表明を中心とするものである場合は，一般に**示威行動**（demonstration）と呼ばれ，その形式によって，行進（march, parade），集会（rally），ピケ（picket），座り込み（sit-in），ダイ・イン（die-in）[3]などが区別されている．

一般に表現行動においては，自分自身で何らかの表現を行う立場の**表現者**（performer）と，その表現をその場で見聞きする立場の**聴衆**（audience）または**鑑賞者**（spectator）[4]の2種類の立場が区別される．その意味において，表現行動は対人行動の一種であり，社会心理学の研究対象となる現象であると言える．

以下では，芸術活動を中心として，表現行動にあらわれる社会的影響（social influence）関係を考えてみる．一般に，芸術というものが成立するためには，「デザイナー」「パフォーマー」「ディレクター」「カスタマー」「クリティック」という5種類のタイプの人間が存在すると考えられる．

1)「芸術」は元来「藝術」と表記され，「芸」の字は「うん」と読む別字であった．

2) 大道芸（street performance）は，入場料の支払いを前提として劇場やホールで行う形式のものではなく，一般公道で不特定多数の人を対象に行う形式のものを指す．

3)「ピケ」は建物や広場などを大勢の集団で取り囲むこと，「ダイ・イン」は参加者が死者を模して横たわり，抗議の意思を示すこと．

4)「観客」「聴衆」「見物人」等も同じ内容の言葉である．

デザイナー：芸術には，まず芸術活動全体のプログラムを設計する人が存在することが一般的であり，このような人を**デザイナー**（designer）と呼ぶ．音楽ではバッハ，モーツァルト，ベートーヴェンのような作曲家，美術・工芸では「アーツ・アンド・クラフツ運動」[5]を率いたウィリアム・モリスのような意匠家，演劇ではシェイクスピア，近松門左衛門のような劇作家，テレビ・映画ではレジナルド・ローズ[6]や橋本忍[7]のような脚本家，建築ではフランク・ロイド・ライト，安藤忠雄のような建築家と呼ばれる人々がデザイナーである．デザイナーの役割の重要性は，たとえばスペイン・バルセロナのサグラダ・ファミリア教会が，1882年の着工以来，二代目の主任建築家アントニ・ガウディ（1852-1926）の設計に従い，その死後も現在に至るまで建設が続けられていることからも理解できるであろう．

　パフォーマー：デザイナーのアイデアにしたがって，身体を用いて，また必要に応じて道具も用いながら，アイデアを表現あるいは実現していくのが**パフォーマー**（performer）である．音楽では歌手・演奏家，演劇・映画では役者・俳優，舞踊ではダンサーやバレリーナ，建築では施工業者（コンストラクター）がパフォーマーにあたる．言語芸術（文芸）における詩人・小説家や，美術における画家・彫刻家は，基本的にデザイナー自身がパフォーマーである「自作自演」であることが多い．ただし，絵画の世界では，17世紀のオランダの画家レンブラント（1606-1669）に関して「レンブラント工房」[8]という言葉が残っているように，制作工房を構える画家が作品を構想し，画家自身も描くが，弟子たちにも制作させるというケースがあり，その場合にはデザイナーとパフォーマーは分離している．

　ディレクター：デザイナーのアイデアをパフォーマーがどの程度実現しているかをモニターし，必要なコントロールを行うのが**ディレクター**（director）である．音楽では指揮者（コンダクター），文芸では編集者（エディター），演劇・映画・建築などでは監督（ディレクター）[9]，舞踊では振付師（コーレオグラファー）といわれるポジションである．クラ

---

5) 大量生産の粗悪品を排斥し，生活と芸術の調和をめざしたイギリスの思想家モリス（Morris, W.: 1834-1896）による美術工芸運動．壁紙・家具・ステンドグラスなどのインテリア製品を製作した．

6) レジナルド・ローズ（Rose, R.: 1920-2002）は，テレビドラマの最高傑作といわれる『十二人の怒れる男』の脚本を書いた．

7) 橋本忍（1918-）は，黒澤明作品のシナリオ集団の一人として『羅生門』『生きる』『七人の侍』などの脚本を手掛け，テレビドラマ『私は貝になりたい』も高い評価を受けた．

8) 尾崎彰宏（1995）レンブラント工房　講談社選書メチエ

9) フランス語で映画監督をレアリザトゥール（realisateur）というが，脚本から映画を「現実のものにする人」という意味である．

シック音楽では，その昔は作曲者自身が指揮をするか，小編成の場合は指揮者を置かないのが普通であり，作曲者や演奏家から独立した専門職としての指揮者が登場するのは，19世紀後半以後であるとされる[10]．歌劇場やオーケストラなどにみられる音楽監督（music director）は，演目の決定と常任・客員演奏者の選定に力を持つが，指揮者がその役を務めるのが普通である．また，画家がデザイナーの仕事に専心するためには，ディレクターとしての画商（アート・ディーラー）の存在を必要とする．たとえば，ピカソのような前衛画家が世間的には「わけのわからない絵」を描いているのに社会的に大成功した陰には，彼の絵を認め，その販路を開拓したカーンワイラー[11]という目利きの画商がいた．それに比べると，画商の弟のテオにまかせきりのゴッホは，生前はほとんど絵が売れなかった．今日，モネ，ドガ，ルノワール，セザンヌなどの印象派の絵は高値で取引される作品の代表格となっているが，彼らの絵は最初ぶざまで醜い絵とみなされ，「印象派」という言葉自体侮蔑的な意味であったが，その価値観をひっくり返したのも画商の腕である[12]．

カスタマー：芸術家の仕事が専門職として成り立つには，芸術活動の享受（観賞，鑑賞）の対価としてお金を支払う**カスタマー**（customer）を必要とする．音楽・演劇・映画・テレビ・スポーツなど，特定の時空間で演じられる芸術の場合には，芸術活動を享受する人はオーディエンス（観客，観衆，聴衆）と呼ばれる．文芸の場合は，読者（リーダー）である．建築の場合は，「施主」あるいは「注文主」である．芸術作品を注文・購入することによって結果的に芸術家という職業を成り立たせている人をパトロンという．15～16世紀に花開いたイタリア・ルネサンスは，多くのすぐれた美術・工芸・建築作品を生み出したが，たとえばフィレンツェ共和国の実権を握ったメディチ家の一族は，その財力でボッティチェリ，ダ・ヴィンチ，ミケランジェロなど多数の芸術家をパトロンとして支援した．しかし，17世紀のレンブラントの時代になると，それまでの大口のパトロンであったキリスト教会や王侯貴族が大きな建築空間を飾る絵を注文して

[10] みつとみ俊郎（1992）オーケストラとは何か　新潮選書

[11] カーンワイラー（Kahnweiler, D.-H.: 1884-1979）は，パリで活躍したドイツ人の画商．『アビニヨンの娘たち』を見て，ピカソの作品を買い集めることを決意したとされる．

[12] フック，P./中山ゆかり（訳）（2009）印象派はこうして世界を征服した　白水社

くれた時代が終わり，勃興してきた富裕な市民階層が小ぶりの室内用の絵を求めはじめた．レンブラント工房の作品群の大部分は，誰が買うのかも決まらない段階で不特定多数に向けて制作されたものという[8]．

クリティック：デザイナー，パフォーマー，ディレクターの芸術活動に対して，創作の動機や，制作・演技・演出などの技術・技法，芸術作品の背景と社会的意義などを分析し論評する人を英語では**クリティック**（critic）という．日本語では「批評家」あるいは「評論家」である．職業としてのクリティックが最初に成立したのは，文芸の領域であろう．紀元前4世紀，古代ギリシアのアリストテレスは『詩学』で文芸作品についての論評を行っており，文芸批評のはじまりとも言われている．もちろん，アリストテレスは批評家ではなく哲学者であり，『詩学』がめざしたのは個々の作品の論評でなく，文学形式に関する理論化であった．プロの批評家が成立するのは，近代以後のことである．17世紀のイギリスにおいて，「英国批評文学の父」と後に呼ばれるジョン・ドライデン（1631-1700）が登場するが，彼は初代の桂冠詩人[13]にして劇作家であり，プロの文芸批評家ではない．職業としてのクリティックの成立は，批評を受け入れ消費する市民階層の勃興，さらにはクリティックと市民の間に介在するジャーナリズムの成熟という意味で，近代市民社会の到来を意味すると同時に，その芸術分野が市民社会の中でどの程度受け入れられているかの指標でもある．

以上，デザイナー，パフォーマー，ディレクター，カスタマー，クリティックという，芸術活動を構成する5つの役割を見てきた．この五者の間には，競争と協同など，さまざまな人間関係が生じうる．なかんずく芸術家とパトロンの間のせめぎあいは，普遍的な問題であろう．たとえば，ソビエト連邦の時代を代表する作曲家ショスタコーヴィチ（1906-1975）は，独裁者スターリンの顔色をうかがわずに活動を行うことができず，韜晦し迎合する年月を過ごした[14]．〔子安増生〕

13) 桂冠詩人（poet laureate）は，英王室がパトロンとなって与える称号であり，王室の慶弔の詩などを詠む者．

14) 第二次世界大戦の終結直後に発表された交響曲第9番は，戦争の勝利を讃える壮大な曲を期待していたスターリンの逆鱗に触れてしまった．1953年のスターリンの死の直後に公表された交響曲第10番は，スターリンとの確執が曲中に表現されている．

【参考文献】
子安増生（編）（2005）芸術心理学の新しいかたち　誠信書房

人名索引

ア 行

アイアンガー　Iyengar, S.　192
相川充　68
藍澤美紀　117
アイヒマン　Eichmann, A.　114
青池慎一　182
青木直子　133
青野篤子　139, 141
アーガイル　Argyle, M.　68, 69
赤澤淳子　141
穐山貞登　176
秋山隆平　189
アグニュー　Agnew, R.　47
アシュトン　Ashton, N. L.　177
アージリス　Argyris, C.　173
アーチ-ドラスカット　Urch-Druskat, V.　81
アッシュ　Asch, A.　158
アッシュ　Asch, S. E.　61, 115
アドルノ　Adorno, T. W.　128
アブラムス　Abrams, D.　57, 145, 147
アプター　Apter, D. E.　119
アベルソン　Abelson, R. P.　107
有光興記　81
有吉広介　191, 120
アルダファー　Alderfer　173
アロン　Aron, A. P.　58
アロンソン　Aronson, E.　15, 102, 107, 145, 189
アロンソン　Aronson, V.　57
アンダーソン　Anderson, C. A.　78
アンダーソン　Anderson, N. H.　61
安藤直樹　93
安藤延男　175
安藤瑞夫　172
アンドリュース　Andrews, D. A.　46

飯田健　121
池内一　108
池上知子　76, 128, 129
池田謙一　146, 193
池田守男　162
池淵恵美　70

石井源信　45
石川哲也　38
石黒毅　126
石田梅男　175
石田靖彦　93, 95
磯貝浩久　Isogai, H.　41
磯貝芳郎　35
伊田広行　140
市川孝一　140
イックス　Ickes, W.　99
伊藤公雄　138
伊藤豊彦　Ito T.　41
伊藤光利　120
稲垣佳世子　17
稲葉三千男　2, 145
伊波和恵　202
稲森和夫　159
今井省吾　110
岩男寿美子　203

ヴァリンズ　Valins, S.　19
ヴァロン　Vallone, R. P.　193
ヴァン・ダイク　Van Dijk, W. W.　82
ヴァン・ロールティ　Van Raalte, J. L.　41
ウィーラー　Wheeler, L.　81
ウィックランド　Wicklund, R. A.　3
ウィッシュ　Wish, M.　52
ウィディガー　Widiger, T. A.　48
ウィリアムズ　Williams, C. L.　39
ウィリアムズ　Williams, E.　201
ウィリアムズ　Williams, K.　164
ウィリアムズ　Williams, K. D.　13, 166
ウィルソン　Wilson, J. Q.　94
ウィルソン　Wilson, S. R.　69
ウェストン　Weston, C. M.　81
上野淳子　141
ウェンツェル　Wentzel, K. R.　11
ウェンツェル　Wenzel, A.　99
ウォーカー　Walker, M. R.　66
ウォーシェル　Worshel, S.　83
ウォーシャム　Worsham, A. P.　177
ヴォース　Vohs, K. D.　5

ウォーターマン　Waterman, C. K.　17
ウォード　Ward, C. D.　178
ウォルスター　Walster, E.　57
ウォルフ　Wolf, S.　165
ウォーレン　Warren, H. C.　102
ウッド　Wood, R.　68
内海しょか　79
宇野善康　182
ウル-ビエン　Uhl-Bien, M.　163
ウルマン　Uleman, J. S.　21
ヴルーム　Vroom, V. H.　174
ヴント　Wundt, W.　30

エインズワース　Ainsworth, M.　73
エクマン　Ekman, P.　199, 200
エックルス　Eccles, J. S.　74
エプシュタイン　Epstein, S.　108
エリアス　Elias, M. J.　35
エリオット　Elliot, A. J.　12
エリオット　Elliot, T. B.　12
エルダー　Elder, G. H.　134
エロスワース　Ellosworth, P. C.　60
エング　Eng, A.　39
遠藤由美　76

オーウェン　Owens, S. S.　41
オウワーカーク　Ouwerkerk, J. W.　82
大芦治　76
大久保善朗　Okubo, Y.　82
太田信夫　187
大竹恵子　76
大竹文雄　132
大橋正夫　14, 18
大渕憲一　78
オカ　Oka, T.　166
岡隆　128, 129
岡堂哲雄　140
オカモト　Okamoto, K.　166
岡本栄一　16
岡安孝弘　79
小川和彦　134
小川一美　95
奥田秀宇　59
奥村哲史　162
小倉千加子　141
尾崎彰宏　207
小塩真司　131, 133

オスグッド　Osgood, C. E.　14, 105
オースティン　Austin, W. G.　83
オードハーティー　O'Doherty, J. P.　83
オバマ　Obama, B.　118
オマルズ　Omarzu, J.　99
オリオーダン　O'Riordan, M.　197
オリナ　Orina, M.　99
オルポート　Allport, F. H.　145, 166
オルポート　Allport, G. W.　102, 127

カ　行

カイザー　Kaiser, S. B.　182
カイパー　Kuiper, N. A.　4
カーヴァー　Carver, C. S.　5, 136, 137
角山剛　174
カシオッポ　Cacioppo, J. T.　109, 111, 188
柏木惠子　141
カスピ　Caspi, A.　134
カズン　Kazdin, A.　68
片桐雅隆　126, 127
カーチャー　Karcher, M. J.　73
カッチ　Coch, L.　157, 158
ガットマン　Guttman, L.　104
カディー　Cuddy, A. J. C.　8
加藤淳子　120
加藤秀治郎　119
加藤秀俊　107
加藤元一郎　Kato, M.　82
加藤祐子　119
カートライト　Cartwright, D.　54, 157, 161
金井壽宏　162
カナウズ　Kanouse, D. E.　19
カーネマン　Kahneman, D.　22, 169
カプス　Koppes, L.　175
ガーブナー　Gerbner, G.　192
カプラン　Kaplan, S. J.　52
神山進　182, 203
亀田達也　170
カラウ　Karau, S. J.　166
唐沢かおり　12, 170
唐沢穣　170
カルグレン　Kallgren, C. A.　92, 150
カールスミス　Carlsmith, J.　16
カールソン　Carlson, M.　77
ガルーチ　Gallucci, M.　82
カレン　Cullen, F. T.　47
ガロンジック　Garonzik, R.　81

河内和子　130
川人貞史　120
川畑徹朗　38, 39
カーンワイラー　Kahnweiler, D.-H.　208

菊池章夫　68, 69, 81
キースラー　Kiesler, S.　201
北折充隆　94
北村勝朗　45
木野和代　130, 132
木下冨雄　146
木村駿　134
キャンベル　Campbell, A.　120
キューパ　Cupach, W. R.　70, 85
キリアン　Killian, L. M.　145
キルカー　Kirker, W. S.　4
ギルバート　Gilbert, D. T.　4, 21, 102, 119, 126
キンダー　Kinder, D. R.　119, 192

クァランテリ　Quarantelli, E.　146
釘原直樹　164, 166
楠見孝　187
工藤和俊　45
工藤孝幾　43
クライテリ　Critelli, J. W.　97
クラヴィッツ　Kraviz, D. A.　164
クーリー　Cooley, C. H.　2, 75
クリスティ　Christie, B.　201
クリック　Crick, N. R.　76, 78, 79
グリック　Glick, P.　8
栗林克匡　70, 97
クレック　Kleck, R. E.　127
クロッカー　Crocker, J.　7, 126
グリーソン　Gleason, K. A　48
グリーン　Greene, D.　93
グリーン　Greene, J. O.　69
グリーンウォルド　Greenwald, A. G.　4, 131
グリーンリーフ　Greenleaf, R. K.　162
グレン　Graen, G.　163
グロス　Gross, L.　192
グロトペター　Grotpeter, J. K.　79
クンスト・ウィルソン　Kunst-Wilson, W. R.　187

ケリー　Kelley, H. H.　18, 19, 54, 106, 110
ケリング　Keling, G. L.　94

コイエ　Coie, J. D.　77
コーエン　Cohen, A. R.　15
コーエン　Cohen, C. E.　8
コスタ　Costa, P. T. Jr.　48, 161
コステロ　Costello, C. G.　86
ゴスリンガ　Goslinga, S.　82
小平英志　133
コチャノフ　Kochanoff, A. T.　74
ゴットフレッドソン　Gottfredson, M. R.　48
ゴットマン　Gottman, J. M.　73
コットレル　Cottrell, N. B.　17, 167
ゴフマン　Goffman, E.　126
ゴーデット　Gaudet, H.　191, 120
後藤学　70
コリー　Colley, R. H.　186
ゴールマン　Goleman, D.　160
コワルスキ　Kowalski, R. M.　64
コンバース　Converse, P. E.　14, 119, 120

サ　行

ザイアンス　Zajonc, R. B.　56, 166, 167, 187
斎藤耕二　68
齊藤茂　45
サイモン　Simon, H. A.　108, 168, 169
佐伯直子　80
坂井明子　76
坂元章　189
坂本佳鶴恵　128
坂元桂　189
坂本真士　129
桜井成夫　144
佐々木薫　157, 161
佐々木交賢　47
佐々木淳　87
佐々木万丈　Sasaki B.　41
サーストン　Thurston, L. L.　103
佐藤正二　68
佐藤達哉　128, 129
佐藤信行　176
佐藤容子　68
サビー　Sabee, C. M.　69
澤田匡人　80, 81, 82, 83
サンデル　Zander, A.　54, 157, 161
ザンナ　Zanna, M. P.　61, 92, 108
サンフォード　Sanford, R. N.　128

シアーズ　Sears, R. R.　77

シェリー	Shelly, L. G.	12
シェリフ	Sherif, C. W.	128
シェリフ	Sherif, M.	127, 128, 148, 149
ジェンセン・キャンベル	Jensen-Campbell, L. A.	48
シーゲル	Siegel, J.	201
シップレイ	Shipley, T. E.	11
渋倉崇行	Shibukura, T.	41
島井哲志		39, 76
嶋村和恵		186
島本好平		45
下仲順子		161
シャイアー	Scheier, M. F.	5, 137
シャクター	Schachter, S.	20, 57
ジャクソン	Jackson, J.	151
ジャッド	Judd, C. M.	102
ジャニス	Janis, I. L.	106, 110, 169
シュウ	Xu, J.	8
シュナイダー	Shneider, D. J.	60
シュレンカー	Schlenker, B. R.	67, 136
シュワルツ	Schwarz, J. L. K.	131
ショウ	Shaw, C. R.	48
ショウ	Shaw, D.	192
ショウ	Shaw, M. E.	177
ショケ	Choquet, G.	25
ショスタコーヴィチ	Shostakovich, D.	209
ショート	Short, J. A.	201
ジョーンズ	Jones, C. R.	8
ジョーンズ	Jones, E. E.	19
ジョーンズ	Jones, R.	197
ジョーンズ	Jones, W. H.	134
ジルマン	Zillmann, D.	77
シンガー	Singer, B. H.	74
シンガー	Singer, T.	83
ジンバルドー	Zimbardo, F.	116, 153
ジンバルドー	Zimbardo, P. G.	134, 137, 154
シンプソン	Simpson, J. A.	96, 99
新村出		182
須貝栄		162
スガイ	Sugai, D.	68
菅原健介		85, 87, 93, 136, 203
杉崎和子		88
杉原一昭		79
杉原隆		43
杉万俊夫		147
杉森絵里子		187
杉山恒太郎		189
杉山佳生	Sugiyama, Y.	41
スコウロンスキー	Skowronski, J. J.	2
鈴木光太郎		189
スタインバーグ	Steinberg, L.	72, 74
スティアーズ	Steers, R. M.	174
スティール	Steele, C.	126
スティール	Steele, R. S.	11
ステインザー	Steinzer, B.	178
ステファン	Stephan, K. E.	83
ストークス	Stokes, D. E.	120
ストグディル	Stogdill, R. M.	160
ストナー	Stoner, J. A. F.	170
ストーン	Stone, V.	197
スナイダー	Snyder, M.	63
スナイデル	Snider, B. A.	75
スヌーク	Snoek, D. J.	52
須原哲也	Suhara, T.	82
スピアーズ	Spears, R.	82
スピッツバーグ	Spitzberg, B. H.	70
スペンス	Spence, K. W.	17
スミス	Smith, R. H.	80, 81
スミス	Smith, T. L.	102
スメルサー	Smelser, N. J.	146
スルス	Suls, J.	81
スローン	Sloan, L. R	66
セイモア	Seymour, B.	83
セディキデス	Sedikides, C.	2
妹尾香織		91
曽我祥子		76
ソーシー	Soucy, N.	75
園田順一		68
ソマー	Sommer, R.	176
ソーン	Thorne, A.	66
ソーンダイク	Thorndike, E. L.	71

タ　行

タイス	Tice, D. M.	84
大坊郁夫		69, 70, 78, 97, 198, 203, 204
高石昌弘		38
高木修		91, 182, 203
高木邦子		130, 132
高橋惠子		141
高橋英彦	Takahashi, H.	82

高比良美詠子　189
高山巌　68, 79
滝充　79
滝沢正樹　2
竹内郁郎　107
竹下俊郎　191
竹原卓真　202
竹村和久　22, 168
竹村研一　88
タジフェル　Tajfel. H.　82
ダッジ　Dodge, K. A.　76, 77, 78
ダットン　Dutton, D. G.　58
ターナー　Turner, J. C.　82
ターナー　Turner, R. H.　14, 145
ターナー　Turner, T. J.　81
田中愛治　120
田名場忍　28
田名場美雪　28
ダニエルズ　Daniels, D.　174
ダニッシュ　Danish, S. J.　41
タフト　Tufte, E. R.　119
ダラード　Dollard, J.　77
ダーリー　Darley, J. M.　88
ダーリング　Darling, N.　75
タルド　Tarde, G.　145
ダルトン　Dalton, J. H.　34, 35
タンク　Tanke, E. D.　63
タングニー　Tangney, J. P.　2, 3, 4, 5, 86
タンネンバウム　Tannenbaum, F.　48
タンネンバウム　Tannenbaum, P. H.　14, 107
丹野義彦　87, 137

チェイケン　Chaiken, S.　108, 112, 188
チーク　Cheek, J. M.　134
チボー　Thibaut, J. W.　54
チャルディーニ　Cialdini, R. B.　66, 92, 150

辻正三　69, 110
土田昭司　103
土屋京子　160
津村俊充　70

デイヴィス　Davis, K. E.　19
デイヴィソン　Davison, W. P.　193
テイラー　Taylor, F. W.　31, 33
テイラー　Taylor, M. C.　139

テイラー　Taylor, S. E.　6, 7
出口拓彦　94, 95
デシ　Deci, E. L.　12, 175
デビッド　David, N.　140
デミング　Deming, W. E.　159
デュバス　Dubas, J. S.　75
デュバル　Duval, S.　3
デュボア　DuBois, D. L.　73
デュルケム　Durkheim, E.　47
デリスト　DeRist, W. J.　70
デンハム　Denham, S.　74

ドイチェ　Deutsch, M.　52
ドヴィディオ　Dovidio, J. F.　127
ドゥシャーム　DeCharms, R. C.　11
トゥベルスキー　Tversky, A.　22, 169
ドーズ　Dawes, R. M.　102, 167
トッチ　Toch, H.　145
土肥伊都子　Dohi, I.　138, 139, 141
ドーブ　Doob, L. W.　77
ドーラン　Dolan, R. J.　83
トリプレット　Triplett, N.　42
トローペ　Trope, Y.　21, 108
トヨカワ　Toyokawa, T.　75

ナ　行

ナーヴィ　Narvey, J. H.　99
中込四郎　43
中島誠　94
中島義生　80, 157
中谷素之　10
中野収　2
中野星　70
中村陽吉　3, 69
永山貴洋　45
中山ゆかり　208
ナリウス　Nurius, P.　75
成田攻　163
成田健一　80

ニーヴェック　Nieweg, M.　82
西武雄　187
西岡伸紀　38
西田公昭　122
西田保　Nishida, T.　41
西野拓朗　131
ニスベット　Nisbett, R. E.　19

ニーチェ　Nietzsche, F. W　80.
ニューカム　Newcomb, T. M.　14, 54, 107, 151, 158
ニューバーグ　Neuberg, S. L.　61, 62

ネレン　Nellen, V. C.　41

ノエル=ノイマン　Noelle-Neumann, E.　193
野島久雄　117
能見正比古　26
野村昭　122, 124, 127
野村理朗　202
ノラー　Noller, P.　98

ハ　行

ハイダー　Heider, F.　14, 18, 53
ハーヴィ　Harvey, O. J.　128
ハウス　House, P.　93
ハウス　House, R. J.　163
バウマイスター　Baumeister, R. F.　4, 5, 84
ハーギー　Hargie, O.　68
バーコウィッツ　Berkowitz, L.　19, 20, 77, 108, 188
バージ　Bargh, J. A.　9, 21
ハーシー　Hersey, P.　163
橋本忍　207
バーシャイド　Berscheid, E.　63
バーシャーデ　Barsade, S. G.　71
バス　Bass, B. M.　162
バス　Buss, A. H.　84, 134
ハストーフ　Hastorf, A. H.　60
ハスラム　Haslam, S. A.　117, 154
長谷川松治　86
秦政春　79
波多野誼余夫　17
バック　Back, K.　57
バッドワース　Budworth, M.　175
ハーツバーグ　Herzberg, F.　173
ハートレー　Hartley, E.　158
バナジ　Banaji, M. R.　4
バーナット　Biernat, M.　127
バーナム　Barnum, P. T.　27
ハーベイ　Harvey, J. H.　99
濱口佳和　79
ハミルトン　Hamilton, M. A.　72
ハミルトン　Hamilton, S. F.　72, 75

葉山大地　83
速水敏彦　10, 12, 130, 131, 132, 133
原岡一馬　158
原田知佳　93
パラック　Pallak, M. S.　17
原谷達夫　127
ハル　Hull, C. L.　17
ハル　Hull, J. G.　127
バーレソン　Burleson, B. R.　69
ハレリ　Hareli, S.　82
バロン=コーエン　Baron-Cohen, S.　197
バーンステイン　Bernstein, B.　196

ピエトロモナコ　Pietromonaco, P.　9
ヒギンズ　Higgins, E. T.　5, 7, 8
ビグレイ　Bigley, G. A.　174
ヒーサートン　Heatherton, T. F.　127
日高敏隆　176
ビーチ　Beach, S. R.　56
ピットマン　Pittman, T. S.　17
日比野桂　77
平岡斉士　187
平野浩　120
ピルコニス　Pilkonis, P. A.　136
廣川空美　Hirokawa, K.　139
ピンダー　Pinder, C. C.　173, 174

ファウスト　Faust, K.　147
ファジオ　Fazio, R. J.　41
ファース　Firth, C. D.　83
ファーナム　Furnham, A.　28
ファーバー　Farber, I. E.　17
フィスク　Fiske, S. T.　4, 6, 8, 61, 62, 102, 119, 126
フィードラー　Fiedler, F. E.　161, 162
フェスティンガー　Festinger, L.　14, 16, 57
フォーガス　Forgas, J. P.　13, 108
フォーネリス　Forneris, T.　41
福富護　35, 139
藤岡淳子　49
藤田統　183
フック　Hook, P.　208
ブッシュマン　Bushman, B. J.　78
船越正康　43
ブライユ　Braille, L　195
ブラウン　Brown, R. W.　144, 147
ブラス　Blass, T.　117

プラトカニス　Pratkanis, A. R.　189
フランケル・ブランスウィク　Frenkel-Brunswik, E.　128
ブランチャード　Blanchard, K. H.　163
フリーセン　Friesen, W. V.　199
ブリッグス　Briggs, S. R.　134
フリードマン　Freedman, J. L.　113
フリーマン　Freeman, S.　66
古川竹二　26
ブルーネル　Brunelle, J.　41
古畑和孝　14
ブルーマー　Blumer, H.　144
ブルーワー　Brewer, B. W.　41
フレイザー　Fraser, S. C.　113
プレイステッド　Plaisted, K.　197
ブレーム　Brehm, J. W.　15, 109
ブレーム　Brehm, S. S.　109
フレンチ　French, J.　157, 158
ブロッツ　Brodt, S. E.　137
ブロンフェンブレナー　Bronfenbrenner, U.　35, 72

ペッダーソン　Pederson, W. C.　77
ペティ　Petty, R. E.　109, 111, 188
ベネディクト　Benedict, R. F.　86
ヘブル　Hebl, M. R.　127
ベム　Bem, D. J.　16, 19, 134
ベム　Bem, S. L.　139
ベルオフ　Veroff, J.　11
ベルヌーイ　Bernoulli, D.　168
ベレルソン　Berelson, B.　120, 191
ベン・ゼェヴ　Ben-Ze'ev, A.　80

ボウルビィ　Bowlby, J.　73
ホーキンス　Harkins, S. G.　164
星野命　122, 127
星野周弘　79
星野行則　31
細江達郎　28
ポーター　Porter, L. W.　174
ボーダン　Borden, R. J.　66
ホッグ　Hogg, M. A.　145, 147
ホッド　Hod, W. R.　128
ボトヴィン　Botvin, G. J.　39
ホブランド　Hovland, C. I.　106, 110
ボヤティス　Boyatzis, R. E.　11
堀毛一也　68, 69

ホール　Hall, E. T.　176, 177, 198
ホール　Hall, J. A.　139
ホワイト　White, B. J.　128
ホワイト　White, R. K.　156
ボンタ　Bonta, J.　46
ボンド　Bond, C. F.　167

マ 行

マイヤーズ　Myers, E. J.　97
マウラー　Mowrer, O. H.　77
マーカス　Markus, H.　4, 75
マーカス=ニューホール　Marcus-Newhall, A.　77
マギー　McGhee, D. E.　131
マクガイヤー　McGuire, T. W.　201
マクガイヤー　McGuire, W. J.　107, 108
マクドナルド　MacDonald, G.　4
マクファン　MacFann, H. H.　17
マクリントック　McClintock, C. G.　167
マクレア　MaCrae, R. R.　161
マグレガー　McGregor, D.　173
マクレランド　McClelland, D. C.　11
マクレランド　McClelland, G. H.　102
マコモス　McCombs, M.　192
マズロー　Maslow, A.　11, 172, 173
マーチソン　Murchison, C.　102
マーチン　Martin, B.　164
松井賚夫　174
松井豊　203
松浦雅人　Matsuura, M.　82
マツエダ　Matsueda, R. L.　48
松岡弥鈴　133
マッケイ　McKay, H. D.　48
マツダ　Matsuda, S.　75
松田憲　187
松並知子　141
松本麻友子　132
マートン　Merton, R. K.　47
真渕勝　120
マヘシュワーラン　Maheswaran, D.　112
間宮武　139
マルホール　Mulhall, P.　74
マレー　Murray, H. A.　10

ミシェル　Mischel, W.　5
水野基成　163
三隅二不二　157, 161, 162

ミッチェル　Mitchell, T. R.　174
ミッチェルソン　Michelson, L.　68
みつとみ俊郎　208
ミード　Mead, G. H.　2, 126
宮田洋　Miyata, Y.　139
宮本聡介　187
宮本美沙子　127
ミューザー　Mueser, K. T.　70
ミュンスターベルク　Munsterberg, H.　33
ミラー　Miller, J. D.　48
ミラー　Miller, N. E.　77
ミラー　Miller, W. E.　120
ミルグラム　Milgram, S.　114, 116, 117, 145
ミルズ　Mills, J.　15
ミンツバーグ　Mintzberg, H.　162

牟田和恵　138
村澤博人　183
村本由紀子　147

メイジャー　Major, B.　126
メイヤー　Mayer, D. J.　71
メイヨー　Mayo, G. E.　31, 156
メッツ　Metts, S.　85

モアランド　Moreland, R. L.　56
元吉忠寛　93
森久美子　95
森津太子　189
モリス　Morris, D.　183
モリス　Morris, W.　207
森田洋司　79
森永康子　141
モルフ　Morf, C. C.　5
モレノ　Moreno, J.　155

ヤ　行

安野智子　193
山内俊雄　141
山形浩生　117
山岸健　127
ヤマグチ　Yamaguchi, S.　166
山口裕幸　157
山口真人　70
山崎勝之　76
山田冨美雄　Yamada, F.　139
山田真裕　121

山田十永　187
山田雄一　162
山本将士　132
山本成二　163
矢守克也　147

油尾聡子　96
湯川進太郎　76, 77
ユボネン　Juvonen, J.　11

吉澤寛之　93
吉田民人　107
吉田俊和　93, 94, 95, 96
吉野孝　120
能見義博　16
依田新　127

ラ　行

ライアン　Ryan, R. M.　12
ライシャー　Reicher, S.　117, 154
ライナム　Lynam, D. R.　48
ラザースフェルド　Lazarsfeld, P. F.　120, 191
ラスバルト　Rusbult, C. E.　55
ラタネ　Latane, B.　88, 89, 90, 164, 165, 166
ラーナー　Lerner, R. M.　72, 75
ラパージュ　LaPage, A.　77
ラハム　Laham, S. M.　13
ラローゼ　Larose, S.　75

リー　Lee, A. M.　144
リアリー　Leary, M. R.　2-5, 64, 67, 134, 136
リカート　Likert, R.　104
リーチ　Leach, C. W.　81, 82
リチャードソン　Richardson, D. S.　48
リノ　Reno, R. R.　92, 150
リバーマン　Liberman, R. P.　70
リピット　Lippitt, R.　156
リュフ　Ryff, C. D.　74
リンゲルマン　Ringelman, M.　164
リンジー　Lindzey, G.　4, 102, 119, 126, 144, 145

ル・ボン　Le Bon, G.　144
ルークフェルド　Leukefeld, C.　48
ルース　Loos, V. E.　97

レイサム　Latham, G. P.　174, 175
レヴァイン　Levine, D.　18
レヴィン　Lewin, K.　102, 156, 158, 161
レヴィンジャー　Levinger, G.　52
レヴィンソン　Levinson, D. J.　128
レッパー　Lepper, M. R.　193
レディ　Reddy, R.　74

ローザー　Roeser, R. W.　74
ロジャーズ　Rogers, E. M.　182
ロジャーズ　Rogers, T. B.　4
ロス　Ross, L.　93, 193
ローズ　Rhodes, J. E.　73, 74
ローズ　Rose, R.　207

ローゼンバーグ　Rosenberg, M. J.　107, 131
ロック　Locke, E. A.　174, 175
ロットマン　Rottmann, L.　57
ロバーツ　Roberts, R. D.　71
ローラー　Lawler, E. E.　172
ロールズ　Rholes, W. S.　8

ワ 行

ワイナー　Weiner, B.　12, 19, 20, 82
若井彌一　79
和田実　141
ワック　Wack, D. L.　17
ワッサーマン　Wasserman, S.　147
ワンダースマン　Wandersman, A.　35

事項索引

太字はキーワードであることを示す

アルファベット

A-B-X モデル　14, 54
ACS　130
ACT　69
AIDA　186
AIDMA　186
AISAS　189
BBC 監獄実験　154
BSRI（ベム性役割インベントリー）　139
CTB　36
DAGMAR　186
EAP　36
ENDE-2　69
EQ　160
ERG 理論　173
go システム　5
GOAL プログラム　40
I（主我）　2
IAT　131
IT メディア　132
KiSS-18　69
know システム　5
LMX モデル　163
LPC　163
Me（客我）　2
NPO・NGO による支援　34
PM 理論　162
POX 理論　53
PRM　99
QC サークル　159
S-H モデル　108
SD 法　105
SST（社会的スキル・トレーニング）　36, 70
TOSCA　86
TOTE システム　5
X 理論・Y 理論　173

あ　行

哀願　65
アイコンタクト　178
愛着理論　73
アイデンティティ　65
　　逸脱的——　128
　　社会的——理論　128, 147
アイヒマン実験　114
アイロニー　197
あがり　84
アジア南太平洋スポーツ心理学会　43
アセスメント・センターズ　161
アノミー／緊急理論　47, 48
アバター　201
アメリカン・ヴォーター　120
アンドロジニー・スケール　139
暗黙の性格理論　60

威嚇　65
怒り　76, 82
意見　118
意思決定　168
　　個人——　168
　　集団——　158, 168
いじめ　79, 91
萎縮型　131
異性対人不安　135
一次元尺度　102
一面提示　106, 111
一貫性　18
逸脱行動　92, 93
逸脱的アイデンティティ　128
一般緊張理論　48
一般的動因理論　17
イデオロギー　119
異方構造　178
意味論　196
因果スキーマモデル　19
印象管理　64
印象形成　60

失われた状態　37
運動心理学　43

栄光浴　66
援助行動　88
エンパワメント　37

応用スポーツ心理学会　43
置き換えられた攻撃　77
音韻論　195
音声学　195
音声言語　194

　　　　か　行
外集団　8, 127
外的モチベーション・モデル　174
概念の活性化　7
科学的管理法　31
鏡に映った自己　75
隠れたカリキュラム　140
カスタマー　208
仮説構成的　172
仮想型　131
仮想的有能感　130
家族的要因　49
ガットマン尺度　102, 104
過程としての自己　3
過程理論　173
カテゴリー依存型　61
可能自己　75
環境調整　35
関係性攻撃　79
関係の崩壊　96
感情意思決定の多重過程モデル　108
間接発話　197

気質レベルの自己防御　93
記述的規範　94
帰属　60
　——過程　6, 18
　基本的な——の誤り　60
　傾性の——　18
　原因——　12, 18
　誤——　20
帰属理論　18
期待　174
　——効用理論　168
議題設定機能　192
喫煙防止効果　39
気遣い　99
キティー・ジェノヴィーズ事件　88, 90
機能不全家族　49
規範　150

　——形成過程　95
客体的自覚理論　3
ギャンブラーの誤謬　24
救済戦略　85
既有知識　7
鏡映自己　2
強化論　106
業績投票　121
協働　46
共同性　139
恐怖喚起コミュニケーション　106
切り離し操作　128
ギルバートの3段階モデル　21
近言語コミュニケーション　199
均衡理論　107
近接性　56
緊張感　84

クラウディング　179
クリティック　209
グループ・エコロジー　178
グループ・ダイナミックス　156
群集　144, 147
　——心理　144

化粧行動　202
化粧のプロセス　204
血液型：
　——ステレオタイプ　28
　——性格判断　26
結果依存性　62
決定方略　171
権威：
　——主義的　127
　——に対する服従　88
嫌悪　82
健康運動心理学　43
健康阻害行動　39
言語学　195
言語メディア　194
顕在性攻撃　79
現実的葛藤理論　127
限定合理性　108

合意形成　168
好意性　110
合意性　18

行為の互恵性　95
攻撃　76, 81
　　──行動　76
　　──の一般モデル　78
　　置き換えられた──　77
　　関係性──　79
　　顕在性──　79
　　道具的──　79
　　能動的──　78
　　反応的──　78
　　欲求不満──仮説　77
攻撃性　76
広告　186
　　──効果　186
　　──効果階層モデル　186
公式集団　31
公式的役割　152
向社会的行動　40
公的距離　177
公的自己　84
行動意思決定理論　22, 169
行動の準備　102
幸福感　202
興奮（覚醒）転移理論　77
衡平　59
誤帰属　20
国際スポーツ心理学会　43
互恵性　59
コーシャス・シフト　170
個人意思決定　168
個人距離　177
個人主義　131
個人と環境の適合　35
子育て・介護支援　34
コーチ　72
個別化　61
コミュニケーション　194
　　──・コンピテンス　69
　　──・スキル　36
コミュニティ心理学　34
語用論　196
コレスポンデンス分析　105
コンストラクト・アクセシビリティ　9
コンティンジェンシー・モデル　163
コンピテンシー（コンピテント）　69, 160
コンボイ（護衛艦）モデル　91

さ　行

サイン言語　195
作業研究　31
サーストン尺度　102, 103
サディズム　81
作動性　139
サーバント・リーダーシップ　162
サブリミナル効果　189
差別　127
三位相説　3
産業・組織心理学　30, 33
360度評価　161

示威行動　206
ジェスチャー　198
ジェンダー　138
　　──・ステレオタイプ　138
ジェンダー・バイアス　138
自我関与　111
時間分析　31
自己　2
　　──概念　4
　　──関連効果　4
　　──決定感　175
　　──決定理論　12
　　──スキーマ　3, 4
　　──制御　5
　　──生成効果　4
　　──正当化　107
　　──知覚理論　17, 20
　　──知識　3
　　──呈示モデル　136
　　──統制　5
　　──認知　3
　　──評価尺度　69
　　──防御　93
　　鏡に映った──　75
　　過程としての──　3
　　可能──　75
　　鏡映──　2
　　公的──　84
　　社会的──　2
　　知られる──　2
　　精神的──　2
自己呈示　64
自助グループ支援　34
システマティック処理　188

自尊：
　　――型　131
　　――感情　4, 64, 130
　　――心　202
失言検出課題　197
質的データ　105
自動思考　137
自動的過程　7
シナジー効果　159
示範　65
シャイネス　134
　公的――　136
　私的――　136
社会解体論　47
社会学・法律学・刑事政策学レベル　46
社会規範　92, 141
社会距離　177
社会志向性　94
社会心理学・社会学レベル　46
社会的アイデンティティ理論　128, 147
社会的インパクト理論　165
社会的苦境場面　85
社会的交換　58
　　――理論　59
社会的公正　94
社会的コンピテンス　94
社会的自己　2
社会的情報処理　76
　　――モデル　93
社会的ジレンマ　167
社会的スキル　38, 68, 136
　　――・トレーニング（SST）　36, 70
社会的責任　40
社会的促進　145, 166
社会的存在感　201
社会的知能　71
社会的手抜き　164
社会的動機づけ　10
社会的な合意性　93
社会的認知　6
社会的比較　81
社会的迷惑行動　92
社会的目標　11
社会的抑制　166
社会的ルールの知識構造　93
シャーデンフロイデ　80
集合行動　146

集団　147
　　――意思決定　158, 168
　　――極性化　170, 201
　　――思考　169
　外――　8, 127
　公式――　31
　自立的――　159
　内――　128
　非公式――　32
集団規範　148, 157
集団構造　152
羞恥心　93
周辺的手がかり　109
周辺的ルート　109, 188
主成分分析　105
手話　195, 198
象徴的相互作用論　2
情動コーチング　74
情動知能　71
情動二要因理論　20
書記言語　194
女性性　139
所属の欲求　84
知られる自己　2
自立的集団　159
しろうと理論　27
進化心理学　4
神経伝達物質　49
新（強力）効果論　191
滲出過程　182
身体的魅力　57
信憑性　110
心理教育プログラム　35
心理的衡平性　94
心理的スキル　44
心理的・精神医学的レベル　46
心理的リアクタンス　109
心理的両性具有性　139
親和動機　11
親和欲求　10

水平普及過程　182
数量化理論 III 類　105
スキーマ　7
スケープゴート　127
スケーログラム　104
スタンフォード監獄実験　116, 153

スティグマ（烙印） 12, 126
ステインザー効果 178
ステレオタイプ 7, 127
スポーツ・健康運動心理学 42
スポーツ心理学 39, 42
スポーツメンタルトレーニング指導士 44
スリーパー効果 110

成果主義 175
性差研究 139
政治的信念体系 118
政治的洗練度 121
政治的態度 118
正信 123
精神的自己 2
生態学的アプローチ 35
精緻化見込みモデル（理論） 109, 111, 188
政党帰属意識 120
政党支持 120
生物学的要因 49
性暴力 138
性役割 139
生理的喚起 58
世界保健機関（WHO） 38
責任の分散 90
セクシュアリティ 141
セクシュアル・ハラスメント 33
セケン 87, 93
セックス 138
接種理論 108
接触仮説 127
説得 106, 110
　　──的なコミュニケーション 95
　　──の2過程モデル 188
セルフハンディキャッピング 65
潜在的自尊感情 131
選択決定後の不協和 15
選択比較水準 55
全能型 131

造形芸術 206
争点投票 121
創発規範 145
俗言 124
ソシオグラム 155
ソシオメータ論 2
ソシオメトリック・テスト 155

組織行動 32
ソーシャル・サポート 90
素朴心理学 18

た　行

体育心理学 43
対応推論 19
　　──理論 19
対応バイアス 21, 60
第三者効果 193
対人関係 52
　　──の基本次元 52
対人距離 177
対人不安 84
対人魅力 56
態度 102, 106
　　──測定法 102
態度尺度 102
態度変容 106
多次元尺度構成 105
多重観衆問題 67
達成動機づけ 10
タニン 87, 93
単純接触効果 20, 56, 187
男性性 139

知覚的流暢性 187
チャンプス／ライフスキルプログラム 40
中心的ルート 109, 188
中心特性 61
沈黙の螺旋理論 193

罪の文化 86

低自己統制 49
テイラー主義 31
ディレクター 207
敵意 76
　　──帰属バイアス 76
適合性理論 14
敵対的メディア認知 193
デザイナー 207
手直し 205
転移 40
点字 195

ドア・イン・ザ・フェイス法 113

同一性発達　74
道具性　174
　　——期待理論　174
道具的攻撃　79
等現間隔法　103
統語論　196
動作研究　31
投資モデル　55
同性愛　141
統制的過程　7
同調　115
投票行動　120
読心　197
ドメスティック・バイオレンス　138
トリクルダウン過程　182
トローペの2段階モデル　21

な　行

内在化　66
内集団　128
内的作業モデル　73
内的モチベーション・モデル　174
内発的動機づけ（モチベーション）　17, 175
内容理論　173

二過程モデル（理論）　7, 78
二重過程理論　108
日本スポーツ心理学会　44
二要因理論　173
人間関係：
　　——能力　36
　　——の希薄化　132
人間工学　32
認知：
　　——的一貫性理論　6
　　——的コンクリフト　17
　　——的資源説　161
　　——的斉合化傾向　107
　　——的斉合性　14
　　——的バイアス　6
　　——的歪曲　93
　　——ネットワーク構造　107
　　——の自動性　7
　　——欲求　111
　　——論　106
認知的不協和理論　14, 107

妬み　81
ネットいじめ　79
ネットワーク社会　189

能動的攻撃　78
能力レベルの自己防御　93
ノンバーバル・コミュニケーション　198

は　行

排斥　84
培養理論　192
恥　84
　　——の意識　85
　　——の文化　86
パス・ゴール理論　163
パーソナリティ要因　48
パーソナル・コミュニケーション　190
パーソナルスペース　176
発達障害の要因　49
バーナム効果　27
パフォーマー　207
パブリック・リレーションズ　186
バランス理論　14, 53
パワー・ハラスメント　33
般化　40
犯罪　46
　　——・暴力被害者支援　34
犯罪心理学　46
反応的攻撃　78

比較水準　54
非共通結果　19
ピクトグラム　195
非公式集団　32
非公式的役割　152
ピースミール統合化　62
非線形効用理論　25
非態度　119
ビッグファイブ　48
　　——性格検査　161
ピープルズ・チョイス　120
ヒューマンエラー　33
ヒューリスティック　6, 28, 108, 121
　　——・システマティック（情報処理）モデル　112, 188
表現芸術　206
表現行動　206

費用対効果　36
ビリーフ　122

ファーストティー　40
夫婦のコミュニケーションのギャップ　98
フェミニズム　138
フォールス・コンセンサス効果　93
服従　114
　　――の心理実験　114
復讐心　83
複数十分原因　19
不十分な正当化　16
物質的自己　2
フット・イン・ザ・ドア法　113
不適応行動　39
プライミング　9
　　――効果　192
プラグマティックな言語使用　196
フリーサイズ効果　27
フリーライダー　154
プレイ・イット・スマートプログラム　40
フレーミング　201
　　――効果　192
プロクセミックス　176, 198
プロジェクト・チーム　159
プロスペクト理論　22
プロパガンダ　186
分散分析モデル　18

平均モデル　61
ベム性役割インベントリー（BSRI）　139
変革的リーダーシップ　162
偏見　127
変身　204
弁別性　18

傍観者効果　88
防護保護動機　111
北米スポーツ心理学会　43
ホーソン研究　31
ボディランゲージ　198
ボランティア活動　91

ま　行

マイノリティ　128
マス・コミュニケーション　190
マッチングの原理　57

マッピング研究　48
満足化　169

ミウチ　87, 93
ミクロ・メゾ・エクソ・マイクロシステム　35
ミシガン・モデル　120
未成熟・成熟理論　173
密接距離　176
民主的リーダーシップ　161

無意識　13

迷信　122
命令的規範　94
メタファー　197
メンター　72
メンタルヘルスの向上　36

目標設定理論　174
文字言語　194
モチベーション　172
モッブ　144
問題行動　39

や　行

役割　152
　　――取得　2, 126

誘意性　174
有能感　40, 175
誘発要因　48

予言の自己成就　63
欲求階層説　173
欲求不満 - 攻撃仮説　77
予防的手立て　36
ヨーロッパスポーツ心理学会　43
世論　118, 191

ら　行

ライフスキル　38
　　――教育プログラム　41

リカート尺度　102, 104
離婚　96
リスキー・シフト　170
リスク要因　48

リーダー：
　──スキル　161
　──特性説　161
　──・メンバー関係理論　163
リーダーシップ　161
　──機能説　162
　──・スタイル説　161
　──の状況理論　163
　サーバント・──　162
　変革的──　162
　民主的──　161
リターン・ポテンシャル曲線　151
流行　182, 191
　──歌　185
　──語　185
　──の普及過程　182
両価的ステレオタイプ　8

両面提示　106, 111
リンゲルマン効果　164

類似性　57
累積プロスペクト理論　24

劣等感　82
連続体モデル　61

労働者派遣法改正　37
ローボール法　113

わ　行

ワーク・モチベーション　173
割引原理　19
割れ窓理論　94

編者・執筆者紹介（【 】内は執筆項目番号）

編者

二宮克美（にのみや　かつみ）【Ⅱ-18, Ⅴ-44】
名古屋大学大学院教育学研究科博士後期課程修了．教育学博士．現在，愛知学院大学総合政策学部教授．主要著書『子どもの道徳的自律の発達』（共著）風間書房，2003年 他．

子安増生（こやす　ますお）【Ⅴ-47, Ⅴ-50】
京都大学大学院博士課程中退．博士（教育学）．現在，京都大学大学院教育学研究科教授．主要著書『心の理論――心を読む心の科学』岩波書店，2000年 他．

執筆者（執筆順）

堀毛一也（ほりけ　かずや）【Ⅰ-1, Ⅱ-17】
東北大学大学院文学研究科中退．文学修士．現在，東洋大学社会学部教授．主要著書『ポジティブ心理学の展開』現代のエスプリ512，ぎょうせい，2010年 他．

外山みどり（とやま　みどり）【Ⅰ-2, Ⅰ-5】
東京大学大学院博士課程満期退学．現在，学習院大学文学部教授．主要著書『社会的認知ハンドブック』（共編著）北大路書房，2001年 他．

速水敏彦（はやみず　としひこ）【Ⅰ-3, Ⅲ-32】
名古屋大学大学院博士課程修了．教育学博士．現在，名古屋大学大学院教育発達科学研究科教授．主要著書『他人を見下す若者たち』講談社現代新書，2006年 他．

吉田俊和（よしだ　としかず）【Ⅰ-4, Ⅱ-23】
名古屋大学大学院博士課程修了．博士（教育心理学）．現在，名古屋大学大学院教育発達科学研究科教授．主要著書『体験で学ぶ社会心理学』（共編著）ナカニシヤ出版，2010年 他．

竹村和久（たけむら　かずひさ）【Ⅰ-6, Ⅳ-41】
同志社大学大学院博士課程単位取得退学．博士（学術）．現在早稲田大学文学学術院教授．主要著者『感情と思考の科学事典』（共編著）朝倉書店，2010 他．

伊藤哲司（いとう　てつじ）【Ⅰ-7, Ⅲ-30】
名古屋大学大学院文学研究科博士課程満期退学．現在，茨城大学人文学部教授．主要著者『ハノイの路地のエスノグラフィー』ナカニシヤ出版，2001年 他．

角山　剛（かくやま　たかし）【Ⅰ-8, Ⅳ-42】
立教大学大学院博士課程満期退学．現在，東京国際大学人間社会学部教授．主要著書『産業・組織心理学ハンドブック』（編集代表）丸善，2009年 他．

高畠克子（たかばたけ　かつこ）【Ⅰ-9, Ⅰ-12】
ハーバード大学教育学部大学院，カウンセリング・プロセス研究科修了．現在，東京女子大学現代教養学部人間科学科教授．主要著書『女性が癒やすフェミニスト・セラピー』誠信書房，2004年 他．

西田　保（にしだ　たもつ）【Ⅰ-10, Ⅰ-11】
東京教育大学大学院体育学研究科修了．博士（体育学）．現在，名古屋大学総合保健体育科学センター教授．主要著書『期待・感情モデルによる体育における学習意欲の喚起に関する研究』杏林書院，2004年 他．

唐沢かおり（からさわ　かおり）【Ⅱ-13, Ⅱ-14】
カリフォルニア大学ロサンジェルス校博士課程修了（Ph.D）（心理学）．現在，東京大学大学院人文社会系研究科教授．主要著書『社会心理学』（編著）朝倉書店，2005年 他．

安藤清志（あんどう　きよし）【Ⅱ-15, Ⅱ-16】
東京大学大学院修了．文学博士．現在，東洋大学社会学部教授．主要著書『見せる自分／見せない自分』サイエンス社，1994年 他．

澤田匡人（さわだ　まさと）【Ⅱ-19, Ⅱ-20】
筑波大学大学院博士課程修了．博士（心理学）．現在，宇都宮大学教育学部准教授．主要著書『子どもの妬み感情とその対処：感情心理学からのアプローチ』新曜社，2006年 他．

菅原健介（すがわら　けんすけ）【Ⅱ-21, Ⅲ-33】
東京都立大学大学院人文科学研究科博士課程心理学専攻修了．文学博士．現在，聖心女子大学文学部教授．主要著書『羞恥心はどこへ消えた？』光文社，2005年 他．

杉山憲司（すぎやま　けんじ）【Ⅱ-22, Ⅲ-28】
青山学院大学大学院修了．現在，東洋大学社会学部教授．主要著書『性格研究の技法』（共編著）福村出版，1999年 他．

大坊郁夫（だいぼう　いくお）【Ⅱ-24, Ⅴ-49】
北海道大学大学院文学研究科博士課程中途退学．現在，大阪大学大学院人間科学研究科教授．主要著書『社会的スキル向上を目指す対人コミュニケーション』（編著）ナカニシヤ出版，2005年 他．

土田昭司（つちだ　しょうじ）【Ⅲ-25, Ⅲ-26】
東京大学大学院社会学研究科博士課程単位取得退学．現在，関西大学社会安全学部教授．主要著書『リスクコミュニケーション論』（共著）大阪大学出版会，2011年 他．

本間道子（ほんま　みちこ）【Ⅲ-27, Ⅳ-43】
東京都立大学大学院博士課程修了．博士（心理学）．現在，日本女子大学名誉教授．主要著書『組織性逸脱行為過程：社会心理学的視点から』（編著）多賀出版，2007年 他．

山田一成（やまだ　かずなり）【Ⅲ-29, Ⅴ-45】
東京大学大学院博士課程単位取得退学．現在，法政大学社会学部教授．主要著書『個人と社会のインターフェイス』（共著）新曜社，1999年 他．

土肥伊都子（どひ　いつこ）【Ⅲ-31, Ⅲ-34】
関西学院大学大学院博士課程修了．博士（社会学）．現在，神戸松蔭女子学院大学人間科学部教授．主要著書『ジェンダーに関する自己概念の研究』多賀出版，1999年 他．

村本由紀子（むらもと　ゆきこ）【Ⅳ-35，Ⅳ-40】
東京大学大学院博士課程修了．博士（社会心理学）．現在，横浜国立大学大学院国際社会科学研究科准教授．主要著書『社会心理学（New Liberal Arts Selection）』（共著）有斐閣，2010年 他．

杉森伸吉（すぎもり　しんきち）【Ⅳ-36，Ⅳ-37】
東京大学大学院博士課程修了．現在，東京学芸大学教育学部総合教育科学系准教授．主要著書『教育心理学概論』（共著）放送大学教育振興会，2009年 他．

松原敏浩（まつばら　としひろ）【Ⅳ-38，Ⅳ-39】
名古屋大学大学院修士課程修了．博士（教育心理学）．現在，愛知学院大学経営学部教授．主要著書『経営組織心理学』（編著）ナカニシヤ出版，2008年 他．

柴内康文（しばない　やすふみ）【Ⅴ-46，Ⅴ-48】
東京大学大学院博士課程単位取得．現在，同志社大学社会学部准教授．主要著書『情報行動の社会心理学』（共著）北大路書房，2001年 他．

キーワードコレクション
社会心理学

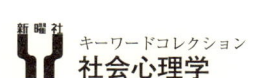

初版第1刷発行　2011年6月30日Ⓒ

編　者　二宮克美・子安増生
発行者　塩浦　暲
発行所　株式会社新曜社
　　　　〒101-0051　東京都千代田区神田神保町2-10
　　　　電話(03)3264-4973(代)・Fax(03)3239-2958
　　　　e-mail: info@shin-yo-sha.co.jp
　　　　URL http://www.shin-yo-sha.co.jp/

印刷　銀河　　　　　　　　　　　　Printed in Japan
製本　イマキ製本所
　　　ISBN978-4-7885-1236-8　C1011

キーワードコレクション シリーズ 項目一覧

発達心理学 [改訂版]

イントロダクション
- 0 歴史的概観

I 発達心理学の研究法
- 1 インフォームド・コンセント
- 2 ラポール
- 3 フィールド研究
- 4 コーホート分析
- 5 進化心理学的アプローチ
- 6 行動遺伝学的アプローチ
- 7 文化心理学的アプローチ
- 8 生態学的アプローチ
- 9 ダイナミック・システムズ・アプローチ

II 発達の理論的諸問題
- 10 発生／成長
- 11 発達段階
- 12 知能
- 13 熟達化
- 14 コンピテンス
- 15 社会化
- 16 児童観
- 17 家族関係
- 18 発達障害
- 19 発達臨床

III 誕生から幼児期まで
- 20 出生前心理学
- 21 アタッチメント
- 22 移行対象
- 23 ジョイント・アテンション
- 24 児童虐待
- 25 視覚的断崖
- 26 一語文と言語的制約
- 27 頭足人
- 28 ファンタジー
- 29 遊び
- 30 リテラシー／ニュメラシー

IV 児童期
- 31 目撃証言
- 32 心の理論
- 33 感情調節
- 34 友人関係
- 35 道徳性

V 思春期・青年期
- 36 キャリア選択
- 37 恋愛と結婚
- 38 同一性の危機
- 39 時間的展望
- 40 向社会性
- 41 非社会性
- 42 反社会性
- 43 摂食障害
- 44 ジェンダー

VI 成人期から老年期まで
- 45 親になること
- 46 中年
- 47 加齢／老化
- 48 孤独感
- 49 死の受容
- 50 幸福

パーソナリティ心理学

I パーソナリティの基本概念
- 1 パーソナリティとキャラクター
- 2 法則定立と個性記述
- 3 遺伝と環境
- 4 暗黙のパーソナリティ観
- 5 ジェンダーとパーソナリティ
- 6 仕事とパーソナリティ
- 7 文化とパーソナリティ
- 8 道徳性とパーソナリティ

II パーソナリティ研究法
- 9 観察法
- 10 実験法
- 11 面接法
- 12 質問紙法
- 13 作業検査法
- 14 投影法
- 15 事例研究法
- 16 研究倫理

III パーソナリティ理論
- 17 類型論
- 18 特性論
- 19 精神分析理論
- 20 学習理論
- 21 脳科学
- 22 人間主義 (ヒューマニスティック) 心理学
- 23 場の理論・役割理論
- 24 社会認知理論

IV パーソナリティ発達の諸相
- 25 内的作業モデル
- 26 アイデンティティ
- 27 自己意識
- 28 自己効力
- 29 自己制御
- 30 自己開示
- 31 親子関係
- 32 きょうだいと仲間
- 33 愛と結婚
- 34 エイジング

V パーソナリティの歪み
- 35 ストレス
- 36 適応障害
- 37 人格障害
- 38 多重人格
- 39 性同一性障害
- 40 ひきこもり
- 41 対人恐怖
- 42 コンプレックス
- 43 非行

VI パーソナリティの知的側面
- 44 知能の構造
- 45 知能の測定
- 46 社会的かしこさ
- 47 創造的パーソナリティ
- 48 動物の知能
- 49 機械の知能
- 50 知能の障害

キーワードコレクション シリーズ 項目一覧

教育心理学

イントロダクション
- 0　教育心理学

I　教育の基本概念
- 1　教育のフィールド
- 2　教育の法的基礎
- 3　教育改革
- 4　学校文化
- 5　教室空間
- 6　教育課程
- 7　学力
- 8　個性と個人差
- 9　教師像
- 10　アーティキュレーション
- 11　キャリア形成

II　教育の認知過程
- 12　知育の基礎
- 13　道徳教育の基礎
- 14　健康教育の基礎
- 15　連合説と認知説
- 16　学習と発達
- 17　知識と記憶
- 18　動機づけ
- 19　素朴理論と科学理論
- 20　受容学習と発見学習
- 21　文章理解
- 22　読書

III　教育評価・統計
- 23　教育のエビデンス
- 24　テスト理論
- 25　教育データ
- 26　実験計画法
- 27　多変量解析
- 28　心理教育的アセスメント
- 29　ノンパラメトリック検定
- 30　統計パッケージ
- 31　質的データ
- 32　世代とコーホート
- 33　フォローアップ研究

IV　教育相談・生徒指導
- 34　学校生活での苦戦
- 35　学校心理士
- 36　スクールカウンセラー
- 37　学生相談
- 38　生き方指導
- 39　認知カウンセリング

V　教育の諸相
- 40　少子化と教育
- 41　保育と教育
- 42　早期教育
- 43　芸術と教育
- 44　メディアと教育
- 45　ジェンダーと教育
- 46　宗教と教育
- 47　交通安全教育
- 48　アドミッション・オフィス
- 49　ファカルティ・ディベロップメント
- 50　支援ネットワーク

心理学フロンティア

I　認知・行動・方法
- 1　錯視デザイン
- 2　サッチャー錯視
- 3　視覚性ワーキングメモリ
- 4　チェンジブラインドネス
- 5　建築心理学
- 6　感性認知
- 7　生物心理学
- 8　認知の起源
- 9　比較認知科学
- 10　言語進化
- 11　行動分析学
- 12　アニマルラーニング
- 13　夢見
- 14　非侵襲脳機能計測
- 15　多次元尺度法
- 16　構造方程式モデリング

II　発達・教育
- 17　視覚発達
- 18　顔認知
- 19　鏡像的自己
- 20　適応的インタフェース
- 21　メンタライジング
- 22　モジュール説
- 23　ロボットの知能
- 24　ロボットの心の理論
- 25　ロボットと子ども
- 26　質的心理学
- 27　学びの理論
- 28　レジリエンス

III　文化・社会
- 29　文化心理学
- 30　相互協調的自己観
- 31　社会的認知
- 32　エスノセントリズム
- 33　進化心理学
- 34　集団意思決定
- 35　キャラクター心理学
- 36　社会的-認知的領域理論

IV　安全・安心
- 37　経済心理学
- 38　リスク心理学
- 39　防災心理学
- 40　アクションリサーチ
- 41　交通心理学
- 42　ヒューマンエラー

V　健康・障害
- 43　幸福感
- 44　ポジティブ心理学
- 45　認知行動療法
- 46　ストレス対処
- 47　発達障害
- 48　高機能自閉症
- 49　介護ロボット
- 50　テクノ福祉社会

キーワードコレクション シリーズ 項目一覧

社会心理学

I 基本概念
1. 社会的自己
2. 社会的認知
3. 社会的動機づけ
4. 認知的不協和理論
5. 帰属理論
6. プロスペクト理論
7. しろうと理論
8. 産業・組織心理学
9. コミュニティ心理学
10. ライフスキル
11. スポーツ心理学
12. 犯罪心理学

II 対人関係
13. 対人関係
14. 対人魅力
15. 印象形成
16. 自己呈示
17. 社会的スキル
18. メンター
19. 攻撃性
20. シャーデンフロイデ
21. 恥
22. 傍観者効果
23. 社会的迷惑行動
24. 関係の崩壊

III 態度
25. 態度尺度
26. 態度変容
27. 説得
28. 服従
29. 政治的態度
30. 迷信
31. スティグマ
32. 仮想的有能感
33. シャイネス
34. ジェンダー・バイアス

IV 集団
35. 群集
36. 集団規範
37. 集団構造
38. グループ・ダイナミックス
39. リーダーシップ
40. 社会的手抜き
41. 意思決定
42. ワーク・モチベーション
43. パーソナルスペース

V コミュニケーション
44. 流行
45. 広告
46. マス・コミュニケーション
47. プラグマティックな言語使用
48. ノンバーバル・コミュニケーション
49. 化粧行動
50. 表現行動

認知心理学 [近日発売]

I イントロダクション
1. 認知革命
2. 実験パラダイム

II 求心的認知：感覚器から中枢へ
3. 覚醒と睡眠
4. 夢
5. 感覚・知覚
6. 注意
7. 視覚
8. 逆さめがね
9. 聴覚
10. 音響／音楽
11. 嗅覚
12. ニオイ
13. 基本味
14. うま味
15. アフォーダンス
16. ダイナミック・タッチ
17. 痛み
18. 信号検出理論

III 遠心的認知：中枢処理と表出
19. 認知／感情
20. 情動／ムード
21. 表情
22. マインドリーディング
23. 共感性
24. 道徳性認知
25. 衝動性
26. ニューロイメージング
27. 意思決定
28. 後悔
29. エラー
30. ゆるし
31. スキーマ
32. スクリプト
33. ワーキングメモリ
34. 中央実行系
35. エピソード記憶
36. 意味記憶
37. メンタル・ローテーション
38. 鏡像認知
39. 空間認知
40. 視点
41. 奥行知覚
42. 時間の認知
43. 言語
44. 言語相対性仮説
45. 問題解決
46. 推理
47. 演繹／帰納
48. メンタルモデル
49. 日常認知
50. 裁判心理学